21세기 교회와
상담의 동행

기독(목회)상담의 약속

치유와 회복을 위해
7인의 기독(목회)상담 전문가들이 펼쳐 낸 상담 이야기

21세기 교회와 상담의 동행

기독(목회)상담의 약속

유재성 · 강은영 · 권수영 · 박노권
반신환 · 임경수 · 장성기 공저

학지사

보는 것이 다르다!

우화 「토끼와 거북이」의 경주에서 거북이는 어떻게 이길 수 있었을까? 경주하는 도중에 토끼가 낮잠을 잤기 때문이다. 우리가 다 아는 이야기다. 그런데 그 후, 아들 토끼가 아빠의 빚을 설욕하기 위해 아들 거북이에게 재대결을 신청하였다. 자신은 절대로 아빠처럼 경주하다가 낮잠 자지 않을 것을 다짐하며!

결과는? 또 졌다. 그 이유는 무엇일까? 보는 것이 달랐다. 토끼는 뒤처져 오는 거북이를 보았다. 그래서 방심했다. 흔들렸다. 하지만 거북이는 토끼를 보지 않았다. 목표를 보았다. 그저 목표 지점을 보며 전진했다. 앞서 가는 토끼를 보았다면 낙심했을 것이다. 흔들렸을 것이다.

구약시대의 다윗은 내 어린 시절의 영웅이었다. 목동 다윗은 어떻게 용맹한 거인 장수 골리앗을 이길 수 있었을까? 보는 것이 달랐다. 사울 왕과 이스라엘 백성들은 골리앗을 보았다. 싸우기도 전에 이미 패배했다. 하지만 다윗은 골리앗을 보지 않았다. 그랬다면 두려웠을 것이다, 흔들렸을 것이다. 대신 그는 하나님을 보았다. 그래서 이겼다.

사울 왕은 다윗이 사람들의 인정과 관심을 받기 시작하자 이번에는 다윗을 보았다. 불안했다. 흔들렸다. 하지만 다윗은 사울 왕을 보지 않았다. 하나님을 보았다. 인간적인 방식의 문제해결보다 하나님의 역사하심을 믿고 묵묵히 자신의 길을 갔다. 그래서 이겼다.

이 이야기들이 우리에게 주는 메시지가 있다. 일반 심리학적 상담과 기독(목회)상담의 차이는 무엇일까? 보는 것이 다르다. 전자는 문제를 본다. 후자는 문제를 넘어 하나님을 본다. 전자는 심리적 역동을 본다. 후자는 심리적 역동을 넘어 하나님의 역사를 본다. 전자는 사람의 욕구와 감정, 동기와 의지를 본다. 후자는 사람의 내면을 넘어 치유하시는 하나님의 말씀과 성령님의 역동을 본다.

이 책은 일곱 명의 기독(목회)상담 전문가들이 '기독(목회)상담의 특성 중 하나를 자유롭게 선택하여 제시해 달라.'는 요청에 응답한 내용을 묶은 것이다. 나는 이 글을 꼼꼼히 읽으며 일반 심리학적 상담과 기독(목회)상담의 차이를 한 마디로 '보는 것의 차이'로 정리할 수 있었다. 각 장의 저자들은 심리학적 상담의 요소를 도외시하지 않으면서도 궁극적으로 하나님의 말씀과 역사하심을 통합적으로 바라보며 치유와 회복, 변화와 성장의 상담을 강조하고 있다.

제1부 '교회와 상담의 동행'에서 유재성 교수는 인간의 곤경에 대한 개인주의적 접근(privatized approach)과 공동체적 접근(communal approach)을 비교하며 '영혼돌봄과 치유를 위한 크리스천의 사명'과 이를 위한 '교회와 상담의 동행'을 역설하고 있다. '교회는 궁극적으로 인간의 곤경을 치유하기 위한 하나님의 유일한 전략'이라는 전제 하에 하나님께서 교회 공동체 안에 이 사명을 감당할 수 있는 자원과 능력을 주셨다는 사실을 강조한다.

2장을 집필한 장성기 목사는 지역교회를 섬기는 현직 목회자다. 그는 교회 현장에서 사역자가 어떻게 실제적이고도 효과적인 영혼돌봄과 상담을 할 수 있는지에 관심이 있었다. 그러한 맥락에서 자신이 경험한 상담 사례들을 통해 그 실제를 현장중계하듯 생생하게 보고하고 있다. 오랫동안 가정사역과 상담활동을 해 온 강은영 사모는 3장에서 가정사역이 어떻게 성도들의 아픔과 상처들을 은혜롭게 치유하고 회복시킬 수 있는지를 현장 중계하듯 생생하게 보고하고 있다. 나아가 가정사역이 어떻게 좀 더 구체적인 성도 상담으로 이어지는지, 교회에서의 예배와 기도 등의 사역이 어떻게 이런 사역들을 순환적으로 강화시켜 주는지 소개하고 있다. 교회와 상담이 어떻게 동행할 수 있는지를 잘 보여 준다.

교회와 상담의 동행은 단순히 내담자의 아픔이나 문제를 무조건 공감하고 수용하는 것만으로는 충분하지 않다. 모든 것을 '심리학적 초점'으로 보는 경향이 강해진 오늘날 성서적 윤리와 가치관, 규범이 상실된 상담은 바람직하지 않다. 박노권 총장은 4장에서 이런 상담은 도움을 필요로 하는 사람에게 해결책을 주는 것이 아니라 도리어 심리적 혼란만을 초래할 수 있다고 주장한다. 성서적 윤리와 가치관이 통합된 상담접근의 회복 및 강화가 필요한 이유다.

성서적 윤리와 가치, 규범, 회복 강조는 자연스럽게 제2부 '성경과 심리학, 그리고 통합적 상담으로 이어진다. 권수영 교수는 5장에서 신학방법론 맥락의 자기성찰을 통해 자신이 어떻게 '성속이원론'을 극복하고 기독(목회)상담사가 되었는지 그 은혜의 여정을 간증하고 있다. 6장을 쓴 임경수 교수 또한 자신의 상담신학 기행을 통해 어떻게 상담과 성경 혹은 신학이 서로 연결되고 도움이 될 수 있는지를 제시하고 있다. 기독교와 상담의 대화를 강조하는 반신환 교수는 7장에서 성서 혹은 신학과 상담 성찰의 필요성에서 한걸음 더 나아가 기독(목회)상담의 이론과 실천의 통합을 위한 네 가지 과제를 소개한다. 유재성 교수 또한 8장에서 이론과 실천의 통합, 즉 교회공동체에서 실시할 수 있는 성서심리학적 성찰상담 7단계 과정을 자신의 실제 이슈를 사례로 들며 제시하고 있다.

나는 이 책 저자들의 글을 두 가지 메시지로 정리하고 싶다. 첫째, 교회는 인간의 곤경을 치유하기 위한 하나님의 유일한 대안이요 전략이며, 이를 위해 교회와 상담이 동행해야 한다는 확신이다. 21세기 현대 한국사회를 둘러보면 도처에서 인간성의 파괴와 갈등, 상처, 가정해체, 우울증, 자살 등 문제가 끊이지 않고 발생한다. 가슴앓이하며 영혼의 어두운 밤을 지나는 사람들이 너무나 많다. 교회는 이런 현실에 눈감을 수 없다. 교회가 나서야 한다. 교회가 희망이기 때문이다.

둘째, 일반 심리학적 상담과 기독(목회)상담의 차이는 한마디로 '보는 것의 차이'라고 할 수 있다. 무엇을 보고 나아가느냐에 따라, 즉 관점에 따라 결과가 천양지차로 달라질 수 있다. 당신은 크리스천인가? 당신은 내담자가 크리스천이든 아니든, 크리스천의 정체성과 소명에 부합된 상담을 하고 있는가? 당신의 상담에서 하나님은 어디에 계시는가? 무엇을 하시는가? 당신은 무엇을 보고 어디로 어떻게 나아가는가? 이 책이 위 내용들에 대한 관심 독자의 자기성찰을 자극할 수 있으면 좋겠다.

이 책의 제목은 '21세기 교회와 상담의 동행: 기독(목회)상담의 약속'으로 하였다. 마음의 등불을 켜고 이 책을 읽으며 그 '약속'이 무엇인지를 진지하게 찾아보기 바라는 마음이다. 그리고 우리가 함께 모일 때마다 현장에서 경험한 이 약속의 축복을 나누면 좋겠다.

당신은 지금 무엇을 보고 있는가? 당신의 교회는 어떠한가? 다른 사람의 아픔을 '나'의 그리고 '우리'의 아픔으로 공감하며 손 내밀어 함께 주님께 나아가는 치유와 회복의 공동체인가? 나는 등불을 들고 다니며 이런 상담사를, 이런 교회를 찾고 싶다. 아니 함께 이런 교회가 되고 싶다. 거기에 나의 벽돌도 한 개씩 올리면서!

바쁜 중에도 기독(목회)상담의 발전을 위해 헌신하며 옥고(玉稿)를 작성하여 주신 동역자 교수님들과 목사님, 사모님께 다시 한번 감사의 말씀을 전한다. 또한 이 책이 세상에 나올 수 있도록 허락해 주신 학지사의 김진환 사장님과 편집 및 제작 과정에서 수고를 아끼지 않은 직원 여러분, 그리고 이 책을 손에 들고 함께 기독(목회)상담의 흥미진진한 여정에 나선 당신께 감사드린다.

하기동 연구실에서
저자 대표 유재성

차 례
CONTENTS

제1부

교회와 상담의 동행

제1장
세상을 치유하기 위한
하나님의 전략, 교회!

유재성 교수
침례신학대학교

들어가는 글

"교회는 세상의 곤경을 치유하기 위한 하나님의 유일한 전략이다!"

나는 이 놀라운 고백적 선포 앞에서 한동안 아무 말도 할 수 없었다. 신학훈련을 마치고 교회 현장으로 돌아가 열심히 성도들을 섬기며 목회사역을 했다. 설교와 교육, 목회행정 등에서 부족함이 많았지만 하나님의 은혜로 교회는 잘 성장하였다. 적어도 주일에 만나는 성도들이나 교회 상황만 보면 그랬다. 하지만 언제부턴가 나 자신을 포함하여 성도들의 교회 밖 삶, 즉 주중 생활 현장을 조금만 들춰보면 각양 갈등과 상처, 아픔으로 힘들어하는 성도들의 모습이 보였고 눈에 밟히기 시작했다.

그때 이후로 '세상을 치유하는 하나님의 유일한 전략이 교회'라는 독일의 목회신학자 본회퍼(Dietrich Bonhoeffer)의 선포가 나의 가슴 깊이 뿌리내리게 되었다. 이 선포는 나를 '친구'로 대하며 기독(목회)상담의 멘토요 코치가 되어준 브리스터(C. W. Brister) 박사와의 만남과 대화들을 통해 분명하게 확인되었다. 교회야말로 내부 성도들은 물론 지역사회 주민들의 영혼이 잘됨같이 범사에 잘되고 강건하도록 영적으로, 심리적으로, 육체적으로 전인적인 돌봄을 제공해야 할 소명과 책임이 있는 곳이었다.

이런 치유적 돌봄과 상담을 가장 잘할 수 있는 유일한 장소가 바로 교회였다. 이것은 한두 사역자나 훈련된 상담전문가만이 아닌 모든 그리스도인들에게 선택이 아닌 필수로 주어진 사명이요 부르심이었다. 하지만 내가 경험한 돌봄과 상담 그리고 교회의 현장은 나의 가슴을 설레게 하고 흥분시켰던 모습과 많은 차이가 있었다.

1. '이 방에서 나가!': 병실에 울려 퍼진 분노의 외침

어느 날 아침, 미국의 남부 도시 달라스(Dallas)에 위치한 파클랜드(Parkland) 종합병원의 에이즈 환자 병실문을 열고 들어갔다. 내 가슴에는 병원 원목(chaplain) 명찰이 달려 있었다. 한바탕 의료진과 간호사들이 분주하게 오가며 오전 회진을 마친 터라 병실은 조용했다. 환자의 차트를 다시 한번 확인하고, 창가에 힘없이 누워 있는 젊은 환자에게 다가갔다. 그리고 나지막한 목소리로 나를 소개했다: "오늘 좀 어떠세요? 저는 이 병원의 원목 다니엘 유(필자의 영어 이름)입니다."

그러자 방금 전까지만 해도 기력이 다 소진된 것처럼 늘어져 있던 환자가 어디서 그런 힘이 나왔는지 벌떡 일어났다. 그리고 옆에 있던 두루마리 휴지를 내게 집어던지면서 "이 방에서 당장 나가!"라고 크게 소리쳤다. 대부분의 환자는 원목을 반갑게 맞이하며 자신의 이런저런 이야기를 나눈다. 하지만 그는 달랐다. 그의 돌발 행동에 깜짝 놀란 나는 순간적으로 어찌할 바를 모르다가 말을 얼버무리며 쫓겨나듯 병실을 나왔다.

쿵쾅쿵쾅 심장 박동이 한참을 요동치며 진정될 줄 몰랐다. 얼마의 시간이 흐른 뒤 점차 평정심이 회복되면서 임상훈련을 받은 대로 이런 저런 성찰을 하였다. '그 환자로 하여금 그렇게 반응하게 한 것은 무엇이었을까?' '최근 그 환자에게 어떤 일들이 일어났던 것일까?' '그에게 있어서 하나님은 어떤 분이셨을까?' '이 상황이 내게 말해 주고 있는 것은 무엇일까?' 등의 질문들을 스스로에게 던지며 마음을 다독였다.

나는 그에게서 무언가 들어야 할 이야기가 있을 것이라고 생각하였다. 그에겐 분명 무언가 내게 말할 스토리가 있을 것 같았다. 그래서 다음 날 오후에 그가 혼자 있는 시간을 택하여 다시 병실로 찾아갔다. 어제 그처럼 내게 공격적인 반응을 보였던, 그리고 젊은 나이에 에이즈에 걸려 피골이 상접한 채 죽음 앞에 서 있는 사람을 찾아간다는 것이 내심 부담이 많이 되긴 했지만 기도와 심호흡을 한 후 다시 그의 병실 문을 두드렸다.

또 무언가를 내게 던지며 나가라고 하면 어떻게 하나 하는 두려움이 있었지만 그 환자는 의외로 덤덤한 표정과 목소리로 왜 또 왔냐고 물었다. 내가 일반 미국인들과 다르게 생긴 원목이었기 때문에 전날 잠시 조우한 것으로도 나를 기억하고 있었던 듯했다. 나는 안도감을 느끼며 몸 상태는 어떤지, 기분은 어떤지 등을 점검하며 어제 있었던 상황에 대해 그리고 어떤 사연으로 현재에까지 이르렀는지 등에 대해 공감적 경청을 실시하며 대화를 이어갔다.

그는 어린 시절 교회를 열심히 다닌 사람이었다. 하지만 청소년기에 가정이 어려워지면서 점차 반항적인 청소년이 되었다. 술과 마약에 손을 대며 학교에서도 문제아로 찍혀 고등학교를 채 졸업하지 못하고 쫓

겨났다. 그리고 결국에는 가출 청소년이 되어 이곳저곳을 떠돌며 험한 생활을 이어 갔다. 그러다가 무분별한 성경험을 하면서 당시 미국 젊은이들에게 많이 발생하였던 '후천성면역결핍증후군', 즉 에이즈 (AIDS)에 감염되어 20대 초반에 죽어 가고 있었던 것이었다.

그런 어느 날 밤, 그는 차가운 겨울바람이 매섭게 부는 달라스 도심을 배회하다가 기력을 잃고 도시의 후미진 골목길에서 쓰러졌다. 살을 에는 듯한 추위와 죽음의 공포를 느끼며 필사적으로 도와줄 사람을 찾았지만 아무도 오지 않았다. 그러다가 마침 어린 시절에 다녔던 교회 생각이 나서 전화를 걸어 절박한 심정으로 도움을 요청했지만 교회는 지금 갈 수 있는 사람이 없으니 경찰의 도움을 받으라 하고는 전화를 끊어 버렸다.

그에게 정말 교회가 필요할 때 어느 교회도 문을 열고 그를 받아 주거나 찾아와 주지 않았다. 그런데 어떻게 알았는지 달라스 시내 동성애자들의 모임에서 한밤중에 그에게 달려와 따뜻한 음식과 잠잘 곳을 마련해 주어 그 혹독한 추위에서 살아날 수 있었다. 그리고 그들이 에이즈 치료를 위하여 그를 병원까지 데려와 입원시켜 준 것이었다.

그런 상황에서 내가 교회에 다니는 원목이라고 소개하자 반사적으로 당장 '나가'라며 '너희 그리스도인들은 위선자'라고 교회에 대한 분노를 표출한 것이었다. 그의 이야기를 듣다보니 그의 행동이 이해가 되었다. 그리고 부끄러웠다. 그 교회가 바로 '나'라는 생각이 들었기 때문이었다.

다행히 그는 절실하게 도움이 필요한 상황에서 오지 않은 교회에 대해 분노한 것이었지 하나님에 대해 분노하며 자기 삶에서 '나가'라고 한 것은 아니었다. 결국 그는 공감과 치유적인 대화를 통해 자신의 지난날을 돌아보며 마음의 상처를 치유한 후 하나님의 나라로 '들어가는' 회복의 과정을 경험하고 세상을 떠날 수 있었다.

2. 인간의 곤경을 대하는 두 가지 접근

내가 상담사 훈련을 받던 초기에 달라스 소재 파클랜드 종합병원에서 경험한 에이즈 환자의 분노는 두 가지 면에서 중요한 시사점을 제공해 주고 있다. 하나는, 사람들의 교회에 대한 인식이다. 예수 그리스도를 믿든지 안 믿든지, 교회를 다니든지 안 다니든지 대부분의 사람은 교회를 사랑과 은혜가 있는 치유와 회복의 장소로 인식한다는 것이다. 적어도 내가 경험한 많은 미국 사람들은 그러했다. 그리고 한국에서 만나는 사람들도 그리스도인이 아님에도 '교회는 그래야 한다.'는 인식을 갖고 있는 경우가 대부분이었다. 내가 파클랜드 병원에서 만난 그 환자도 교회를 떠나 자기 육체의 욕심을 따라 살아가고 있었지만 결정적인 순간에 그의 뇌리에 떠오른 것은 바로 교회였다. 그의 마음의 고향, 언젠가 돌아가야 할 영혼의 본향인 창조주 하나님이 계신 교회를 본능적으로 떠올린 것이었다.

교회는 그런 곳이다. 구약시대에 이스라엘 백성들의 삶의 중심에 하나님의 거룩한 성소가 있었고 그 안에 하나님의 영광이 임하였다면, 이제 교회는 예수 그리스도의 몸으로서 '만물 안에서 만물을 충만케 하시는 자의 충만'으로 이 땅에 존재한다(엡 1:23). 하나님은 사람들을 창조하시되 단순히 육신과 마음을 가진 단편적인 존재로 만드신 것이 아니다. 하나님을 알고 그 임재 안에서 서로 사랑의 교제를 나누며 살아가는 영적인 존재로 만드셨다. 예수 그리스도의 십자가와 부활로 인하여 '새로운 피조물'로서 그리스도의 몸을 이루고, 그리스도 안에서 세상을 치유하고 회복하며 충만케 하는 교회로 사람들을 부르셨다(고후 5:17; 골 3:1).

그런데 그 교회가 누군가 절실히 교회의 도움을 필요로 할 때 문을 닫았다. 적어도 그 에이즈 환자에게는 그랬다. 물론 그 교회에선 그 시간에 정말 도우러 갈 사람이 없어서 그랬을 수 있다. 하지만 한겨울의 매서운 칼바람이 부는 싸늘한 달라스 시내의 음습한 뒷골목에서 몸이 얼어 가는 것을 느끼며 혼자 죽어 가고 있을 때 '도우러 갈 사람이 없으니 다른 사람의 도움을 받으라.'며 문을 닫은 교회에 대해 그는 본능적으로 깊은 분노를 느꼈던 것이다.

나는 이 부분에서 이 이야기가 담고 있는 또 다른 시사점을 본다. 그것은 바로 '자기 문제는 자기가 알아서 해결해야 한다.'는 것이다. 물론 내 문제를 다른 사람에게 의존하며 살 수는 없다. 사람은 자기 인생에 대해 스스로 책임을 져야 한다. 궁극적으로 누구도 내 문제를 대신 해결해 줄 수는 없는 일이다. 그러다보니 21세기 현대인들은 대개의 경우 저마다 '자기 생존'을 위하여 치열한 경쟁을 하게 되었고, '본능적'이고 '자기중심적'이며 결과적으로 '이기적'인 '본자이' 라이프웨이(lifeway)를 발전시키게 되었다. 그리고 이런 개인주의적 삶의 방식이 교회 안 깊숙한 곳까지 구석구석 스며들게 되었다.

1) 인간의 곤경에 대한 개인주의적 접근 대 공동체적 접근

이상의 논의를 곰곰이 살펴보면, 인간에게는 곤경을 대하는 두 가지 방식이 존재하는 것을 알 수 있다. 하나는 자기중심적인 개인주의적 접근이다. 이 세상을 살아가며 사람들이 일반적으로 경험하는 방식이다. 어떤 어려움이나 문제 상황이 발생했을 때 자기 스스로 홀로 책임을 지고 감당해야 한다. 잠시 잠깐씩 주위에서 위로의 말이나 안타까움을 표현할 수 있지만 '딱' 거기까지다. 결국 모든 것을 개인이 스스로 해결해야 한다. 어떤 결과가 오든 그것은 자기 몫이다. 혼자 헤치고 나아가야 한다. 현대인들은 페이스북이나 트위터, 카카오톡 같은 소셜네트워킹서비스(SNS)의 발달로 전 세계의 소식을 실시간으로 접하고 소통할 수 있는 시대에 살고 있지만 그 어느 시대보다 더 개인주의적이고 자기중심적이다. 그러다보니 그 어느 때보다 더 고립되고 파편화된 삶을 살아가게 된다. 그래서일까? 사람들의 불안, 분노 지수는 하늘을 찌르고, 우울증, 자살, 왕따, 폭행 등 문제들이 복합적으로 발생하고 있다.

인간의 곤경을 대하는 다른 방식은 사람들이 연합하여 함께 문제에 대처하며 서로 돕고 지원하는 공동체적 방식이다. 사람은 본래적으로 독립적인 개별적 존재이지만 동시에 함께 살아가도록 창조된 관계적 존재이기도 하다. 하나님은 인간을 만드시고 홀로 있는 것을 좋지 않게 여기셔서 가정을 이루고 나아가 집단을 이루어 살게 하셨다. 아브라함을 통해 이스라엘 민족을 부르시고 언약백성으로 살아가도록 하셨다. 그리고 신약시대로부터 그리스도의 몸된 교회를 통해 '만물을 충만케 하는 자의 충만'으로 공동체적 삶을 살도록 인도하셨다.

하지만 교회는, 많은 경우, 이 본래적인 부르심에서 신속하게 벗어나 자기중심적이고 개인주의적인 집단이 되었다. 미국 듀크 대학교의 스탠리 하우어워스(Stanley Hauerwas)와 윌리엄 윌리몬(William Willimon)은 이런 개인주의화된 교회의 현상을 자신들의 책 『하나님의 나그네 된 백성(Resident Aliens)』에서 '교회다움의 정체성을 잃고 방황하는 교회'의 모습으로 소개한 바 있다.[1]

우리 그리스도인들은 하나님의 백성으로서 이 땅의 '나그네'로 살아가는 사람들이다. 몸은 이 땅에 발을 붙이고 살고 있지만 우리의 영혼은 하나님 나라에 속해 있다. 우리의 마음은 이 두 세계의 사이에서 자주 방황하며 혼란스러워한다. 하나님 나라는 예수 그리스도를 통해 '이미' 우리에게 임했지만 '아직' 온전히 임한 것은 아니기 때문이다.

따라서 세계관이나 가치관, 인생의 목표와 방향, 삶의 방식들이 다른 세상에서 하나님 나라의 원리와 방식으로 살아가는 '나그네 여정'은 결코 쉽지 않은 길이다. 수많은 도전과 모험이 기다리고 심지어 위험하기까지 하다. 그 과정에서 원치 않는 아픔과 상처, 곤경을 많이 경험한다.

그래서 혼자 그 길을 가는 것은 무리다. 아니 불가능하다. 인간은 저마다 한 개인이지만 동시에 관계적 존재로 살아가도록 창조되었기 때문이다. 하나님은 이런 인간 현실을 아시고 이 땅의 그리스도인들을 위하여 구원의 방주로서 교회를 주셨다. 그곳은 세상과 달리 자신의 약점과 한계가 드러나도 괜찮은 안전한 영혼의 쉼터다. 하나님의 사랑과 은혜로 상처를 감싸 주며 다시 힘을 내어 세상을 살아갈 힘을 얻는 생명의 공동체다. 그래서 그리스도인의 영적인 나그네 여정은 교회에서 출발한다. 그리고 교회와 함께 본향을 향해 나아가는 '이 땅에서의 여정'을 지속한다.

그런데 문제는, 많은 교회들이 친교를 중심으로 모이는 동아리 수준에서 크게 벗어나지 않는 것처럼 보일 때가 많다는 것이다. 때를 따라 잠시 모여 서로의 안위를 묻고 즐거운 시간을 가진 후 아무런 일도 없었다는 듯이 저마다 뿔뿔이 흩어지는 개인들의 사적인 모임과 그리 다르지 않은 것처럼 보인다. 모일 때마다 기도하고 찬송 부르며 말씀도 듣는다. 하지만 거기까지다. 하나님 나라의 삶의 방식이나 가치관, 인생의 목표와 방향이 선포되지만 교회를 나오는 순간 세상에서 익숙해진 삶의 방식으로 돌아가 각자의 개인주의적 삶을 지속한다. 그러다 보니 앞에서 언급된 에이즈 환자가 직면한 현실, 즉 '각자의 문제는 각자가 알아서 해결해야 한다.'는 개인주의적 삶의 거대한 물줄기가 교회를 압도하고, 그리스도인의 삶이 일반 사회와 별반 차이가 없는 경우가 많다. 그리고 세상에서 비호감이 되기까지 하는 상황들도 발생한다.

2) 교회에 혼전임신 청소년이 생긴다면 어떻게 할 것인가

우리는 이런 모습을 하우어워스와 윌리몬이 제시한 사례를 통해 확인할 수 있다. 이 사례를 조금 풀어 소개하면 다음과 같다. 교회에 다니는 고등학생이 어느 날 자신이 임신한 사실을 알게 되었다. 크게 놀란 학생은 이 사실을 숨기기 위하여 노력했지만, 결국 부모가 알게 되었다. 부모는 매우 놀라고 당황스러워 어떻게 해야 할지 몰랐다. 동시에 주변 사람들에게 이 사실이 알려질 것이 두려워 누구에게도 이 문제를 상담하거나 상의할 수가 없었다. 소녀도 자신이 학교에 갈 수 있을지, 낙태를 해야 할지, 무엇을 어떻게 해야 할지 혼란스럽고 두렵고 막막하기만 했다.

하지만 비밀은 오래 가지 못했다. 소녀가 임신했다는 사실이 한두 사람에게 알려지고, 이 사실이 귓속말로 전해지면서 급기야 교회에 소문이 쫘~악 퍼지게 되었다. 소녀와 부모는 상황이 이렇게 되자 교회에 얼굴을 들고 다닐 수가 없을 지경에 이르렀다. 그런데 이들의 아픔에 더 상처가 되는 일들이 교회에서 일어났다. 사람들은 위로한다고 찾아와선 "어쩌다 그런 짓을 했어?" "그러면 안 되잖아." "그게 죄인줄 몰랐니?" "이제 어떻게 할 거야?" 등등 자신들의 호기심을 충족하기 위한 말들을 늘어놓았다. 게다가 "자녀교육을 어떻게 했기에 이런 일이 생겼대!"라며 수군대는 것을 들으면서 이 가정은 교회로 인해 아픈 상처 위에 더 상처를 받게 되었다.

이처럼 자기중심적이고 개인주의적인 현대인의 모습은, 많은 경우, 교회나 사회나 별 차이를 발견할 수 없을 정도다. 외적으로는 서로 기도해 주며 염려하고 안부를 묻지만 거기까지다. 상대방의 아픔이나 곤경을 듣고 몇 마디 공감적 대화를 하고 '안녕'을 기원하는 것은 교회 밖에서도 얼마든지 찾아볼 수 있다. 그러니 교회나 세상이나 크게 다를 바가 없다. 문제가 생기면 교회 밖 세상에 문제를 호소하거나 각자가 알아서 해결하라는 입장을 취한다. 교회에서 어려움을 토로했다가 소문이 퍼져 더 난처한 상황에 처할 수도 있기 때문이다.

그래서일까? 나는 상당수 목회자들로부터 "우리 교회는 말씀과 기도면 됩니다. 그래서 상담 같은 것은 안 합니다. 그것은 위험합니다."라고 말하는 것을 들었다. 어떤 면에서 건강하지 못한 대화나 잘못된 상담접근을 통해 부정적인 결과가 발생하는 경우들이 있을 수 있다. 그런 경우, 이런 입장을 이해할 수 있다.

하지만 나는 곤경에 처한 사람들의 아픔을 경청하고 공감하며 성서적인 해결책을 함께 모색하는 돌봄 및 상담사역이 위험하다는 생각이나 그래서 그런 사역을 하지 않는다는 발상에 동의할 수 없다. 이것이 바로 '목회(pastoral ministry)'의 핵심 중 하나이고, 예수님의 사역에서도 그러했기 때문이다. 곤경에 처한 양떼를 찾아 나서고, 인생의 구덩이에 빠진 영혼을 향해 돌봄의 손길을 내미는 것은 교회가 해야 할 핵심 사역의 하나다. 강도를 만나 죽게 된 사람에게 "조심하지 그랬어." "기도해 줄테니 가서 치료받아. 나는 바빠서 이만……."하며 가버리는 것은 예수님의 방식이 아니다.

그런데 상담이 위험한 이유를 물어보면 많은 목회자들이 '상담 받고 교회를 떠난 사람이 있다.'고 주장한다. 어떤 상담을 어떻게 받고, 몇 명이 떠났는지 물어보면 대부분 말을 얼버무리거나 '모른다'고 대답한다. 단지 그런 경우가 있었다는 말을 들었을 뿐이다. 이들 중 목회적 돌봄이나 상담사역에 대해 체계적인 교육이나 훈련을 받은 경우는 거의 없다. 인간관계로 힘들어하고, 학교 왕따와 청년 실업, 가정폭력이나 이혼위기 혹은 우울증과 자살충동에 시달리는 성도들에 대한 목회적 돌봄과 사역에 대한 방안이 있는지, 그런 성도들을 치유하고 회복하기 위한 사역 매뉴얼이나 정책이 있는지 물어보면 대부분

침묵한다.

그런가하면, "양극성장애예요, 치료받고 오는 것이 좋겠어요." 와 같이 지나치게 심리치료에 몰입된 사역자 혹은 크리스천 상담사들도 있다. 상담을 조금 공부한 후 곤경에 처한 사람이 찾아오면 일단 이런 저런 심리검사부터 하고, 알아듣기 힘든 말로 진단한 후 상담소에 가서 심리치료를 받고 오라고 한다. 내게는 그런 행태가 참 무책임하고 공허한 말로 들린다. 교회에선 치유가 어려우니 교회 밖에서 치료받고 회복되어 오라는 것이다. 그러나 교회야말로 세상에서 치유하지 못하는 아픔과 상처, 곤경까지 치유하고 회복하는, 그래서 온 세상을 충만케 하는 그리스도의 몸이어야 하지 않은가? 각종 삶의 곤경에 처한 성도들을 돌보고, 서로의 아픔을 나누어 지며, 전문적이고 체계적인 사역을 통해 치유와 회복의 길을 제시하는 공동체요, 구원의 방주여야 하지 않은가? (고전 12:25-27; 갈 6:2; 히 10:24; 요일 4:21)

오늘날 현대인의 삶이 매우 복잡하고 경쟁이 치열하다보니 개인과 가정, 사회에 각종 갈등과 문제들이 끊임없이 발생한다. 심신이 지치고 가정이 파괴되며 사회는 분열되어 피로사회, 분노사회가 되었고, 수많은 정서적 장애들이 각계각층에서 생겨나고 있다. 그래도 다행스러운 것은 사회의 다양한 분야에서 치유와 회복, 변화와 성장을 위하여 치열하게 노력하고 있고, 상당한 성과도 있다는 사실이다. 그런데 누구보다도 이런 일에 앞장서야 할 교회는 지금 어떻게 하고 있을까? 아니, 나는 지금 오늘의 현실 앞에서 무엇을 어떻게 하고 있는가?

3. 교회, 현대인들을 위한 강력한 치유와 회복의 자원

미국 유학시절, 목회상담 박사과정에 있을 때 나의 상담 초점과 방향에 결정적 전환점이 된 특별한 만남이 있었다. 국민일보에 '내 인생과 학문의 멘토'로 소개한 바 있는 지도교수 브리스터(C. W. Brister) 박사와의 만남이었다. 온화한 할아버지의 미소를 가졌던 그는 내 아내와 아이들의 이름을 기억하고 부르며 안부를 묻곤 하였다. 가족이 잠시 시애틀 처갓집에 가 있을 땐 나를 따로 음식점으로 불러내 식사를 거르지 않도록 챙겨 주는 따스한 마음의 소유자였다.

나는 그와의 만남과 기독(목회)적 돌봄 및 상담에 관한 훈련을 통해 사람을 대하는 상담사의 자세를 배우고, 교회 중심 상담사역의 필연성과 파워를 접하면서 가슴 뛰는 순간들을 경험하였다. 무엇보다도 교회야말로 인간의 돌봄과 곤경회복을 위한 유일한 하나님의 전략이고, 이를 위한 최고의 자원을 가졌다는 사실과, 그럼에도 불구하고 그것을 가장 낭비하는 곳이기도 하다는 충격적인 사실을 알게 되었다.

미국의 기독(목회)상담학을 개척한 선구자의 한 사람으로 꼽히는 브리스터 교수는 평생을 영혼돌봄의 사역을 위하여 헌신하였다.[2] 병원이나 일반 상담 센터에서의 상담활동에도 관여한 바 있지만, 마음이 아프고 관계의 곤경에 처한 사람들을 돕는 상담활동에 있어서 그의 초점은 항상 '교회'에 집중되어 있었다. 매주 강의를 기도로 시작하고 끝을 맺으면서 교회가 이 땅의 크리스천들뿐 아니라 그리스도를 모르는 교회 밖 사람들을 위하여 어떻게 돌봄과 치유적 활동을 해야 할지에 대해 강조하곤 하였다. 자신의 신앙과 학문 및 임상적 활동의 핵심으로서 평생을 통해 '교회'에 초점을 두고 한 길을 간 그의 믿음과 열정에 나의 마음이 깊이 움직였다.

1) 서로 돌보고 치유하는 것은 모든 그리스도인들을 향한 하나님의 부르심

브리스터 교수는 만인제사장직에 대한 성서적 가르침에 근거하여 그리스도인들의 돌봄과 치유적 활동을 교회의 필수불가결한 공동체적 기능의 하나로 정의하고 실천을 강조하였다. 그에 의하면, 아니 성경에 의하면, 사람에 대한 관심과 치유 및 회복을 위한 돌봄사역은 교회가 결코 도외시해서는 안 될 핵심 사역이다. 이것은 예수님의 3대 사역의 하나이기도 하였다. 그 어느 때보다도 자기중심성이 강하고 상처와 소외현상이 많이 발생하는 현대 교회에서는 더욱 그렇다. 이 사역은 전문적인 훈련을 받은 특정한 상담사나 돌봄사역자들만이 하는 것이 아니다. 모든 그리스도인들이 서로를 위하여, 그리고 교회 밖 사람들을 위하여 함께 관심을 갖고 수행해야 할 소명이자 사명이다. 교회에서의 직분이나 역할은 달라도 모든 그리스도인이 함께 참여하고, 훈련받고, 감당해야 할 사역이다.

나는 이 지점에서 '교회가 정말 그러한가?' '내가 경험한 교회는 어떤 것이었나?' '교회의 정체성과 본질은 과연 무엇인가?' 등과 관련된 많은 성찰을 하게 되었다. 그러면서 자연스럽게 내가 초등학생 시절에 겪었던 안면신경마비 사건을 떠올렸다. 당시 나는 한쪽 얼굴 근육이 마비되어 물을 마시면 입가로 물이 흘러내리고, 웃으면 온 얼굴이 일그러져 웃을 수조차 없었다. 얼굴에 마스크를 쓰고 고개를 숙인 채 사람들의 시선을 피해 다녔다.

어린 마음에 죽을 생각을 하며 홀로 힘들어할 때 내가 경험한 교회의 반응은 '침묵'이었다. 아무도 내게 다가와 나의 아픈 마음을 위로하거나 만져 주지 않았다. 그나마 한 전도사님이 내게 말을 걸었다. "너의 죄 때문이니 회개하라!" 그래서 열심히 회개했다. 하지만 상황은 달라지지 않았다. 결국 '회개해도 안 되는 버림받은 몸'이라는 생각에 더 분노하고 두려워하며 좌절하였다. 교회는 어린이 회장, 성가대 '에이스' 등으로 각종 활동을 할 때에는 관심을 가져 주었지만, 정작 내가 위로와 도움을 필요로 할 때에는 침묵하거나 외면하였다.

이때의 경험을 성찰하며 참 많은 어두운 밤을 홀로 지냈다. 교회는 이 땅의 곤경으로부터의 구원을 위한 하나님의 '유일한 전략'이며, '하나님은 다른 대안을 갖고 계시지 않다.'고 하는데 '정말 그럴까?' 교회를 보면 영원한 천국을 향한 구원은 제시하지만 이 땅에서 경험하는 각종 관계의 아픔이나 상처, 문제들에 대해서는 손 놓고 방치하고 있는 것 같은데 정말 교회가 이런 문제들에 대한 하나님의 유일한 전략이요 대안일까? 많은 의심과 회의가 들었다.

이 의심을 갖고 씨름할 때 브리스터 박사를 비롯하여 웨인 오츠(Wayne Oates), 찰스 걸킨(Charles Gerkin), 존 패튼(John Patton), 도널드 캡스(Donald Capps) 등의 목회상담자들이 일제히 교회의 공동체적 정체성과 탁월한 치유적 기능을 강조하였다. 로렌스 크랩(Lawrence

Crabb) 같은 기독상담학자는 일반 심리치료적 요소들과 개인주의적 접근을 통합해 실시한 자신의 상담은 '틀렸다'며 '교회 밖으로 나간 상담을 교회 안으로 돌려놓으라.'고 주장하였다.

실제로 개인상담과 가족치료, 집단상담 등 다양한 심리치료 이론들과 상담 접근들을 배우면서 내가 거듭 확인한 것이 있다. 교회 공동체적 초점의 돌봄과 상담을 강조한 기독(목회)상담 선각자들의 주장대로, 교회야말로 인생의 문제나 상처, 고통을 전인적으로 위로하고 치유, 회복 및 변화와 성장을 향해 나아갈 수 있도록 돕는 가장 효과적인 장소라는 것이었다. 그런데 문제는 교회가 이처럼 영혼 구원만 아니라 온갖 마음의 고통과 관계의 아픔을 치유하고 그리스도께 인도할 수 있는 최고의 자원과 파워를 갖고 있다는 사실을 외면한다는 것이다. 또, 많은 경우 그것을 시도조차 하려고 하지 않는다는 것이었다. 심지어 그런 시도들을 의심하거나 사실에 근거하지 않은 소문 등을 거론하며 상담적 돌봄사역을 공격하기까지 하는 경우들이 많다는 것이었다.

2) 교회가 할 수 있다!

최근 한국 사회는 취업난, 빈부격차, 왕따, 학교폭력, 가정폭력, 성폭력, 외도, 가정해체 등 수많은 문제로 몸살을 앓고 있다. 현실의 문제와 불안한 미래로 인하여 분노하고 좌절하며 절망하는, 그래서 각종 우울증과 역기능적 증상을 보이며 힘들어하는 개인과 가정들이 많다. 그러다보니 누적된 불안과 분노가 폭발하고 사회적 분열과 갈등

지수는 하늘을 찌를 정도다. 그럼에도 불구하고 이런 이슈들에 대한 성서적 성찰을 제시하고 교회의 사역대처 방안을 제시하는 교회는 찾아보기 쉽지 않다. 지역사회는 물론 교회 내 성도들에게 당면한 이슈들에 대한 명료한 돌봄상담 사역 체계와 매뉴얼을 갖추고 훈련된 사역자들을 보유한 교회는 더욱 드물다.

나는 각 지자체나 사회적 기관들에서 곤경에 처한 사람들을 치유하고 회복하기 위하여 치열하게 연구하고 대처방안을 제시하며 활동하는 것을 볼 때 "이것은 우리에게 부여된 사명인데……. 우리가 앞장서서 해야 할 것이고, 잘할 수 있는 일인데……." 하는 생각을 금할 수 없다. 사람을 몸과 마음뿐만 아니라 영혼을 가진 영적인 존재로 만드시고 우리에게 가정을 주시며 관계적 존재로 살아가게 하신 분이 하나님이시라면 인간의 심리나 육신의 감정에 초점을 둔 개인주의적, 자기중심적 접근보다 하나님 중심의 성서적이고 교회공동체적인 접근을 할 때, 보다 전인적이고 강력하며 전문적인 치유와 회복을 위한 돌봄상담사역이 가능하다는 것은 자명한 사실이다. 하지만 그리스도의 몸된 교회는, 많은 경우, 이 시대의 흔들리는 개인들과 가정들, 사회의 곤경을 치유하고 회복할 수 있는 최고의 자원과 능력을 가졌지만 지금도 여전히 그런 자원과 기회들을 그냥 방치하거나 낭비하고 있다고 해도 그리 과언은 아닐 것이다.

교회와 지역사회를 위한 이런 돌봄상담 사역은 대형교회나 전문가들이 많은 곳에서만 할 수 있다? 아니다. 모든 교회는 하나님께서 공동체 내 성도들에게 주신 각양 은사와 사명, 훈련을 통해 교회 공동체의 상황과 여건에 적합한 돌봄상담 사역을 전개할 수 있다. 무기력하고 비전문적이라는 이미지에서 벗어날 수 있다. 교회의 머리되신 주께서는 모든 만물 안에 거하시며, 주(Lord)이시며 충만하게 하시는 분이시기 때문이다. 성령께서 교회의 모든 자원과 강점들을 동원하여 강력한 치유와 회복의 역동을 일으키실 수 있기 때문이다.

듀크 대학교의 하우어워스와 윌리몬은 앞에 언급된 그들의 책에서, 교회가 성도에게 닥친 문제상황을 각자가 알아서 해결하도록 방치하는 개인주의적 접근 대신 어떻게 함께 그 상황을 아파하고 함께 어려움을 돌파하며 치유와 회복으로 나아가는 공동체적 돌봄사역을 할 수 있을지 보여 준다. 즉, 대부분의 개인주의적 교회가 성도에게 어려움이 발생하면 그 문제에 대해 침묵하거나 자신들의 호기심을 충족하는 정도의 피상적인 위로방문이나 수군거리는 반응을 보이지만, 공동체적 교회는 일차적으로 당사자의 비밀을 드러내지 않으면서 주의 깊게 공감적 경청을 하고 이슈에 대한 성서적 성찰을 한다. 그리고 이 문제는 성도 개인의 위기를 넘어 교회 공동체가 함께 감당해야 할 아픔이며, 함께 치유하고 회복해야 할 과제로 인식한다. 그래서 주의 깊게 저마다 자신이 갖고 있는 것으로 위기 당사자 및 그의 가족에게 필요한 것들을 나눈다. 어려운 시기를 함께 통과하며 성령님의 역사를 경험한다. 그리고 위기에 처했던 당사자와 가족은 이 과정을 통해 진정으로 교회가 어떤 곳인지, 그리스도의 참된 제자 공동체로 산다는 것이 무엇을 의미하는지 이론적 설명이나 강의가 아닌 삶의 위기 현장을 통해 체득하고 진정한 제자로 거듭나게 된다. 이런 사례는 책에서만이 아니라 오늘날 많은 교회에서, 그리고 나의 크리스천 상담 사역의 현장에서 실제로 일어나는 현실이다.

3) 교회 공동체의 돌봄 및 상담사역

미국의 남부 도시 휴스턴에 위치한 한 교회는 도심지에서 방황하는 노숙인, 알코올중독자, 마약중독자, 성매매 종사자 등에 대한 돌봄과 회복사역의 부담을 안고 그들이 있는 진흙탕과 같은 삶의 현장에 '공동체 홈'을 마련했다. 그리고 거기에서 교회의 헌신자들이 함께 먹고 자고 예배하는 공동체 생활을 하였다. 이들은 어떤 특별한 훈련을 받은 전문가들이 아니었다. 그저 성경 말씀대로 서로를 돌보며 치유와 회복을 위하여 기도하고 섬기기로 작정한 성도들이었다.

하지만 그 결과는 놀라웠다. 특별한 전문가들이나 전문 치료프로그램들에 의존하지 않더라도 단순히 서로 섬기며 말씀에 순종하는 공동체적 관계와 삶을 통해 치료하기 어려운 마음의 상처와 관계의 아픔, 중독의 문제를 가진 사람들의 상처와 곤경이 놀랍게 치유되고 회복되는 변화를 경험한 것이었다.[3] 우리는 이런 사례를 통해 어린아이의 보리떡 다섯 개와 물고기 두 마리처럼 보잘 것 없어 보이는 작은 것일지라도 우리에게 있는 것들을 주님의 이름으로 나누며 섬길 때 오천 명 이상의 사람들을 먹이고 치유하시는 하나님 나라의 역동이 지금도 일어날 수 있다는 사실을 확인한다.

이런 공동체적 돌봄 접근의 파워는 한국에서도 유사한 방식으로 이어지고 있다. 경남 창원에 있는 한 대안 가정 '샬롬청소년회복센터'에는 10여 명의 소년범들이 유수천(58) 씨 부부를 '엄마·아빠' 삼아 함께 가정생활을 한다. 같은 교회에 다니는 천 모 판사와 의기투합하여 가족이나 사회로부터 버림받은 상처가 큰 소년범들에게 가족공동체를 경험하며 상처를 치유하는 대안 가정을 세운 것이다. 이들 부부는 자식에게 하듯 아이들을 먹이고 입히고 함께 나들이도 간다. 뜨거운 것을 싫어하는 아이에겐 국을 후후 불어 식혀 주며 먹게 한다. 가정이 해체되거나 역기능 가족 출신 아이들로서는 처음 맛보는 따뜻한 가족공동체의 경험이다. 이 공동체에는 이들 부부 외에도 자신에게 있는 것을 나누려는 자원봉사자들이 와서 아이들에게 공부를 가르치고 운동도 함께 한다.

그 결과는 놀랍다. 2010년 이후 약 4년 동안 이곳을 60여 명의 소년범들이 거쳐 갔는데 다시 범죄를 저지른 아이는 3~4명 정도뿐이다. 재범률 5%다. 2013년 소년범 재범률이 42%였음을 감안하면 놀라운 치유와 회복효과다.[4] 국가에서 청소년 범죄와 문제해결을 위하여 Wee센터 등을 세우며 엄청난 예산과 전문가들을 확보하여 개개 학생들의 심리검사를 하고 상담활동을 하지만 이 정도의 효과를 내기란 거의 불가능에 가깝다. 교회가 상처받은 개인과 가정, 지역사회를 위하여 무엇을 잘할 수 있을지를 보여 주는 좋은 공동체적 접근 사례의 하나다.

교회가 곤경에 처한 개인과 가정, 지역사회의 이웃들을 위하여 할 수 있는 놀라운 공동체적 치유와 회복사역은 춘천의 모 교회에서도 찾아볼 수 있다.[5] 이 교회는 교회의 본질을 '사랑'으로 정의하고 건강한 공동체 모임을 통해 속내를 털어놓고 서로 기도해 주는 가운데 상처를 치유하며 건강한 삶을 회복하도록 돕는다. 담임 목회자는 "상처받은 마음, 실패와 경쟁에 찌든 마음을 그저 그리스도의 사랑으로 위로하고 싶었을 뿐이다."라고 말하는데, 놀랍게도 마약과 도박에 찌든

조폭이 치유되고, 강남 술집의 마담, 알코올중독자가 회복되며, 이혼 부부도 마음의 상처를 위로받고 건강한 삶을 되찾는다. 심지어 말기 암으로 인한 우울증과 자살충동도 공동체의 사랑과 관심을 통해 죽음을 초월한 삶의 기쁨과 일상으로 회복되는 간증들이 나온다. 어떤 개인초점의 자기중심적 심리상담이나 치료 프로그램이 이런 전인적 치유와 회복효과를 이루어 낼 수 있을까?

위 교회는 교회 내 소그룹 공동체를 통한 사역 외에도 춘천 및 인근 지역의 대학교와 중·고등학교에 자살예방교육 전문강사를 정기적으로 파견하고 '자살예방교육세미나'를 개최한다. 게임중독예방을 위한 공동체훈련 프로그램도 지속적으로 진행하며, 요즘 화두가 되고 있는 동성애 문제를 위해서도 많은 노력을 기울이고 있다. 이처럼 교회는 교회 내 성도들만 아니라 교회 밖 주민들의 곤경이나 가정 및 사회적 문제해결을 위하여 어떤 개인주의적 초점의 상담소나 기관보다도 사람을 전인적으로 치유하고 변화와 성장으로 안내하는 가장 효과적인 돌봄 및 상담사역을 전개할 수 있는 자원과 책임을 갖고 있다.

최근 이런 교회들이 하나둘 늘어 가고 있는 것은 매우 다행스러운 일이 아닐 수 없다. 경기도에 소재한 모 교회는 상담을 전공한 교수나 전문가도 없이 교회 지하실의 한 구석방에서 시작하였으나 지금은 지역에서 가장 주목받는 전문 돌봄상담센터를 구축하고, 교회와 지역사회를 위한 다양한 활동을 전개하고 있다.

이런 사역들은 소수의 전문가나 대형교회만 할 수 있는 것이 아니다. 아주 작은 교회들도 성도들의 각양 은사를 따라 성령님의 인도하심을 통해 효과적인 돌봄상담 사역을 전개할 수 있다. 교회 간 공동체적 연합을 통해 교회와 지역 사회를 섬기는 실질적인 활동을 하는 교회들도 나타나고 있다. 지역의 대학과 교회가 연계하여 전문성과 공동체적 사역접근의 시너지를 일으킬 수도 있다. 어떤 접근을 하든 분명한 것은 교회 공동체는 그 규모나 여건과 상관없이 예수 그리스도의 몸으로서 교회 내 지체들과 교회 밖 사람들을 돌보고 치유 및 성장으로 안내할 책임과 사명을 갖고 있다는 것이다. 교회는 이 땅의 곤경을 치유하기 위한 하나님의 궁극적인 전략이기 때문이다.

나가는 글

대학교 4학년일 때 자동차 사고로 인해 발생한 화재로 전신 55%의 화상을 입은 여대생이 있었다. 그녀의 이름은 이지선이다. 꽃보다 아름다운 모습은 사라지고 온몸이 흉측하게 일그러지고 뒤틀려 죽음보다 더 고통스러운 절망으로 몸부림쳤다. 하지만 놀랍게도 그녀를 둘러싼 허다한 믿음의 공동체원들 속에서 자신의 정체성을 되찾고 다시 희망을 노래할 수 있었다.[6] 나는 이지선의 스토리에서 만물 안에서 만물을 충만케 하시는 그리스도의 몸된 교회와 그 영광을 보았다. 그리고 이렇게 외친 적이 있다.

"그리스도 안에서 서로 돌아보아 사랑과 은혜를 나누는 돌봄 공동체의 맥락 외에 어떤 심리학적 접근이 죽음보다도 더 힘들었을 고난의 골짜기에서 지선을 이토록 멋지게 변화시킬 수 있을지 모르겠다. 어떤 심리학적 상담 이론과 테크닉이 한 사람을 통하여 공동체가 이토록 놀랍게 축복을 받고, 그 공동체는 다시 그녀에게 축복의 울타리가 되어 더 많이 행복하고 주께 가까이 나아가게 하는 이 놀라운 '공동체적 역동'(communal dynamics)을 일으킬 수 있을지 상상하기 어렵다."[7]

로렌스 크랩은 진정한 돌봄과 상담이 어떤 심리치료보다도 강력하게 교회에서 전개될 수 있다고 확신하였다. 교회에는 일반 상담 접근에 없는 세 가지 요소가 있다고 믿기 때문이었다. 즉, 문제의 본질에 대한 이해, 사람들을 치유하고 회복하시려는 하나님의 열심, 그리고 독특한 공동체적 파워가 교회에 있기 때문이다.[8]

당신의 교회는 어떠한가? 당신의 교회는 다른 사람의 아픔을 '나'의 그리고 '우리'의 아픔으로 공감하며 손 내밀어 함께 주님께 나아가는 치유와 회복의 공동체인가?(요 5:7) 나는 이런 교회를 보고 싶었다. 그래서 하우어워스와 윌리몬이 제시한 '치유와 회복의 감격이 있는 공동체 교회 스토리'를 접하고 개인적으로 그들에게 편지를 썼다. 그리고 질문했다. "어디에 이런 교회가 있습니까? 어디에서 이런 교회를 찾을 수 있습니까?" 얼마간의 시간이 흐른 뒤 하우어워스에게서 답장이 왔다. "당신이 있는 곳에서 그러한 교회를 찾으시오. 당신이 그러한 교회가 되시오!"

나는 오늘도 등불을 들고 이런 교회를 찾고 있다. 이런 교회가 세워지는 것을 보고 싶다. 아니 함께 이런 교회가 되고 싶다. 그리고 거기에 나의 벽돌도 한 개씩 올리고 싶다.

❈ 미주

1) 스탠리 하우어워스, 윌리엄 윌리몬 공저, 『하나님의 나그네 된 백성: 이 땅에서 그 분의 교회로 살아가는 길』, 김기철 역 (서울: 복있는사람, 2008).
2) 목회상담과 기독상담은 많은 부분 유사하지만 차이도 있다. 전자가 목회사역자의 입장과 역할의 하나로 행하는 것이라는 면에서 후자와 구분하기도 하지만, 이 책에서는 특별히 구분하여 달리 사용하지 않는 한, 기독교인이 그 정체성을 갖고 성경적인 상담을 한다는 포괄적인 의미에서 '기독(목회)상담'이라는 용어로 통칭하고 있다.
3) Michael Harper, *A New Way of Living* (Plainfield: Logos International, 1973).
4) 중앙일보 2014년 7월 7일자 기사.
5) 동아일보 2011년 9월 30일자 기사.
6) 이지선, 『지선아 사랑해: 희망과 용기의 꽃 이지선 이야기』 (서울: 이레, 2003).
7) 유재성, 『현대크리스천상담 이론과 실제』 (대전: 하기서원, 2015), 116.
8) Lawrence Crabb and Dan Allender, *Hope When You're Hurting: Answers to Four Questions Hurting People Ask* (Grand Rapids: Zondervan, 1996), 170, 171, 180.

제2장
목회 현장에서 경험하는
기독(목회)상담의 중요성

1. 기독(목회)상담이 목양에 도움이 되는가
2. 기독(목회)상담이란 무엇인가
3. 기독(목회)상담은 과연 필요한 것인가
4. 나는 이렇게 상담한다!

장성기 목사
서로섬기는교회

들어가는 글

지역교회를 섬기는 목회자로서 그리고 목회상담사로서 나는 성도를 볼 때 "사랑하는 자여 네 영혼이 잘 됨같이 네가 범사에 잘 되고 강건하기를 내가 간구하노라."(요삼 1:2)는 말씀을 늘 생각한다. 동시에 교회 공동체의 리더로서 다음의 말씀을 묵상하며 성도들이 공동체적 맥락에서 서로 긴밀하게 상호작용하며 치유하고 돌보는 관계에 있음을 재확인한다. "만일 한 지체가 고통을 받으면 모든 지체도 함께 고통을 받고 한 지체가 영광을 얻으면 모든 지체도 함께 즐거워하나니."(고전 12:26).

주일에 성도들을 보면 다들 건강하고 즐거운 삶의 관계와 환경 속에서 사는 것처럼 보인다. 하지만 성도 개개인의 생활 현장과 가족관계 등을 조금만 파고 들어가면 각종 문제와 어려움 속에서 자유한 사람이 그리 많지 않음을 발견하게 된다. 목회자로서 성도들의 각종 아픔을 외면할 수 없다. 그래서 성도들을 좀 더 잘 섬기고 사역하기 위해 나 자신이 상담을 배우고 힘닿는 데까지 각종 신앙적 문제에서부터 심리적·관계적 어려움으로 '영혼의 어두운 밤'을 지나는 성도들을 돕고 있다. 목회사역과 돌봄 및 상담이 결코 분리될 수 없다고 믿기 때문이다. 그 어느 때보다 발달된 세상에 살고 있지만 내면의 갈등이나 삶의 어려움을 더욱 느끼는 현시대에서 목회사역과 상담의 동행은 반드시 필요한 것임을 목회를 하면 할수록 순간순간 재확인하게 된다. 본고를 통해 목회현장에서 기독(목회)상담이 얼마나 중요하고, 어떻게 전개될 수 있는지 한 사례로서 '나'의 경험을 나누고자 한다.

1. 기독(목회)상담이 목양에 도움이 되는가

목회상담이나 기독상담이 목회현장에서 도움이 되는가?[1] 이 질문은 다양한 인생문제들과 관련된 어려움이나 고통에 처한 교인들을 돕고 돌보는 전문가라고 할 수 있는 목회사역자 및 리더들을 향한 도전적인 질문이다. 일반적인 상담의 경우, 내담자가 상담과정을 통해 자기 삶에서 일어나는 문제에 보다 더 효율적으로 대처하고, 제대로 활용하지 못했던 기회를 보다 잘 살림으로써 가치 있는 삶의 변화를 체험할 때 내담자는 "상담이 참 좋았다."고 말한다. 반면, 상담과정을 통해 의미 있는 삶의 변화를 체험하지 못한 내담자는 "상담이 전혀 도움이 되지 않았다."고 하거나 "오히려 상처 받았다."고 토로하기도 한다. 교회나 사역의 현장에서 돌봄의 한 방법으로서 이루어지는 목회상담이나 기독상담도 '상담'의 한 분야이므로 상담을 통해 내담자가 의미 있고 가치 있는 삶의 변화를 경험케 하는 것은 일반상담과 마찬가지로 중요한 관심사가 아닐 수 없다.

목회상담은 문제를 보는 관점이나 가치관에서 일반상담과 달리 성서적이고 목회신학적인 면을 고려하게 된다. 동시에 상담이 상담사와 내담자의 관계 맥락에서 인간의 역동적인 심리상태를 다루는 것이라는 관점에서 볼 때 기독(목회)상담에서 심리학적 용어나 개념, 기법 등이 완전히 배제될 수는 없다. 나는 주변에서 심리학을 거부하는 목회자나 기독교인들을 종종 보게 된다. 하지만 그런 사람들도 실제로 상담하는 것을 보면 심리학에서 발전된 다양한 이해나 도구를 사용하곤 한다. 기독(목회)상담이 분명히 목회현장 및 성도들을 돌보는 사역에 분명히 필요하고 실제로 도움이 되기 때문이다.

심리학자 칼 융(Carl Jung)은 많은 사람들이 불안, 슬픔, 미움, 질투 등으로 말미암은 고통이 수반된 삶 속에서 다양한 상처를 안고 살아가고 있음을 지적한 바 있다. 성경 또한 "쓴 뿌리가 나서 괴롭게 하고 많은 사람이 이로 말미암아 더러움을 입을까 두려워하고."라고 기록하였다(히 12:15). 이는 마음의 쓴 뿌리가 자신을 괴롭게 함은 물론 나아가 다른 사람을 고통스럽게 하는 것을 시사하고 있는 것이다. 따라서 내면의 깊은 상처, 수치심, 두려움, 불안, 열등감, 낮은 자존감, 자기 부적절감, 분노, 우울 등의 부정적인 감정 등을 '마음의 쓴 뿌리'라고 한다면 이런 마음의 쓴 뿌리로 인하여 고통당하고 있는 교인들이 있을 때 그들을 '어떻게 도울 수 있을 것인가.' 하는 문제가 자연스럽게 제기된다. 그리고 이런 맥락에서 '심리학과 신학의 통합'이라는 이슈가 필연적으로 대두된다.

나는 목회 현장에서 하나님의 은혜와 예수 그리스도 안에서의 참 자유를 누리지 못하고 고통당하는 성도들을 자주 만나게 된다.[2] 그들 중 많은 사람들이 다음과 같이 자신의 심경을 토로하곤 한다. "말씀을 읽고 기도도 하지만 별로 나아지는 게 없는 것 같아요. 원인 모르게 화가 나고 우울하며 심난한 상태가 계속됩니다." "술, 담배, 오락 등의 중독에서 벗어날 수가 없어요." "주일예배를 빠지거나 기도를 조금만 게을리 하면 금방 나쁜 일이 생길 것 같아 두려워요. 조금만 쉬고 있어도 이내 불안해서 쉴 수가 없어요." "예수를 꽤 오래 믿고 열심히 믿었는데도 확신이 없습니다. 잠깐 감동도 받고 기쁨도 있었지만 이내 사라지고 여전히 구원받지 못한 사람처럼 느껴져 힘들어요." "원수를 사랑하라고 하지만 사람에 대한 미움이 사라지지 않아 괴로워요. 차라리 교회를 떠나고 싶어요." "남편 때문에 죽고 싶어요. 동시에 내가 이런 마음을 갖는다는 사실 때문에 두려워요." "남편에 대한 마음의 문이 닫혔어요. 남편은 결코 변화되지 않을 거예요. 우린 차라리 이혼하는 것이 좋을 것 같아요." "태아를 유산시킨 후에 죄책감에 시달리고 있습니다. 도대체 무엇을 어떻게 해야 할지 몰라 괴롭고 답답해요." "나는 이 고통을 견딜 수가 없어요. 하나님은 왜 나에게만 이런 고통을 주시는지 모르겠어요." "목사님은 내가 겪는 고통을 겪어보지 못했기 때문에 내가 얼마나 힘들지 모르실 거예요." 등등 헤아릴 수 없을 정도로 많다.

목회 현장에서 이렇게 다양한 문제로 고통당하고 있는 성도들을 목회자 혹은 사역자가 상담하는 것이 도움이 되는가? 다시 말하면, 교회에서 목회상담 혹은 기독상담이 필요하고 중요한 것인가? 나의 목회 현장 경험을 중심으로 이런 질문들에 대한 답을 찾아보고자 한다.

2. 기독(목회)상담이란 무엇인가

나는 현재 한 지역 교회를 섬기고 있는 목회자다. 목회자 입장에서 사람들 및 그들의 이슈를 이해하고 상담하는 생활을 하고 있다. 내가 실천하고 있는 '목회'와 '상담'이라는 용어가 합성된 '목회상담'은 문자적으로 '목회적 상담(pastoral counseling)'이라고 할 수 있다. 즉, 목회적 맥락에서 하는 상담이라는 의미다. 이런 면에서 목회상담은 그리고 넓게는 기독상담은 분명히 일반상담과 구분된다. 하지만 '상담'이라는 맥락에서 일반상담과 같이 다양한 상담이론과 실제적인 상담기법들을 사용할 수 있다. 이처럼 목회상담은 목회나 목회신학의 맥락 그리고 심리학의 응용 혹은 적용 분야라 할 수 있는 상담이 결합된 것으로 어느 쪽을 더 강조하느냐에 따라 그 정의와 접근이 다양하게 달라질 수 있다.

목회상담은 이 외에도 광의적 목회상담과 협의적 목회상담으로 구분할 수 있다. 전자는 목회상담에 대한 보편적 정의로서 목회자들이 목회사역과 관련하여 교인들을 돌보고 지원하는 모든 형태의 목회적 돌봄을 포괄한다. 이런 의미의 목회상담은 신학교육을 받고 교회에서 목사 안수를 받은 후 공적으로 인정되고 책임적인 위치에 있는 목회자가 성도들의 영혼돌봄과 관련하여 제공하는 제반 목회적 행위를 망라한다. 반면, 협의적 목회상담은 일정 기간 동안 엄정한 전문적 학습과 임상훈련 및 상담기법을 습득한 목회자가 목회현장에서 실시하는 전문적 형태의 목회적 돌봄이라고 할 수 있다.

미국 목회상담 협의회(AAPC)의 정관 및 규정은 "목회상담이란 목회상담사가 신학과 행동과학으로부터 얻어진 통찰과 원리를 활용하여 전인성과 건강을 지향하면서 개인과 부부, 가족, 집단 그리고 사회 시스템과 더불어 노력하는 과정이다."라고 정의하고 있다.

양병모 교수는 "목회상담이란 목양적 상황하에서 사람들의 필요에 부응하기 위하여 다면적인 사회과학적 접근방법을 사용하여 전인적인 도움을 제공하는 목회적 돌봄의 형태다."라고 정의한 바 있다.

홍인종 교수는 '한국 목회상담의 동향과 전망'에서 "목회상담은 목회적 차원(교회와 신앙)을 고려하면서 목회자(상담사)가 교인(내담자)의 내적(영적, 정서적, 감정적, 행동적) 그리고 관계적(가족, 타인 또는 하나님) 문제를 성경적 진리(권위)를 손상시키지 않으면서 기독교적 세계관을 가지고 다양한 상담적 이론과 실제적 기법을 사용하여 해결하려는 모든 과정이다."라고 보았다.

유재성 교수는 『현대목회상담학개론』에서 목회상담을 목회적 돌봄 및 목회 사역의 맥락에서 실시하는 전문적 상담행위로 보았다. 목회상담이 목회 현장의 각종 사역들과 구분된 것이 아니라 상호 연결되고 서로 영향을 주는 통합적인 활동이라고 인식한 것이다. 그는 목회상담을 "신뢰할 수 있는 관계를 구축하여 구체적이고 신속한 개입을 요하는 문제들을 비교적 단기에 해결하고자 하는 사역의 한 형태"라고 주장하며, 교회현장에서 실천할 수 있는 구체적인 목회상담의 실제 모델, 즉 '해결중심의 라이프웨이 상담' 접근을 제시한 바 있다.

앞 정의들에 나타난 '행동과학으로부터 얻어진 통찰과 원리' '다면적인 사회과학적 접근방법' '다양한 상담적 이론과 실제적 기법' '구체적이고 신속한 단기적인 개입' 등은 목회자가 이를 전문적으로 또는 특별한 관심을 갖고 배우고 훈련하여 활용할 수 있는 요소들이다. 이런 의미에서 이 정의들은 협의적 목회상담 개념의 범주에 속한다고 볼 수 있다.

교회 사역의 현장에서 경험하는 기독(목회)상담의 중요성을 밝히고자 하는 이 글에서 목회상담의 개념은 광의의 목회상담이 아니라 협의의 목회상담이다. 목회상담학을 전공한 목회자로서 목회 현장에서 경험한 사례를 통하여 간증적으로 그 중요성을 살펴보고자 한다.

3. 기독(목회)상담은 과연 필요한 것인가

사도 바울은 데살로니가 교회에 "너희의 온 영과 혼과 몸이 우리 주 예수 그리스도께서 강림하실 때에 흠 없게 보전되기를 원하노라." (살전 5:23)고 권면한다. 인간의 존재에 대하여 영혼과 육체로 분류하는 2분법설과 영, 혼, 육체로 분류하는 3분법설이 있으나 여기에서는 다루지 않기로 한다. 데살로니가전서 5장 23절에 의하면 영과 혼과 몸은 인간의 존재 형식이다.

먼저 '영(spirit)'은 헬라어로 '프뉴마(pneuma)', 즉 하나님께서 불어넣으신 호흡이다(창 2:7). 이는 하나님을 알 수 있고, 하나님과 교제할 수 있는 통로가 된다(고전 2:12, 요 6:63). 이런 의미에서 인간은 영적인 존재다.

'혼(soul)'은 헬라어로 '프쉬케(psyche)', 즉 몸과 영이 만나면서 생긴 것이라 할 수 있다(창 2:7). 성경은 이를 '생령(living being, living soul)', 곧 '산 존재'가 되었다고 한다. 인간의 내면은 '지(知)', '정(情)', '의(意)' 등으로 구성되어 있으며, 어떤 면에서 '인격'이라는 말로 대치할 수 있다. 이런 의미에서 인간은 심리적 존재다.

'몸(body)'은 헬라어로 '소마(soma)', 즉 하나님께서 흙으로 만드신 육체(창 2:7)이며, 동물적인 부분과 유사한 것이 많다(창 2:19). 이런 의미에서 인간은 생물학적 존재다.

영과 혼과 몸은 상호 분리되어 있는 것이 아니다. 유기적으로 결합되어 서로 영향을 미친다. 그런 의미에서 인간은 전인적인 존재다. 사전적 의미의 '전인(全人)'은 '지·정·의가 조화된 원만한 인격자'이지만, 성경에서 말하는 '전인'은 지·정·의뿐만 아니라 영과 혼과 몸이 온전히 조화되어 흠 없이 보전되어 있는 자를 말한다. 영과 혼과 몸이 흠 없이 보전되는 것은 전인적인 건강이 보전되는 것을 의미한다.

하나님과의 관계가 분리되어 영적으로 고통당하고 있는 사람, 마음의 쓴 뿌리로 인하여 깊은 마음의 상처가 있어서 알게 모르게 어려움을 당하고 있는 사람, 몸의 질병으로 인하여 힘들어하고 있는 사람 등 많은 사람이 영적으로, 심리적으로, 육체적으로 고통에서 벗어나기를 바라면서 목회자에게 도움을 구하기 위하여 찾아온다. 목회자는 이런 고통을 안고 찾아온 내담자 혹은 교인들에게 '영혼이 잘됨같이 범사에 잘 되고 강건'하도록 말씀에 근거하되 '다양한 상담적 이론과 실제적 기법' 또한 활용하여 구체적이고 신속하게 개입함으로써 내담자로 하여금 전인적인 건강을 회복할 수 있도록 도움을 제공할 필요가 있는 것이다.

목회 현장에서 목회자는 겉으로 보아서는 멀쩡하나 속에는 상처 받고 깨어진 마음의 환부를 숨긴 채 찾아오는 사람들을 수없이 만난다. 이때 목회자가 상담지식과 기술이 없어서 수수방관하거나 외면하는 경우들이 발생할 수 있다. 심지어 몇몇 성경 구절들을 제시하며 정죄하기까지 하여 치료는 고사하고 증세를 악화시켜 실족케 하는 역효과를 거두는 경우도 있다. 그렇게 되면 내담자는 교회를 멀리하거나 상처 속에 더 힘들어 하기도 한다.

어떤 목회자는 신학에 대하여 또는 성경적으로 뛰어난 지식을 가지고 있지만 자신에게 맡겨진 성도들의 심리 상태나 그들이 처한 사회적 혹은 관계적 문제 등에 대해 잘 모르거나 관심을 갖지 않는다. 심리적으로, 관계적으로 어려움 속에서 찾아오는 성도들을 제대로 이해하거나 공감하지 못해 실질적인 목회적 돌봄에 실패하기도 한다. 사역자는 전문적인 상담훈련과 능력은 아니더라도 교인들 안에 일어나는 개인적 불안과 긴장의 상태를 이해할 수 있어야 하고 그것을 해결할 수 있는 기본적인 능력과 수완이 있어야 한다. 그리고 그러한 책임과 사명을 갖고 있다.

목회자는 교인들이 육신적으로나 정신적으로 아플 때 가장 가까이 그들과 함께 있어 줄 수 있고 그들의 아픔을 들어 줄 수 있고 이야기할 수 있는 사람이다. 그러나 목회자가 아무리 교인들이 갖고 있는 고통스러운 문제를 들어주고 해결해 주려고 해도 이 일은 그리 만만한 작업이 아니다. 왜냐하면 교인들을 돌보고 그들의 문제를 듣고 함께 해결해 가는 것은 성서적인 혹은 신학적인 지식 외에도 사람의 마음과 그 역동에 대한 이해와 경험을 필요로 하는 전문적인 사역이기 때문이다. 목회사역자는 고통당하는 사람들에게 하나님의 은혜와 신실하신 임재를 인식하고 이를 통해 힘과 위로를 얻게 할 수 있어야 한다. 그리고 더욱 풍성한 삶을 누리도록 위대한 상담사이신 성령 하나님을 만나고 그 역동적인 치유를 경험할 수 있도록 돕는 것을 게을리해서는 안 된다.

웨인 오츠는 상담을 목회적인 것으로 만드는 것은 성숙한 양심의 성장과 정의를 행하고, 인자를 사랑하며, 그리고 하나님과 함께 겸손히 걷는 것이라고 보았다. 목회상담이란 결국 '사람 및 그 삶에의 고된 참여이며 하나님과 관계 속에서 도덕적 고결성을 유지하기 위한 필사적인 투쟁'이라고 주장한다. "우는 자들과 함께 울라(롬 12:15.)"는 사도 바울의 권면, 자신들의 옷을 찢으며 욥과 함께 울었던 세 친구의 모습(욥 2:11-13)과 같이 목회자는 어려움에 처한 자들의 아픔과 고통을 깊이 성찰하고 그 자리에 참여하여 적극적으로 공감하면서 하나님을 향해 나아가도록, 주님을 만나 치유와 회복을 경험하도록 다가가는 것이 필요하다.

예를 들어, 교회에 중독의 문제로 고통 중에 있는 성도들이 있을 때 이들에 대해 섣불리 도덕적이거나 판단적인 태도를 취할 경우 오히려 그들의 아픔을 배가하거나 좌절감을 촉발시킬 수 있다. 깊은 수치심이나 죄책감, 고통을 야기시킴으로써 중독된 사람을 치유와 온전함으로 인도하지 못할 수 있다. 교회는 중독자들의 마음을 이해하고 어려운 상황을 공감하며, 비록 현재는 중독자일지라도 주 안에서 지금의 생활을 청산하고 올바른 생활을 할 수 있는 사람으로 인정하고 수용할 수 있어야 한다. 목회사역자나 리더들은 중독 외에도 다양한 문제에 대한 이해의 폭을 넓히고, 돌봄 개입기술을 습득 내지는 발전시킬수 있어야 한다. 한 사람 한 사람, 한 가정 한 가정을 돌보고 지원할수 있는 효과적이고 실질적인 학습과 훈련을 받아야 한다.

교회는 삶 속의 고통과 상실의 아픔을 함께 포용하고 뛰어넘는 여정을 통해 진정한 연합을 맛볼 수 있다. 사랑과 희망의 공동체가 되고, 상호적 관심과 돌봄을 통한 치유와 성장을 경험하게 되는 진정한공동체가 될 수 있다. 따라서 목회자 및 사역자들은 '하나님과의 관계 회복'이라는 영적 차원에 강조점을 두고, 교회가 상처 받고 고통당하는 사람들을 위한 영적 피난처가 될 수 있도록 관심과 노력을 기울여야 할 것이다.

4. 나는 이렇게 상담한다![3]

🕊 이혼상담 사례 1

교회를 열심히 다니며 남다른 믿음을 갖고 신앙생활을 잘하고 있는 여자 집사님(이하 '내담자')이 어느 날 나를 찾아왔다. 남편의 음주 및 폭행 때문에 도저히 함께 살 수 없다며 이혼할 의사를 밝혔다. 내담자는 도저히 남편과 함께 살 수 없고, 사는 것이 고통스럽다고 했다. 하지만 나는 목사로서 '이혼하라'고 권면할 수는 없었다. 나는 당시 상담하면서 내담자의 아픔과 고통, 이혼하려고 결심하게 된 구체적 상황 등을 공감하면서 듣기보다는 "하나님이 짝지어 주신 것을 사람이 나누지 못할지니라(막 10:9)."고 하신 예수님의 말씀을 떠올리며 내담자를 설득하여 이혼하고자 하는 마음을 완화시키려고 하면서 내담자의 말을 들었던 것으로 기억이 난다.

창세기를 인용하며 가정은 하나님이 창조하신 것으로 소중하다는 것, 알코올중독자였던 나를 치료하여 목사로 사용하신 하나님께서 남편의 알코올 문제도 해결해 주실 것이라는 것, 성령님께서 만지시면 누구든지 변화되므로 구제불능인 사람은 없다는 것, 용서와 사랑에 관한 성경 말씀들을 인용하면서 소망을 갖고 조금만 참고 기다려 보라는 것, 이혼은 예수님의 말씀에 불순종하는 죄가 될 수 있다는 것 등 내담자의 영적 자원을 활용하여 내담자를 최대한 설득하려고 시도했다.

상담이 끝난 지 한 달 후에 내담자에게서 전화가 걸려 왔다. 내담자는 "목사님, 이혼 소장을 접수하러 법원에 와 있어요. 죄송합니다."고 말하면서 끊으려고 했다. 나는 다급하게 "집사님, 다시 한번 생각해 볼 수 없을까요? 고통스러우시겠지만 예수님께서 우리를 위하여 십자가에서 당하신 고통을 생각하면서요."라고 말했다. 그러자 내담자는 "목사님, 나는 예수님이 아니니까 제 고통을 참을 수가 없어요!"라고 말하면서 전화를 끊어버렸다. 결국 내담자는 남편과 이혼하였다.

나는 이 상담사례를 성찰하면서 "한 발자국 뒤에 머물러 있으라(Stay one step behind)."는 말이 생각났다. 이혼까지 결심하고 방문한 내담자에 대하여 이혼에 대한 성경적인 입장을 서둘러 늘어 놓기보다는 먼저 내담자의 고통에 머물러 있어야 했다. 내담자의 하소연을 적극적으로 경청하면서 내담자의 고통과 마음의 상처를 공감했어야 하는데, 바로 이혼에 대한 성경적인 원리 내지 내용을 제시하며 내담자를 설득하려 했던 것이다.

내담자는 이미 내가 권면했던 성경적 원리나 내용을 알고 있거나, 이혼에 대한 성경적인 답을 잘 알고 있었을 것이다. 그럼에도 목사인 나를 방문하였을 때에는 누군가에게 말할 수 없는 자신의 내적인 고통, 이혼에 대한 두려움 등 복잡한 심리 상태를 토로하고 싶었는지도 모른다. 이런 점에서 이혼에 대한 성경적인 입장을 단순히 나열하거나 강변하기보다는 먼저 내담자의 심리적 갈등을 이해하고 내담자의 고통이나 마음의 상처에 대한 공감적 이해를 하면서 경청하는 자세가 더욱 필요했던 것이다. 또한 해결중심상담기법인 척도질문, 예외질문, 기적질문 등 적절한 질문을 통해 제시된 문제를 단기에 전략적으로 해결하도록 돕고자 하는 노력이 도움이 될수도 있었을 것이다.

어떤 목회자가 고통스러운 문제를 갖고 방문한 교인들에 대하여 틀에 박힌 "기도하십시오." "하나님은 당신을 사랑하십니다." "그래도 믿음을 가져야죠." "말씀을 읽고 묵상하세요." 등과 같은 말만 늘어놓는다면 그 목회자는 내담자의 고통이나 아픔을 도외시하거나 외면한 결과에 이르게 될 수 있다. 이 상담 사례에서 나는 내담자의 내적인 고통, 이혼에 대한 두려움 등 복잡한 심리상태를 외면하고 이혼에 대한 성경적 입장만 늘어놓으며 정작 내담자가 필요로 했던 목회적 돌봄과 위로, 치유와 회복을 위한 구체적인 여정을 외면한 목회자에 불과했던 것이다.

⚜ 이혼상담 사례 2

교회에 등록하여 아무런 문제없이 잘 다니던 어느 부부 집사님들이 있었다. 언젠가부터 남편 집사님이 교회에 나오지 않았고, 잘 출석하던 부인 집사님도 가끔 예배에 빠지기 시작했다. 가정에 문제가 있는지 궁금하여 전화를 하면 아무 문제가 없다고 하면서 바쁜 일이 생겨서 교회에 출석하지 못했고, 당분간 못 나갈 수 있다고 하였다. 그러던 어느 날 남편 집사님의 어머니로부터 전화가 왔다. '며느리가 아들하고 못 살겠다고 한다. 시험이 들어도 단단히 들은 것 같다. 목사님이 잘 타일러 달라.'는 취지의 전화였다.

나는 사태의 심각성을 깨닫고 전화내용을 알리지 않은 채 부인 집사님과 잠시 면담을 하였다. 부인 집사님(이하 '내담자')이 그동안 자기 부부에게 있었던 일들을 솔직하게 털어 놓았다. 폭행당하거나 부당한 대우를 받아서가 아니라 말이 통하지 않고 벽창호 같은 남편과 더 살 수 없고, 이제 남편에 대한 마음이 닫혀서 관계 회복을 위하여 더 이상 노력하고 싶지도 않다는 것이다. 미워하는 마음까지 생겨서 한 공간에 함께 머물러 있는 것이 너무 고통스러워 이혼까지도 생각하고 있다는 것이다. 전혀 소통이 되지 않아서 겪는 남편에 대한 답답함, 함께 살아오면서 당했던 마음의 상처, 고통스러운 사건 등을 이야기할 때에는 눈물을 감추지 못했다.

나는 앞에 언급한 상담사례의 내담자에게 접근했던 기억이 떠올랐다. 그래서 무조건 성경적 원리로 접근하기보다는 우선 내담자의 남편에 대한 답답함, 마음의 상처 및 고통에 함께 머물러 있기로 했다. 내담자의 아픔과 고통이 내 마음에도 동일하게 스며들었다. 공감적으로 이해하면서 "그랬었군요." "얼마나 고통스러웠어요." "집사님의 그 답답함과 고통이 느껴집니다." "지금까지 어떻게 견딜 수 있었어요?" 등의 반응을 보이면서 대화를 나눈 후 헤어졌다. 그 후 새벽마다 이 부부 집사의 친밀감 회복을 통한 가정의 회복을 위하여 기도하였다. 내담자에게 남편에 대한 닫힌 마음의 문을 열어 용서의 마음, 사랑의 마음을 허락하여 달라는 기도와 남편도 아내의 마음을 공감하면서 그 아픈 마음을 만지고 사랑을 표현할 수 있도록 하게 해 달라는 기도를 쉬지 않았다.

　나는 이와 동시에 목회상담적 접근을 시도하기로 하였다. 하지만 내담자를 통해 알게 된 부부관계를 수치심이 내면화되어 있는 남편에게 직접 이야기할 수는 없었다. 그래서 자연스러운 만남을 갖기 위하여 전화하여 저녁식사를 하자는 제안을 하였으나 완곡하게 거절 당했다. 부부상담을 통해 해결해 보려는 시도는 어려울 것 같았다.

　그러던 어느 날, 기도하는 중에 이혼 위기를 극복한 부부 집사님이 떠올랐다. 내담자 부부보다 더 심각한 이혼 위기에 처해 있었던 부부였다. 실제로 이혼하려고 가정법원까지 몇 차례 갔던 경험도 있었고, 방을 따로 쓰는 등 이른 바 정서적 이혼 상태에 있었던 부부였다. 하지만 상담을 통해 부인 집사님의 믿음이 성장함에 따라 남편을 무조건적으로 수용하고 이해하려고 노력하였고 믿음이 없었던 남편도 믿음을 갖고 아내의 마음을 느끼고자 하는 노력을 통해서 이혼 위기를 극복한 부부였다. 이들 부부에게 내담자 부부의 동의를 얻어 그들의 부부 상황을 이야기하면서 이혼 위기를 극복한 경험을 내담자 부부와 나누면 도움이 될 수 있을 것이라고 이야기하며 함께 만날 것을 제안하였다. 다행히 두 부부가 함께 만날 것을 수용하였고, 여기에 우리 부부까지 포함하여 세 부부가 자연스럽게 만나 그룹상담적 접근을 시도할 수 있게 되었다.

　어느 토요일에 세 부부가 함께 만났다. 점심 식사를 마친 후에 전망 좋은 카페로 가서 차를 마시며 내가 먼저 자연스럽게 과거 어려웠던 우리 부부관계를 노출하며 이야기를 시작했다. 내가 목사되기 전, 법원에 근무하면서 거의 매일 새벽 두세 시까지 술을 마시고 귀가했던 경험, 부부관계 갈등이 심화되어 이혼까지 생각했었던 시절, 침례를 통해 놀랍게 알코올중독이 치료되었던 경험, 예수님을 인격적으로 만난 후 내 삶에 닥친 극적인 변화, 목회상담을 공부하면서 내 자신의 미해결된 감정을 발견하고 문제가 아내에게 있었던 것이 아니라 나에게 있었던 것을 깨닫게 되었다는 등의 이야기를 나누었다. 내 아내도 과거 고통스러웠던 자신의 경험을 함께 나눌 수 있는 기회가 되었다.

우리 부부 이야기가 끝나자 자연스럽게 이혼 위기를 극복한 부부가 자신들의 과거 경험들을 털어놓았다. 부인 집사님은 어린 시절의 수치스러웠던 경험, 남편과의 갈등으로 인한 가출, 분노조절이 안 되는 남편으로부터 일방적으로 당했던 사건들, 도저히 변화되지 않을 것 같아 큰 벽처럼 느꼈던 남편의 완고한 성격, 부부 갈등이 심화되어 몇 차례 이혼을 시도하면서 가정법원까지 갔었던 일, 함께 자면서 발만 살짝 닿아도 소름끼쳤던 순간들, 가출 후 상담을 통해 집에 돌아갔고 교회에 다시 출석한 일, 예수님을 인격적으로 만나면서 자신의 삶이 변화되고 믿음이 성장하면서 남편을 이해하기 시작했다는 것, 남편과의 관계가 회복되어 이혼 위기를 극복하여 지금 행복하다는 것 등을 이야기하였다. 남편 또한 아내가 야기했던 경제적 문제들, 집안을 돌보지 않았던 아내의 행동들, 지금은 아내가 자신을 인정하고 이해하려고 노력하고 있다는 것 등을 솔직하게 털어놓았다.

나는 자연스럽게 내담자와 남편에게 "두 분의 부부관계는 어떠세요?"라고 질문하며 대화의 초점을 바꾸었다. 그리고 한 가지 원칙을 제안했다. 한 사람이 이야기할 때 상대방은 "그랬구나!" "그럴 수 있지!"라는 반응을 하며 듣고, 이야기가 끝날 때까지 반박하지 않기로 하자는 것이었다.

내담자가 어색한 듯 주저하며 먼저 자신의 심경을 토로하기 시작하였다. 결혼 후 계속되는 무뚝뚝하고 속마음을 표현하지 않는 남편의 모습, 내담자의 감정에 대해 전혀 아랑곳하지 않는 남편의 태도에서 무시당하고 있다는 느낌을 받고 있다는 것, 함께 살면서 아내라는 존재감을 느끼지 못하고 있다는 것 등 구체적인 상황을 나열하면서 이야기하였다. 남편과 전혀 소통이 되지 않아서 겪는 답답함, 함께 살면서 당했던 마음의 상처 및 고통스러운 사건 등을 이야기할 때는 간간히 눈물을 흘리기도 하였다.

내담자의 이야기를 가만히 듣던 남편은 "아내가 그렇게 답답해하고 고통스러워하는지 몰랐다."고 하면서 아내에 대한 자신의 심경을 털어놓았다. 자신의 성격이 감정을 잘 표현하지 못한다는 것, 아내를 무시하지 않았다는 것, 어느 부부나 다툼은 있을 수 있다는 것, 아내가 너무 예민하고 화가 나면 사람이 있건 없건 큰소리친다는 것, 가사에 소홀히 할 때 서운하고 화가 난다는 것 등 평소에 하지 못했던 이야기를 차분하게 이야기하였다.

이렇게 부부의 이야기를 들은 후 내담자에게 남편이 말한 내용 중 "아내가 그렇게 답답해하고 고통스러워하는지 몰랐다." "감정을 잘 표현하지 못하는 성격이지 아내를 무시하지 않았다."는 말을 들었을 때 가슴에 와 닿는 느낌이 있었는지 물었다. 내담자는 남편이 자신의 답답함과 고통을 공감해 주는 것 같은 느낌이 든다고 했다. 남편에게 어떤 느낌이 드느냐고 물었을 때 아내에게 미안한 마음이 든다고 했다.

나는 내담자 부부에게 손을 한번 잡아보라고 요청했다. 그들은 서로 어색해하며 손을 맞잡았다. 그룹 대화를 마치며 그들에게 한 가지 실천 과제를 주었다. 즉, 밤에 부부가 서로 손을 잡고 잠자리에 들면서 그 느낌을 서로 이야기하는 것이었다. 그리고 세 부부가 다시 또 만날 것을 제안하며 그때 숙제한 내용을 보고할 것을 강조하였다.

그 후, 내담자 부부에게 조그마한 변화가 생겼다. 남편이 다시 교회에 나오기 시작하였고, 내담자의 얼굴도 많이 밝아진 것이다. 주일에는 주방에서 내담자 부부가 나란히 서서 설거지 봉사도 하였다. 내가 내담자에게 남편과의 관계에 대해서 물었을 때, 내담자는 "목사님, 남편이 크게 바뀌지는 않았지만, 전에 세 부부의 만남이 좋았던 것 같아요. 그리고 숙제하고 있어요."라고 웃으며 답변하였다.

조만간 세 부부의 만남이 다시 이루어질 계획이다. 이혼 위기를 심각하게 겪었던 부부와 우리 부부의 '자기 노출'이 내담자 부부가 자신들의 감정이나 입장을 진솔하게 표현하는 데 도움이 되었던 것으로 보인다. 교회공동체에서 소그룹 형태의 만남의 장이 이루어져서 편안한 마음으로 진행된 자기 노출 또한 내담자 부부를 움직이도록 역할을 하였다. 내담자 부부의 아픔과 고통에 동참하면서 상담을 하고 이 문제를 주님께 가지고 나아가서 새벽마다 기도하며 도우심을 구한 것이 큰 힘이 되었던 것으로 판단된다. 물론 이혼 관련 성경 구절을 경직되게 제시하기보다 '한 발자국 뒤에 머물러 있으라.'의 원리를 유연하게 적용하며 내담자 부부를 수용하며 공감한 것 등이 그들의 관계와 가정에 변화를 가져오게 한 요인이 되었다고 본다.

✌ 낙태 관련 상담 사례

내담자는 상담 당시 슬하에 4명의 자녀가 있었고, 빌라에서 월세로 어렵게 생활하고 있었다. 한때 태아를 유산시킨 경험이 있었던 교회 여집사님이었다. 집사님은 이 사건 직후 내게 이 사실을 언급하며 "깊은 죄책감에 시달리고 있다."고 심경을 털어놓은 적도 있었다. 어느 날 이 내담자로부터 전화가 왔다. 그녀는 대뜸 "목사님, 저 또 임신했어요. 정말 너무 창피하고, 어떻게 해야 좋을지 몰라 용기를 내어 목사님께 전화했어요. 언제 시간 좀 내 주실 수 있어요?"

하고 물으며 예기치 않은 임신문제에 대하여 상담하기를 원했다. 나는 남편과 함께 올 것을 조건으로 상담 약속을 잡았다.

내담자는 "목사님, 사실 지금 우리 부부 사이가 좋고, 저도 근무하는 학원에서 자리잡아 가면서 가정경제에 도움이 되고 있는데, 아이를 출산하게 되면 학원을 그만 두어야 하고, 남편의 봉급으로 5명의 자녀들을 양육한다는 것은 너무 힘들 것 같아요. 그러나 다시 유산시킨다는 것은 너무도 고통스럽고, 특히 하나님의 섭리 가운데 잉태된 아이를 지우면 나중에 가정경제가 회복되었을 때 많이 후회할 것 같아요."라고 말했다. 나는 그 순간 "4명의 자녀, 가정경제의 어려움 등 환경적 요인과 유산이 '죄'라는 신앙적 요인 사이에 갈등하며 고민하는 내담자의 고통이 느껴졌다.

나는 어떻게 상담해야 했을까? 내가 "유산은 하나님께서 주신 생명을 죽이는 행위이므로 큰 죄입니다. 그러므로 절대로 유산시켜서는 안 됩니다. 하나님의 섭리 가운데 잉태되었으므로 반드시 출산하여 잘 양육하시기 바랍니다."라고 권면하면 목사로서 더 이상 상담할 것이 없다. 이것은 누구나 알 수 있는 명백한 답이다. 내담자도 이 답을 잘 알고 있을 것이었다. 그렇다고 목사로서 "유산하라."고 권면할 수는 더더욱 없었다. 이런 성도를 만나면 목회자는 어떻게 목회적 돌봄을 제공할 수 있을까? 이런 상황에서 목회적 돌봄 및 목회상담의 필요성과 중요성이 제기되는 것이다.

01 상담 목표 설정

이미 네 자녀를 두고 있는 내담자가 임신문제로 상담을 원했기 때문에 유산시킬 것인지의 여부를 묻는다면 나는 내담자 부부가 알아서 결정해야 한다는 것으로 마무할 수밖에 없다. 그래서 내담자로 하여금 생명의 소중함, 태아를 허락하신 하나님의 섭리, 경제문제로 하나님이 주신 생명을 없앨 수 없다는 것 등에 대한 생각을 확장시킬 수 있도록 도우려 하였다. 혹시라도 낙태를 결정하여 실행하였을 경우 죄책감으로 고통당할 내담자가 그 고통을 줄일 수 있는 영적 자원을 발견할 수 있도록 돕는 것 등을 상담목표로 설정하였다.

02 상담 과정

나는 먼저 내담자의 심정을 살피며 스스로 유산과 출산 사이에서 최선의 선택을 할 수 있도록 돕기 위하여 칼 로저스(Carl Rogers)의 '내담자중심상담' 접근을 활용하여 무조건적 긍정적 배려와 공감적 이해를 시도하였다. 그리고 유재성 교수가 발전시킨 '해결중심 라이프웨이(LifeWay) 상담'을 접목시키며 진행하였다.

상담을 본격적으로 전개하면서 내담자의 '관계정서적 차원'을 탐색하기 위하여 다양한 질문기법을 사용하였다. 이런 과정을 통해 유산에 대한 생각이 내담자는 40%, 남편에게는 90%에까지 이른다는 사실을 알 수 있었다. 그리고 내담자는 과거 태아를 유산시켰을 때 죄책감에 사로잡혀 고통당한 경험이 있기 때문에 또다시 유산시킨다면 다시 죄책감에 빠져 고통당할 것이라는 생각에 심리적인 불안, 초조, 두려움에 시달리고 있음이 확인되었다.

내담자의 '행동사고 차원' 또한 복잡하게 얽혀 현재 상황을 명료하게 인식하고 판단하는 데 어려움을 주고 있었다. 내담자는 자신이 피임을 시도했는데도 임신이 된 사실에 대해 혼란스러워하며 이것에 하나님의 섭리가 있지는 않을까 많은 생각을 하였다. 하지만 관점을 달리하여 잘못된 피임 혹은 실수로 임신이 된 것일 수 있다는 생각도 갖고 있었다. 아울러 출산하게 되면 건강이나 양육문제 등에 대해 어떻게 해야 할지 자신이 없다는 반응을 보였다.

한편, 내담자의 '영적 차원 탐색'을 통해 내담자와 관련된 다양한 정보를 얻을 수 있었다. 내담자는 생명이 하나님께로부터 온 것이므로 누구도 생명을 침해할 수는 없다는 인식을 확고하게 갖고 있었다. 동시에 잉태된 태아를 지우는 것은 죄라는 인식 또한 분명했다. 하나님 이미지에 대해서도 공의의 하나님과 은혜의 하나님의 이미지를 공유하고 있었다. 유산은 죄임에 틀림없으나 용서받을 수 있는 죄라고 인식하고 있었다. 내담자는 이미 자신이 어떻게 할 것을 알고 내게 온 것임을 느낄 수 있었다.

이런 상담 과정에서 필자는 목사로서 유산이 명백히 죄인 것을 인식하면서도 내담자로 하여금 출산할 것을 적극적으로 권면하지 못한 자기 한계성을 어찌할 수 없었다. 내담자는 내가 어떤 말을 하고 싶은지 알았을 것이다. 나는 네 명의 자녀, 가정경제의 어려움 등 환경적 요인과 유산이 죄라는 신앙적 요인 사이에 갈등하며 고민하는 내담자의 고통을 느끼면서 최소한 그 고통에 머물러 있기를 원했다.

상담 후 내담자가 상담을 통해 마음이 편해졌다는 말을 했을 때 나는 내담자가 유산을 결심한 것으로 느껴져서 고통스러웠다. 목사로서 내담자로 하여금 '낙태'라는 죄를 범하지 말도록 하여야 하나 오히려 동조한 느낌이 들었기 때문이다. 내담자는 결국 출산보다는 유산을 선택하여 태아를 낙태시켰다.

03 성경적 묵상

이 상담 사례에서 내가 무조건 '유산은 죄이므로 죄를 범하지 말고 하나님의 섭리에 의해 잉태된 아이를 출산하여 잘 양육하라.'고 상담하였다면 고민할 이유가 하나도 없었을 것이다. 그러나 내담자의 열악한 가정경제 사정, 네 명의 자녀, 출산 후 건강문제, 유산을 기정사실화한 남편 등을 고려하면 유산시킬 가능성을 배제할 수 없었다. 유산을 죄라고 인식하고 있는 내담자에게 유산과 죄책감의 문제는 매우 큰 고통으로 가슴을 파고들었을 것이다.

이런 상황에서 나는 어떻게 적절한 목회적 돌봄을 제공할 수 있었을까? 유산은 용서받을 수 있는 죄일까? 하나님은 공의로우시지만 용서하시는 은혜의 하나님이시기도 하다. 간음하다 현장에서 잡힌 여자를 용서하신 예수님께서 내담자의 마음 또한 만져 주시고 용서하지 않으실까? 나는 어떻게 내담자의 영적 자원들을 활용하여 죄책감의 문제를 다루도록 할 것인가? 내담자에게 궁극적으로 어떻게 하나님과의 관계를 새롭게 하는 기회가 되게 할 수 있을까? 성도의 아픔을 공감하는 목사의 마음에 많은 생각이 어우러진다.

내가 '유산=죄'임을 강조하며 출산을 권했다면 내담자는 그 권면을 듣고 출산했을까? 아니면 내가 그러한 사실을 강조했더라도 자기 생각대로 행동했을까? 내담자는 유산을 선택하여 낙태시켰다. 나는 목회자로서 '하나님이 주신 생명을 지우는 것'에 동의하지 않는다. 하지만 성도의 고통에 함께 머무르며 그를 지속적으로 품는 영혼의 돌봄은 반드시 필요하다고 본다. 내담자는 지금 교회 공동체에서 열심히 봉사하며 신앙생활을 영위하고 있다. 하나님께 감사드린다! 동시에 많은 생각들이 목회자의 마음을 스치고 지나간다.

나가는 글

나는 본고에서 목회자로서 교회가 성도들의 영혼이 잘 됨같이 범사에 잘 되고 강건할 수 있기를 바라는 마음으로 돌봄과 상담사역을 하는 것이 불가피함을 강조하고자 하였다. 교회야말로 삶의 고통과 아픔을 포용하고 치유하는 사랑과 희망의 공동체이기 때문이다. 상처 받고 고통 가운데 있는 사람들을 위한 영적 피난처가 되어야 하기 때문이다. 이러한 맥락에서 목회상담에 대한 이해를 정리하고, 교회에 상담사역이 필요한 이유를 제시하였다.

하지만 교회에서 상담하는 것이 그리 단순한 과정은 아니다. 심리학적 상담에서 흔히 주장하는 것처럼 내담자의 감정이나 사고, 행동 혹은 관계적 차원에 집중하여 내담자가 원하는 대로 내담자 초점의 상담만 할 수는 없다. 궁극적으로 기독(목회)상담은 심리학적 차원의 상담을 넘어 성경의 진리에 부합되는 영성초점의 상담을 하는 것이기 때문이다. 그래서 본고에 제시된 이혼이나 낙태와 같은 이슈들은 내담자의 감정이나 관계, 심리상태만 아니라 다양한 성서적 성찰을 요구한다. 그리고 상담사는 예기치 않게 혼란스러운 혹은 고통스럽기까지 한 결과에 직면할 때도 있다. 나는 이러한 성서적 성찰과 상담과정에서 내 자신이 항상 옳을 수 있다고 생각하지 않는다. 다만 겸손히 그리고 지속적으로 하나님의 뜻을 알아가며, 목회자로서 교회 공동체에 주어진 영혼돌봄과 상담의 사명을 감당하려고 한다.

❄ 미주

1) 목회상담과 기독상담은 거의 함께 사용되고 있지만, 기독상담이 교회 공동체의 모든 그리스도인들 사이에서 성경적 원리에 따라 이루어지는 포괄적이고 광범위한 상담활동이라면, 목회상담은 교회 목회자들을 중심으로 교인들을 효과적으로 돌보기 위하여 행하는 성경적 상담활동인 점에서 구별될 수 있다. 상담사의 역할이나 기능에 따른 차이가 있을 수 있기 때문이다. 이 글에서는 교회를 중심으로 상담하는 목회자의 입장에서 주로 '목회상담'이라는 용어를 사용하고 있다. 그러나 목회자가 아닌 기독교인들의 상담을 포함할 때는 '기독(목회)상담'이라는 보다 포괄적인 용어를 사용하고 있다. 그리고 일반 독자들을 고려하여 구체적인 참고 자료 정보제공을 생략하였음을 밝힌다.

2) 필자는 건국대학교 법학과 졸업 후 목회학을 공부하였고(MDV) 목회상담학을 전공하였다(MA, Ph.D.). 현재 '서로섬기는교회'의 담임목사로 섬기고 있다.

3) 제시된 사례들은 본인이 담임하고 있는 교회 및 타 교회의 성도들에 대한 상담을 포함하고 있다.

제3장
가정사역 현장과 상담

강은영 사모
(전) 여의도침례교회 가정사역위원회
(현) 행복한우리교회

들어가는 글

21세기 대한민국 국민이 걱정하는 한국사회의 큰 이슈 중 하나는 '가정의 붕괴'라는 문제일 것이다. 여기저기서 들리는 한숨소리의 내용을 들어 보면 한결같이 가정 안에서 발생하는 가족 간의 일에 대한 근심과 걱정이다. 이 문제를 해결하는 일을 마땅히 한국 교회가 감당해야 할 것인데, 연약한 가정들이 모인 교회 또한 문제가 있거나 아프기는 마찬가지다. 교회와 가정은 하나님이 가장 사랑하시는 공동체이지만 정작 우리들은 그 안에서 신음하고 있다.

교회와 가정은 예수님을 머리로 하는 하나의 유기체다. 가정이 살아나야 교회가 살아난다. 그리고 이 민족도 살아난다. 하나님은 교회에 이 거룩한 사명을 부어 주셨다. 내게도 주의 은혜 가운데 '가정사역과 상담'이라는 이름으로 일하게 하셨다. 그동안 교회 내 아픈 가정들을 돌보고 상담하는 일은 하나님의 마음을 기쁘시게 하는 최고의 사역이었다. 그동안 하나님이 우리 부부를 통해 일하셨던 가정 사역과 상담 현장을 소개하며 하나님이 부어 주신 은혜를 나누고자 한다.

1. 가정사역의 시작

나는 서울 여의도에 위치한 여의도침례교회 가정사역자의 아내로서 남편과 함께 근 20년간 교회를 섬기며 가정사역에 많은 관심을 갖고 교회사역에 적용하기 위하여 힘써 왔다. 현재 교회는 '가정사역위원회'라는 이름으로 매년 여러 가정사역 프로그램을 진행하고 있다. 이 사역을 통해 많은 위기부부와 가정들이 살아나는 것을 현장에서 보았다. 또한 위기가정뿐 아니라 평범한 가정들도 건강하게 성장하며 다양한 어려움을 미리 예방하고 대처하는 모습을 지켜보았다. 이런 사역의 현장에서 하나님이 가정사역을 얼마나 귀하게 여기시는지 알게 되었고, 가정사역을 통해 이 땅의 모든 가정이 건강하게 살아나기를 원하시는 하나님의 마음을 이해하며 동참할 수 있었다.

그러나 우리가 사역 초기부터 '가정사역'이라는 이름으로 활동할 수 있었던 것은 아니다. 20년 전만 하여도 가정사역이라는 이름은 생소하였고, 시대를 앞서가는 일부 전문사역자들이 한국 가정의 위기를 염려하며 가정사역의 기초를 다지고 있을 때였다. 그리고 교회 내에서 부사역자 사모의 입장에서 교회사역을 돕는다는 것은 조심스런 때였다. 그럼에도 불구하고 신학교 학부시절부터 가정사역에 관심이 많았던 남편은 항상 교회 가정사역의 중요성을 역설하면서 부부가 함께 사역에 동참하는 것이 바람직하다는 것을 강조하였다. 나는 교회 형편에 맞추어 나의 위치에서 최선을 다해 남편을 도왔다.

초창기 교구사역 기간에 가정사역을 그나마 적용할 수 있었던 것은 '부부 양무리' 모임에서였다. 성장 가능성이 있는 한 양무리(구역)를 택한 후 양무리에 속한 부부들을 초청하여 예배를 시작하였다. 처음에는 남편이 몇 주간 직접 예배를 인도하면서 리더들을 세우고, 그들로 하여금 서서히 부부 양무리 모임을 이끌도록 하였다. 매주 금요일 오후 직장을 마치고 온 남편과 함께 아내들이 한 가정씩 돌아가며 부부 모임을 진행하도록 한 것이었다. 이를 위하여 남편은 매주 모임을 어떻게 진행할 것인지 꼼꼼하게 모델링을 해 주는 시간을 가졌다. 모임 진행 매뉴얼을 제시하였고, 리더들은 이 매뉴얼을 토대로 예배를 인도하고 식사 대용으로 간단한 다과를 미리 준비하여 예배 전 교제시간이나 예배 후에 나누도록 하였다.

지금도 마찬가지이지만 그 당시에도 우리 교회 성도들은 남성의 비율이 매우 높고 헌신적이었다. 그래서 부부 양무리 모집이 수월했던 것이 사실이다. 그럼에도 불구하고 아내보다 신앙의 속도가 느리고 교회에 적응하지 못하는 남편들이 더 많았기에 우리는 믿음이 성숙한 부부들을 리더로 세워서 이런 남편들을 세우는 것을 목표로 삼았다. 그리고 그 효과는 매우 탁월했다. 기대 이상의 성과를 많이 경험할 수 있었다. 이 부부 모임을 통해 아내는 남편을 세우고 남편은 아내의 지지를 받으며 신앙이 균형 있게 성장하였다. 나중에는 아내보다 남편이 더 믿음 위에 우뚝 서서 또 다른 양무리를 이끄는 리더가 되는 일이 많이 있었다. 부부 양무리를 통해 모두 큰 은혜를 경험하곤 했다. 처음에는 3가정에서 4가정 정도로 시작하였는데 그 수가 늘어나서 대부분 2년에 한 번 정도 '분가식'을 하게 되었다. 현재 그 부부 양무리들은 오랜 친분을 쌓아가고 있으며 서로 기쁨과 슬픔을 함께 나누는 형제와 가족이 되어 교제와 예배를 통한 친밀함을 함께 나누고 있다.

그러나 시간이 흐르면서 부부 양무리 모임의 한계가 나타나기 시작했다. 모임을 인도하는 리더의 신앙 성숙도에 따라 예배에 타성이 생기거나 서로 삶을 나누는 교제에서도 매너리즘에 빠지는 성도들이 생기게 되었다. 그래서 우리는 기도하며 이에 대한 보완책으로 가정사역 훈련 프로그램을 찾게 되었다. 그리고 온누리교회의 '아버지 학교'를 알게 되었다. 남편이 먼저 아버지학교를 수료하고, 이어서 내가 어머니학교에 참가하여 직접 경험하였다. 그리고 나중에는 부부학교에 함께 참여하며 교회사역에의 적용을 모색하였다.

하지만 우리는 가정사역을 실시하고자 했던 계획을 한동안 내려놓아야 했다. 교회에서 새로운 프로그램을 시작하는 것이 그리 쉬운 일은 아니었다. 우리는 기도하면서 때를 기다렸다. 그렇게 3년 정도가 흐르는 동안 때가 되면 성취하실 하나님을 바라보며 내부적으로 가정사역을 함께할 수 있는 사람들을 확보하는 등 사역을 위한 준비를 다져 갔다.

교회사역을 하면서 하나님의 때는 우리의 생각과 매우 다르고 놀라운 방식으로 찾아온다는 것을 경험하곤 했다. 하나님은 가정사역에 대하여 생각지도 못한 일을 준비하고 계셨다. 가정회복의 필요성을 절실히 느낀 교회가 '가정사역위원회'를 발족시키는 이례적인 일이 발생하였던 것이다. 우리가 원하는 때에 가정사역을 조금 일찍 시작할 수도 있었겠지만, 그랬다면 그저 한 부서에서 계획한 작은 행사쯤으로 여겼을 것이고 지금같이 큰 성장을 하긴 어려웠을 것이다. 그동안 교회 가정사역의 밑거름을 다지고 있던 남편이 가정사역위원회의 담당 사역자로 임명되었고 교회는 그동안 우리들의 염원이었던 가정 사역을 교회 전체에 적용할 수 있도록 충분한 지원과 격려를 아끼지 않았다. 이 모든 것은 가정을 사랑하고 회복시키기를 원하시는 하나님의 전적인 계획이고 은혜였다.

이런 은혜의 과정을 거쳐 우리는 드디어 자체적으로 아버지학교를 시작하게 되었다. 이를 통해 부부 양무리의 남편들이 매주 토요일 5주간의 훈련을 받게 되었다. 프로그램의 특성상 타교회 성도들이나 교회 출석을 하지 않는 비신자들과 한 조가 되기 때문에 처음에는 모두들 무척 낯설어 했다. 하지만 함께 식사를 나누며 친해져서 5주가 끝나갈 시점이 되면 아주 가까운 사이가 되었다. 아버지학교를 통해 변화된 남편을 보며 아내들의 감사 고백이 쏟아져 나왔고, 곧 이어 시작된 어머니학교를 통해 아내들은 남편을 더욱 이해하고 사랑하며 가족관계가 돈독해지는 현상이 나타나기 시작했다.

이 사역을 통해서 부부 양무리 모임이 더욱 활성화되고 견고해졌을 뿐만 아니라 이 모임에 속하지 않았던 부부들도 관계가 새로워지고 신앙의 성숙을 이루는 결과들이 나타났다. 우리는 이 은혜를 지속하기 위하여 부부학교를 준비하여 부부관계의 완성도를 높였다. 나아가 결혼예비학교를 실시하여 많은 예비 부부들로 하여금 잘 준비된 결혼생활을 할 수 있도록 도왔다.

이런 가정사역들은 지역사회에 교회가 영향력을 끼칠 수 있는 계기와 교회가 연합할 수 있는 기회도 제공하였다. 사역을 진행할 때 지역의 비신자들이나 인근의 성도들이 함께 참여하여 한 조에 편성되면서 자연스럽게 서로 교제하고 연합하여 아름다운 변화와 성장을 이루게 되기 때문이다. 이제 우리가 실천하였던 가정사역 프로그램들을 좀 더 구체적으로 살펴보고자 한다. 그리고 가정사역을 통해 어떻게 관계의 아픔이나 어려움을 겪고 있는 부부들 및 가정들과 자연스럽게 연결되고 상담을 통해 도울 수 있었는지 그 역동적인 과정을 소개하도록 하겠다.

2. 가정사역의 현장

1) 결혼예비학교

우리가 가정사역 프로그램 전반에 걸쳐 벤치마킹을 하고 있는 온누리교회 가정사역 프로그램 중에서 결혼예비학교는 온누리교회에서도 등록 첫 날 마감이 이루어지는 매우 인기 있는 프로그램이다. 그래서 많은 지원자들이 몰려 등록에 어려움을 겪기도 한다. 우리는 자체적으로 프로그램을 개발하였고, 주제에 따른 시간표를 만들어 지명도가 높은 강사를 일일이 섭외하였다.

6주 프로그램으로 구상하고 첫 지원자를 모집하는데 새로운 사실 하나가 발견되었다. 그것은 요즘 젊은 결혼예비자들의 일상이 너무 바쁘다는 사실이었다. 프로그램에 관심은 많은데 6주를 다 참석할 지원자는 제한되어 있었다. 매우 안타까운 현실 앞에서 고민이 많이 되었다. 이들에게 필요한 6가지 주제를 줄이는 것은 쉽지 않았다. 아울러 충분한 교육이 필요한데 중요한 부분들을 생략하는 것도 가정사역 취지에 어긋났기 때문이다.

그래서 우리는 6주에서 3주로 모임 횟수를 줄이되 모임 시간은 늘려서 6가지 주제를 모두 다루어 질적 효율을 높이는 방식을 취하기로 하였다. 그러자 긴 기간 때문에 고민하던 지원자 거의 모두가 등록을 하게 되었다. 결혼예비학교 참가대상은 결혼 예비자로부터 결혼 3년 차까지의 신혼부부로 하였다. 이들을 대상으로 성경적인 거룩한 결혼의 의미를 심어 주는 것을 기본목표로 하였다. 6가지 주제는 결혼 직후부터 부딪힐 수 있는 갈등에 대비하여 남녀 차이, 대화법, 아름다운 성, 결혼식의 성경적 의미에 대한 주제와 더불어 신혼경제 등을 다룬다.

(1) 결혼예비학교 에피소드

결혼예비학교를 하다 보면 보통 펼쳐지는 진풍경이 하나 있다. 생활이 바쁜 미혼 남녀가 시간을 맞추기 어렵다 보니 밖에서 만나 함께 들어오거나 엘리베이터 앞에서 상대가 오기를 기다리는 경우를 자주 접한다. 모임과 다루는 주제의 특성상 혼자 자리에 앉아 있는 것이 매우 어색하고, 자주 못 만나는 커플도 많이 있기 때문이다. 그래서 모임 날이 오랜만에 데이트하는 날과 같아 서로 설레는 마음으로 한껏 단장을 하고 오는 모습이 매우 인상적이다. 다른 가정사역 프로그램의 커플들과는 매우 다른 신선한 싱그러움이 있다.

이 사역을 하면서 기억에 남는 에피소드 중 하나는 식사용 접시의 사용량이 다른 사역 프로그램에 비해 절반가량밖에 안 드는 지원자들의 식사풍경이다. 두 사람의 관계가 한없이 좋은 때여서 대부분 접시마저도 따로 쓰지 않고 두 사람이 한 접시만 사용하며 식사를 하는 경우가 대부분이기 때문이다. 봉사자들이 '결혼 전에는 우리도 저렇게 사이가 좋았나?' 하며 그들을 사랑스런 시선으로 바라보며 부러워하기도 하는 일이 벌어진다. 결혼예비학교를 통하여 이들의 사랑이 더 견고해져서 끝까지 가기를 바라면서 말이다.

(2) 지원자 범위와 인상적인 한 쌍

첫 결혼예비학교를 시작하면서 우리는 결혼 3년차 부부들에게 가장 관계갈등이 많다는 점을 감안하여 대상자 범위를 이들에게까지 확대하기로 했다. 그리고 내가 한 조를 맡게 되었다. 신실하신 교회 집사님 한 분이 자신의 조카 부부라며 지원자 한 쌍을 특별히 부탁하셨기 때문이다.

이 부부는 결혼 3년차였고, 어린 자녀가 하나 있었다. 남편은 재미교포로서 아내와의 문화차이, 언어차이, 나이차이까지 겹쳐 그동안 일상적인 대화나 소통이 잘 되지 않아서 무척 갈등이 많았다. 프로그램이 진행될 때에도 남편은 한국말이 익숙하지 않아 강의를 이해하지 못하는 경우가 많았고 어려운 단어는 그때그때 영어로 번역을 해 주어야할 정도였다. 나 또한 영어에 능숙하지 않았지만 미리 교재를 영어로 번역해 가는 등의 정성을 통해 이 형제의 마음이 열리게 되었고, 매우 감사해하며 3주 동안 한 번도 빠지지 않고 모두 참석했다. 3주가 끝난후 이 부부는 교회를 다니면서도 이런 사역을 진작 접하지 못했음을 아쉬워하며 두 사람의 사랑을 다시 확인하고 결단하는 시간을 가졌다.

2) 아버지학교

이 사역은 아버지들만을 위한 프로그램으로 아버지의 영향력과 사명이 얼마나 중요한지 가르치고, 아버지들을 격려하여 변화할 수 있게 하는 프로그램이다. 교회 안의 아버지들이 그리스도 안에서 경건한 남성, 가정의 제사장, 교회의 지도자로서 사명을 잘 감당할 수 있도록 촉구하고, 나아가 사회를 변화시키는 영적 운동을 펼쳐 나가는 비전을 갖고 시행된다. 이 땅의 아버지들이 가정과 사회를 변화시킬 성령운동, 연합운동, 삶의 실천운동의 중추적 역할을 하도록 기도한다.[1]

(1) 강의주제

5주간 매주 강의가 있는데 그 때마다 주제가 다르다. 1강은 아버지의 영향력, 2강은 아버지의 남성, 3강은 아버지의 사명, 4강은 아버지의 영성, 5강은 아버지와 가정이다. 강의가 끝난 후에 아버지들은 조 안에서 각 주제에 따른 조장의 질문을 통하여 토론과 자기성찰이 이루어진다. 그리고 조별 발표와 정성스럽게 준비된 식사를 마치고 그날의 강의 주제에 따른 예식과 파송이 이루어진다. 모든 프로그램 후에는 다시 가정으로 돌아가 건강한 제사장으로서의 사명을 감당하도록 돕는다. 이 프로그램을 통하여 놀랐던 것은 매 시간 많은 아버지들이 눈물을 흘리는 모습이었다. 그동안 앞만 보며 강하게 살아왔던 아버지들의 딱딱했던 감성의 회복과 갖가지 상처의 치유가 이루어지는 모습은 봉사자들이 함께 은혜 받으며 수고가 감사로 바뀌는 시간이기도 하다.

(2) 프로그램 특징

아버지학교의 특징은 성령사역이라는 것이다. 자신만의 확신과 신념으로 고집스럽게 살아온 아버지들이 5주간의 프로그램을 통하여 삶이 변화된다는 것은 쉬운 일이 아니다. 그래서 다짐하고 결단하고 가정으로 돌아가도 싸우고 다투는 일은 벌어지게 마련이다. 그러나 회개하고 용서하는 일들이 일어난다. 미처 돌아보지 못하였던 아내의 마음이 느껴지고, 자녀의 소리가 들린다. 모든 것을 은혜로 해석할 줄 아는 시각과 청각이 생기는 것이다. 아버지들이 놀라울 만큼 은혜 속에 변화되는 모습을 보며 이 사역은 정말 하나님이 역사하시는 성령의 사역이라는 것을 고백할 수 밖에 없다. 5주간의 훈련과정을 통과하고 나면 아버지들은 가정의 제사장으로서 자세가 달라진다. 아내를 주 안에서 사랑할 줄 알게 되고, 자녀들을 주의 이름으로 축복해 준다. 이렇게 자신감과 용기를 얻은 아버지들은 세상에서도 영향력 있는 일원이 되곤 한다. 이 프로그램의 효과는 법무부 산하 여러 교도소에서 제소자들의 필수 치료 프로그램이 되었다는 사실만으로도 입증할 수 있다.

3) 어머니학교

행복한 엄마, 사랑받는 아내가 되고 싶은 모든 어머니들을 위한 프로그램이다. 어머니학교의 가장 주된 사역의 목적은 여성에게 주어진 가장 아름다운 이름, 즉 어머니라는 이름의 의미를 다시 한번 부여해 주고 회복시키는 데 그 초점이 있다. 여성에게 있어서 진정한 자아실현의 완성은 어머니가 되는 것임에 반기를 들 사람은 많지 않을 것이다. 그럼에도 불구하고 실제로 어머니들이 가정과 사회 속에서 자신의 정체성을 바로 세우기 매우 어렵다는 사실이다. 그런 점에서 어머니학교는 어머니들이 여성의 자아실현의 욕구를 돕고 정체성을 바르게 세워 준다는 것에 큰 의의가 있다. 자아실현과 정체성이 회복된 여성들이 가정으로 돌아가 건강한 가정을 다시 만들고, 그 힘이 원동력이 되어 건강한 교회와 행복한 사회의 밑거름이 된다는 사명감을 가지고 프로그램을 진행한다.

(1) 설립배경

어머니학교는 21세기 한국의 위기는 가정에서 아버지의 부재와 어머니의 정체성 위기와 연결되어 있다는 인식하에 출발했다. 이 땅의 가정에 성경적인 어머니상을 제시하고, 여성성의 회복을 통해 건강한 가정, 깨끗한 사회를 건설하는 초석을 마련하려는 것이었다. '어머니로 하여금 어머니의 역할을 감당하게 하라.'는 하나님의 뜻을 따라 전통적인 가치관 속에서 왜곡되고 억압되었던 여성상을 성경적으로 재정립하고 올바른 자아상을 회복하도록 돕고 있다. 한 여성이 어머니학교를 통해 행복한 아내, 좋은 어머니가 되어 가정을 회복시키고 교회의 덕을 세우며 더 나아가 사회를 변화시키는 데 그 목적이 있다.

(2) 프로그램 소개

어머니학교는 매주 1회씩 5주간 진행된다. 일반적으로 오전 10시부터 오후 3시 30분까지 실시되며, 직장인과 평일에 시간을 내기 어려운 어머니들을 위하여 격년제로 평일반과 토요일반을 진행하고 있다. 어머니학교에 등록한 지원자들은 비슷한 연령대로 묶어 조 편성을 함으로써 다양한 나눔과 활동, 친교를 통하여 서로 공감과 이해가 잘 될 수 있도록 돕고 있다. 각 주차마다 주제에 맞는 강의와 간증, 예식 등의 다양한 프로그램을 경험하면서 치유와 회복을 경험하게 된다.

(3) 강의주제

1주차 1강에서는 '성경적 여성상의 회복'이라는 제목으로 강의가 진행된다. 이 강의를 통하여 성경에서 말하는 여성의 모습을 살펴보고 진정한 자아발견과 여성상을 세워 나가는 시간이 되고 있다. 2주차에는 '아내로서의 사명'이라는 제목으로 강의가 진행된다. 이 시간에는 남녀차이 중에서도 심리적, 생리적, 감각적 역할의 차이를 심도 있게 짚어 본다. 그리고 하나님의 계획하신 바 돕는 배필로서의 아내 역할과 사명을 새롭게 정립하는 시간을 갖는다.

3주차에는 어머니의 영향력이라는 주제로 강의를 진행한다. 내용으로는 생명의 잉태, 양육의 특권과 사명을 되새기고, 자녀에게 끼치는 어머니의 영향을 알아봄으로써 어떻게 자녀를 양육할 것인가를 배우고 열국의 어머니로서의 축복을 누리도록 돕는다. 4주차에는 기도하는 어머니에 대한 주제로 강의가 진행된다. 자녀를 위하여 기도하지 않는 것은 어머니로서의 직무유기라는 관점에서 기도의 사명감을 심어 준다. 이 강의를 통하여 지원자들은 자녀를 위하여 어떻게 기도할 것인지 또한 그 기도의 능력이 어떠한지를 경험하게 된다.

마지막으로, 5주차 강의에서는 십자가와 사명이라는 주제를 다루며 어머니학교 사역의 절정을 맞이하게 된다. 십자가에서 보여 주신 예수님의 사랑을 경험하고, 회복된 자아를 통해 이제 어머니라는 이름으로 어떻게 자신의 십자가를 질 것인지 그 감격과 사명을 나누게 된다.

4) 부부학교

부부학교는 가정사역 프로그램 중 우리부부가 가장 아끼는 프로그램이다. 왜냐하면 모든 프로그램의 완성의 의미가 느껴지기 때문이다. 아버지학교, 어머니학교를 통하여 각각 훈련을 받은 부부들이 이 프로그램을 통하여 진정한 하나가 된다. 그동안 이 부부학교를 통하여 흔들리는 위기부부들이 연합되고 가정이 회복되는 현장을 가까이에서 많이 지켜볼 수 있었다. 결혼의 성경적 원리와 가정에 대한 하나님의 사명과 비전을 품고 새롭게 전진하는 부부들을 보며 가정사역의 기쁨을 맘껏 누린 프로그램이다. 부부학교는 부부의 남녀 간 차이, 부부 대화법, 부부의 성, 가정경제 등 가정에서 흔히 일어날 수 있는 실제적인 문제들을 접하면서 부부가 함께 해결해 나가는 법을 다루며 새로운 능력을 부여 받는 학교이다.

(1) 중앙아시아 현지인 목회자 부부학교

교회의 가정사역은 교회 안에서만 머무르지 않고 외부로 향해 사역의 지경을 넓혀 갈 수 있다. 우리 교회의 경우, 2012년 11월에 카자흐스탄 신학교의 요청에 따라 가정사역위원회에서 3박 4일의 부부학교를 시작하였다. 우리 부부는 봉사자 집사님들과 함께 카자흐스탄, 키르기스스탄, 우즈베키스탄 지역의 현지인 목회자 부부를 대상으로 이 행사를 진행하였다. 우리는 이 행사를 통해 많은 은혜와 감격을 누릴 수 있었다. 당시 통역의 어려움을 보완하기 위하여 조장들을 한국 선교사들로 구성하였는데, 이들 부부들 또한 큰 은혜와 영향을 받았고, 현지인들을 포함하여 이들 또한 선교사 부부들을 위한 부부학교를 따로 열어 달라는 요청까지 있었다. 한국 정서에 맞게 구성된 부부학교 프로그램과 영상, 인터뷰, 찬양, 게임 등이 해외 선교를 하는 선교사 부부들에게 큰 도움이 되었던 것이다. 이처럼 부부학교를 통하여 많은 부부가 여러 효과를 경험하고 있는데 그중에서도 가장 중요한 것 3가지를 정리하면 다음과 같다.

① 예방 효과(Prevention)

부부학교는 다양한 형태의 부부들이 참여하게 된다. 모두 비슷해 보이지만 저마다 크고 작은 사연을 가지고 온다. 어떤 부부는 무척 행복한 상태에서 오고 어떤 부부는 위기상태에서 온다.

우리 부부가 다른 교회에서 진행되는 부부학교 지원자로 처음 등록했을 때 같은 테이블에 있었던 한 젊은 부부가 있었다. 이들은 부부관계가 매우 좋지 않은 상태에서 모임에 와도 서로 말도 안하고 굳은 얼굴로 불편한 심기를 그대로 드러내고 있었다. 자주 의견이 맞지 않아서 부부학교가 진행되는 동안에도 나가서 싸우고 들어오곤 하던 부부였다. 우리 조원들은 그들의 분위기를 살피느라 무척 신경이 쓰였지만 무엇보다 그 부부가 회복되기를 간절히 바라며 함께 기도하였다. 다행히 그들은 무사히 모든 과정을 수료했고, 지금은 부부관계가 많이 회복되어 변화된 삶을 살고 있다.

부부관계의 위기는 사람과 때와 장소를 가리지 않는다. 지금 다정해 보이는 부부에게도 언제 위기가 닥칠지는 아무도 모른다. '평생 다정하게 살 것'이라고 보장할 수 있는 부부는 없다. 부부학교는 현재 행복하게 아무 문제없이 살고 있는 부부에게도 갈등에 대비하고 예방하는 효과를 제공한다. 지금처럼 아니 그 이상 다정하고 행복하게 평생 살 수 있도록 미리 예방주사를 맞는 셈이다.

② 증진 효과(Improvement)

부부학교 지원자를 모집하다보면 받는 오해가 하나 있는데, 그것은 "위기부부만 참석하는 행사가 아니냐?"는 오해다. 현재 아무 문제없이 잘 사는 부부도 이 사역을 통해 관계 증진의 효과를 볼 수 있다. 서로를 더 많이 알아가고 더 행복한 가정을 향한 변화와 성장을 경험할 수 있다. 그래서 우리는 처음부터 교회에서 가장 건강한 부부를 총리더로 세워 부부학교를 실시했다. 예상대로 그 부부를 보며, "우리도 건강하게 사랑하며 살고 싶다는 마음으로 등록하게 되었다."고 고백하는 후문을 듣곤 한다.

요즘 현대인들은 건강한 삶을 위하여 매년 건강검진 받는 것을 매우 중요하게 생각한다. 나라에서도 이것의 중요성을 홍보하고 건강을 잘 관리하도록 강조한다. 왜냐하면 지금 건강하더라도 자기 몸을 잘 살펴서 혹시 안 좋은 곳이 있는지 미리 알아볼 때 비로서 더 건강한 삶을 영위할 수 있기 때문이다. 부부학교도 마찬가지다. 지금 아무 문제없이 부부와 자녀가 잘 살고 있지만, 한 주 한 주 함께 부부생활을 점검해 봄으로써 부부가 좀 더 나은 결혼생활을 할 수 있도록 도와주는 관계증진의 효과를 제공하는 것이다.

③ 치유 효과(Healing)

부부학교에는 다양한 사연들의 부부들이 있다. 가정 속에서 여러 가지 문제와 상처를 안고 치유가 필요하여 참석한 사람들이다. 결혼의 위기상태에서 갈등하며 이혼을 생각하는 부부도 찾아온다. 이들 부부들은 이 사역을 통해 서로의 아픔과 상처를 내려놓고, 자신만 아니라 상대방에게도 어려움이 있고, 자신들만 아니라 다른 부부들에게도 그리 다르지 않은 아픔과 갈등이 있다는 것을 깨닫게 된다. 그리고 성령님의 위로를 경험하며 하나님의 놀라운 치유와 회복을 맛보게 된다.

그동안 가정사역을 하면서 완벽한 부부생활을 하는 부부는 한 가정도 만나보지 못했다. 사람은 모두 서로 다르고, 함께 살아가는 부부 간에도 하나가 되지 못하여 크고 작은 갈등과 오해가 생길 수 있다. 그렇지만 부부학교를 통해 서로의 관계를 다시 생각하고 성찰하면서 자신과 배우자를 이해하고 용납하며 하나님의 은혜 가운데 치유를 경험하며, 하나님이 기뻐하시는 부부로 성장해 나갈 수 있게 되는 것이다.

(2) 부부학교 강의주제

부부학교는 4가지 주제의 내용을 다룬다. 먼저, 부부차이를 이해하는 시간을 통하여 남녀 간 차이를 배우며, 배우자 간의 차이가 자연스럽고 당연한 것임을 인식하게 한다. 이 시간을 통해 참가자들은 서로를 좀 더 알아가고 이해하는 단계에 접어든다.

두 번째 부부치유 시간에는 부부 각자의 원가족을 살펴보는 과정을 거친다. 원가족과의 관계를 통하여 지금의 나를 발견하고, 배우자의 원가족에 대해 알아가면서 좀 더 배우자의 말이나 행동, 사고, 관계방식을 이해하게 된다. 이 시간을 통하여 서로의 아픔을 공개하며 부부간의 치유를 경험하게 된다.

세 번째는 부부 대화를 새롭게 하는 대화법을 배우는 시간이다. 남녀의 대화방식이 다르고 표현방법도 다르다는 것을 알게 된다. 부부의 대화방식에 내재된 문제점을 진단하고 개선해 나가는 시간이다.

마지막으로는 부부의 성에 대해 다룬다. 그동안 가장 친밀해야 할 부분이지만 서로 그렇지 못하였다는 것을 인식하고 변화와 성장을 향해 나아가도록 도전한다. 남녀 간 성의 차이점에 대하여 학습하고, 성경적으로 부부간 육체적인 연합이 이루어지지 않은 부부들이 회개의 눈물을 흘리며 하나님 안에서 성결할 것과 배우자 앞에서 사랑을 다짐하고 재헌신하는 귀한 순간을 경험한다.

5) 시어머니, 장모학교

어머니학교를 처음 교회에서 시행할 때, 참가자 나이를 55세 이하로 제한하였다. 이는 젊은 어머니들을 먼저 은혜받게 하자는 교회의 취지였다. 그러나 어머니학교의 대상은 사실 모든 어머니이어야 하는데, 제한을 두다 보니 55세 이상의 어머니들이 소외되는 현상이 생기게 되었다. 서둘러 인생의 후반전을 살아가는 어머니들을 대상으로

한 프로그램을 도입했다. 새로운 꿈과 비전을 심어 주기 위해 탄생한 일명 '나오미, 로이스학교'이다. 성경 룻기서에 나오는 복된 시어머니 '나오미'와 디모데서에 나오는 기도하는 외할머니 '로이스'에서 그 이름을 따왔다. 믿음의 할머니로서 자손들에게 경건한 리더십을 갖고 신앙을 물려주는 역할을 감당하도록 4주 동안의 과정으로 구성하였다.

참가자들은 매 과정마다 진행되는 주제 강의를 통해 결혼하는 자녀를 건강하게 떠나보내고, 그리스도의 은혜 안에서 서로 용서하고 섬기며 사랑하고 사랑받을 수 있는 관계로 거듭나는 것을 배우게 된다. 2주차에 거행되는 예식은 인생의 후반전을 그리스도의 신부처럼 경건하게 살겠다는 의미로 지원자들의 결단을 통해 삶이 회복되도록 안내한다. 이 과정에는 기독교인은 물론 일반인도 참여할 수 있다. 자녀를 둔 50대 이상의 어머니들이 참석하여 좋은 시어머니, 지혜로운 장모로 재탄생되는 즐거운 프로그램이다.

6) 청소년감동 비전캠프

가정의 아버지, 어머니를 세우고 나니 그들의 자녀가 보이기 시작했다. 시대의 요청에 따라 청소년을 가정사역에 동참시킴으로써 부모와 함께 소망과 비전을 품으며 이 시대를 이어갈 주역으로 준비시키는 프로그램을 시행하였다. 사실, 처음에 이 사역은 2009년 5월 진천중학교에서 발족이 되었다. 교육의 현장에서 청소년들의 갖가기 문제들을 해결하기 위한 대안을 모색하던 교사들이 아버지학교 프로그램을 학교 안에서 실시해 달라고 제안을 하였던 것이다. 총 5주 동안 진행되며 1주차에는 '부모와 나', 2주차에는 '친구와 나', 3주차에는 '비전과 나', 4주차에는 '가정과 나'에 대해 다룬다. 우리 교회에서는 바쁜 학업 일정을 고려하여 하루 프로그램으로 진행하고 있다. 청소년 감동 캠프는 자녀들에게 가정의 올바른 기능과 가치를 일깨워주고, 부모와 단절된 관계를 회복하고 대화를 열어 주는 계기를 마련해 주었다.

7) 부모와 함께하는 청소년 순결학교 T. L. W

이 사역은 1990년대 초 미국에서 성적인 문제로 흔들리는 청소년들을 돕기 위하여 시작된 '참된 사랑은 기다린다(True Love Waits)'라는 프로그램을 모태로 하여 시작되었다. 그동안 한국에서도 여러 교회와 학교에서 실시되어 왔다.

우리 부부는 침례신학대학교에서 매년 이 프로그램을 진행해 온 유재성 교수와 함께 청소년만 아니라 그들의 부모도 함께 참여하는 사역으로 발전시켜 진행하고 있다. 청소년의 성적 호기심과 궁금증을 성경적으로 풀어보는 시간을 갖고, 하나님이 주신 아름다운 성을 결혼 전 미리 사용하지 않고 하나님과 미래의 배우자와 자녀를 위하여 잘 간직하고 지키겠다는 다짐을 하는 서약식을 한다.

우리가 이 청소년 프로그램을 부모와 함께하는 사역으로 시작한 것은 청소년의 성적 관심과 이슈들을 이들에게만 맡기는 것은 효과적이지 않다는 판단에서다. 관련 연구를 통해서도 청소년들은 부모와 함께 이런 행사에 참여하는 것에 어색함이나 불편함을 느끼는 것이 사실이지만, 궁극적으로 부모와 함께 성경적이면서 건강한 성적 정체성을 탐색하고 관련 이슈들을 다룰 때 더 안정되고 건강한 사람으로 성장할 수 있음이 드러나고 있기 때문이다. 이 사역에 동참한 부모들은 청소년 자녀를 좀 더 잘 이해하게 되고, 하나님과 자녀 앞에서 건강한 '예수 가정'을 세우겠다는 '가정지킴이 서약'을 하게 된다.

3. 가정사역과 연결된 가족상담 이야기

다음 내용은 가정사역 현장을 통하여 상담을 하게 된 내담자들의 이야기다. 내담자보호를 위하여 내용 일부를 각색하였음을 밝힌다.

1) 가정사역 세미나를 통해 만난 자매 이야기

(1) 상담배경

이 자매에게 부부갈등은 두 번째 문제였다. 이 자매의 고통은 함께 생활하는 시부모님의 이중생활이 그대로 남편에게 전수된 데에 있었다. 시부모님은 모 교회의 장로이며 권사다. 모든 성도에게 칭송을 받고 있는 두 분에게는 함께 사는 자식 내외만 알고 있는 사연이 하나 있었다. 바로 시아버지의 도박 문제였다. 그리고 안타깝게도 대를 이어서 이 자매의 남편이 그것을 그대로 답습하고 있었다.

시어머니 또한 인격적인 문제를 가지고 있었다. 교회에서는 천사 같은 분이셨지만 집안에서는 며느리를 쥐 잡듯이 잡고, 손자·손녀가 할머니 앞에서 제대로 말도 못할 만큼 공포심을 가지고 살게 했다. 이 것을 견디지 못한 심약한 손자는 아기 때부터 틱 증세를 보이고 있었 다. 시어머니는 시아버지의 이중생활로 지친 피해자였으나 정작 며느 리와 손자·손녀에겐 가해자로 살고 있었던 것이다.

며느리인 자매는 시어머니와의 갈등과 남편의 도박문제를 견디지 못하고 남편과 한 번 이혼을 한 경험이 있다. 그러나 시댁에 두고 온 어린 두 자녀가 시어머니로부터 학대를 받는 것이 너무 안타까워 이 혼 1년 만에 다시 남편과 재결합하였다. 그러나 이전보다 더 심해진 며느리와 두 남매를 향한 시어머니의 정신적 학대는 자매에게 더 이 상 살 의욕을 잃게 하였다. 틱 증세로 소아정신과 치료를 받는 아들은 증세가 더 심해져 정상적인 학교생활을 할 수 없게 되었다. 중학생임 에도 불구하고 타인과 소통하는 데 많은 문제가 있어서 결국 다른 대 안학교로 전학을 가야 했다.

(2) 지푸라기라도 잡고 싶어요

세미나를 통하여 처음 교회를 접하게 된 이 자매는 지푸라기라도 잡는 심정으로 교회 사모인 나에게 다가왔다. 상담을 요청한 것이다. 첫날 식사를 하며 전반적인 내용을 듣고 그 자매에게 시간을 맞추어 매주 화요일 오전에 전화상담을 하기로 했다. 전화를 통해 충분히 자 매의 이야기를 듣고 공감하며 기도와 말씀으로 대화를 나누었다.

나는 상담할 때마다 나름대로 내가 가진 상담지식과 기술로 최선 을 다하지만 늘 개인적으로 상담의 한계를 느낀다. 하지만 그럼에도 나의 한계를 넘어 기도와 말씀으로 상담을 이끌어 가시는 하나님의 놀라운 섭리를 매주 경험할 수 있었다. 자매는 전화를 통한 돌봄상담 회기를 통해 함께 기도하며 소망했던 분가를 하게 되었고, 남편의 직장 이동으로 다른 지방으로 이사를 가면서 좋은 교회에도 등록했다. 그 교회는 가정 속에서 상처받는 성도들이 많이 있었고, 특별히 이들을 돕는 돌봄사역을 활발하게 하는 교회였다. 자매는 어느 날, 온 가족이 교회에 나가게 되었다며 기쁨에 찬 목소리로 전화하였다. 그리고 자신보다 더 힘들었던 사람들이 믿음으로 잘 살아가는 모습을 보면서 그리고 그들의 위로와 격려를 통해 다시 새로운 힘을 공급받는다고 하였다.

(3) 전화상담

사실 내가 이 자매와의 전화상담을 통해 특별히 한 것은 없다. 일주일에 한 번 전화로 자매의 이야기를 들어주고 기도하는 마음으로 그 심정을 공감하며 말씀 안에서 힘을 내도록 지원과 격려를 한 것뿐이다. 교회 맥락에서의 상담은 신속하고 긴밀하게 이루어질 필요가 있다. 교회에서의 예배와 말씀, 기도와 찬양, 성도의 교제 안에 이미 하나님의 성령께서 운행하시며 함께하시는 치유적 역동이 있기에 내가하는 것 이상의 문제해결이나 변화와 성장이 일어나는 것을 경험하곤 한다. 전화상담 자체에 제한점이 없지 않지만 심리분석적 비밀탐색 접근보다 주 안에서 신앙의 자원들을 활용하며 변화와 성장을 추구할 때 단기적인 상담활동을 통해 치유적 효과를 이끌어 낼 수 있는 것이다. 그렇게 될 때, 목회자나 상담사는 이중관계의 문제나 심리적 부담감에서 비교적 쉽게 벗어날 수 있다.

이와 같은 맥락에서 상담을 하기로 하면 나는 내담자에게 현재 가장 이슈가 되고 있는 것은 무엇인가? 즉, '주 호소 문제'가 무엇인지를 탐색한다. 그리고 상담을 통해 어떻게 도우면 좋을지, 어떻게 무엇이 달라지기를 원하는지를 물으며 함께 '상담목표'를 설정한다. 물론 대략 몇 번의 상담을 할지 '상담회기'도 정해 놓는다. 그러면 서로가 지치지 않고 목표점에 쉽게 도달하는 경우가 대부분이었다. 가정폭력이나 자살과 관련된 위기상담은 상황이 또 달라진다. 그러나 이외의 경우는 대부분 이와 같은 형식으로 상담을 했고 만족스런 결과를 얻고 있다.

2) 부부학교를 통한 치유와 회복 이야기

(1) 주님이 일하시는 부부학교

많은 부부가 부부학교를 통해 힘을 얻고 있다. 교회 안 성도들은 물론 교회 밖 불신자 부부들도 등록하여 좋은 열매를 맺고 있다. 부부학교는 결혼한 모든 부부가 대상이다. 위기부부는 물론이고 평범하고 화목한 부부도 보다 더 행복한 삶을 위하여 등록한다. 프로그램 개설 이후 반응이 좋아 우리 교회에서 해마다 시행하고 있는데, 최근에는 지역의 다른 교회나 불신자 부부가 절반 이상의 비율로 참석하고 있다.

어느 날, 부부학교에 참석한 이들을 지켜보는데 전과 달리 어색하고 무언가 산만한 느낌이 들었다. 4주간 매주 한 번씩 총 4회에 걸쳐 시행하는 이 행사로 그동안 많은 부부들이 힘을 얻고, 봉사자로 다시 섬기는 역할까지 맡는 성장의 역동이 있는 프로그램이지만, 이번에는 3주차까지 큰 변화가 없고 조 모임 안에서도 자신의 인생 스토리를 쉽게 꺼내 놓지 못하고 있었다. 어떤 봉사자들은 수고에 비하여 변화가 없는 이들에게 실망을 하거나 그런 모습을 보며 안타까워하였다.

그러나 이런 사역에 참여하는 부부 중에는 수십 년을 갈등과 상처 속에서 살아온 부부들이 늘 있게 마련이다. 4주 만에 사람이 변하기는 결코 쉽지 않다. 우리가 할 일은 기도하며 하나님의 때를 기다리는 것임을 재확인하며 봉사자들에게도 위로와 격려를 나누었다. 그리고 주님이 일하시기를 원하며 기도의 자리로 함께 나아갔다.

(2) 4주차 마지막 날

그렇게 4주차 마지막 날이 되었다. 이때는 대개 부부의 삶을 다시 헌신하고 다짐하는 언약 결혼예식을 실시한다. 부부들로 하여금 자신들의 결혼식에서 다짐했던 사랑에 대한 마음을 다시 돌아보고 새롭게 시작하겠다는 재헌신을 하는 시간이다. 그리고 곧바로 소감문 발표를 한다.

이때 한 불신자 부부가 찬양이 아닌 가요를 불러 준 교회에 감사를 표했다. 우리 교회에선 지역의 불신자들도 참석하는 프로그램의 특성상 부부학교를 진행할 때 적절한 건전가요를 택하여 부를 수 있도록 허용하고 있다. 이런 열린 자세에 불신자 부부의 마음이 열렸던 것이다.

그런데 재미있게도 다른 한 부부는 교회에서 가요를 부르는 모습을 보고 실망했다는 반응을 보였다. 그들은 교회 안에서 만나 결혼하고 오랫동안 신앙생활을 한 부부였다. 하지만 부부관계의 악화로 오랫동안 별거를 하다가 마지막으로 하나님께 매달리는 심정으로 교회에 왔는데, 찬양이 아닌 가요를 부르는 모습을 보고 실망했다는 것이다. 같은 상황에서 어느 부부는 감동을 받고, 어떤 부부는 실망을 하였다.

그렇지만 남편은 자신이 작성한 부부관계에 대한 소감문을 읽으면서 펑펑 울었다. 그리고 그동안의 삶을 회개하며 아내와 함께 다시 시작하겠다고 그 자리에 참석한 모든 사람들에게 선포하였다. 참 놀라운 일이 아닐 수 없었다. 우리가 한 일은 그저 심고 물을 주는 일이었다. 여러 어려움과 부족한 것들이 있었지만 그럼에도 불구하고 그 부부의 마음을 열고 서로 사랑을 다시 시작하고 자라게 하시는 이는 분명 우리 하나님이셨다.

(3) 전화신청과 초기상담

부부학교라는 똑같은 상황에서 어느 부부는 감동을 받고 어느 부부는 불편함을 느낀다. 그러나 우리가 기도할 때 하나님은 모든 부부에게 필요한 은혜를 준비하고 계신다는 것을 늘 경험하게 된다. 이 부부의 경우, 전화로 먼저 상담을 신청하였다. 자신들의 절박한 입장을 나누며 기도 요청을 해 왔다. 그들 부부는 이번이 마지막 시도이며, 이곳에서 해결이 안 되면 이혼할 것이라고 했다. 어린 자녀가 둘이나 있었지만 오랜 갈등을 해결하지 못해 '별거'라는 방법을 택하여 살아온 부부였다. 그러면서도 그들은 부부학교를 통해 자신들의 문제가 해결될 수 있을지 의문이 든다고 하였다.

나는 전화신청이 들어오면 간단한 대화를 통해 초기상담을 진행한다. 전화상담은 매우 간편하게 상담을 할 수 있다는 점과 서로의 모습이 보이지 않기 때문에 솔직해질 수 있다는 점 등 장점이 많은 상담적 접근이다. 그러나 서로 모르기 때문에 거절도 쉽게 할 수 있고 오해도 쉽게 할 수 있다는 단점이 있기에 일단 대화가 시작되면 신속하게 상대를 파악하여 접수하고 등록하게 할 필요가 있다.

물론 이렇게 하려면 어느 정도 공감적 대화와 서로의 마음을 열 수 있는 상담적 대화 능력이 있을 때 더 효과적이다. 나는 이런 대화가 시작되면 상대방이 편안하게 마음을 열 수 있도록 늘 예의 바르고 친절하게 전화상담에 임하려고 노력한다. 그리고 상대의 주 호소 문제가 무엇인지 신속하게 파악하여 그에 맞는 반응을 하며 신뢰를 쌓고자 한다. 간혹 주 호소 문제를 꺼내지 않고 간접적으로 접근해 오는 사람도 많은데 이때에도 취조하는 느낌이 들지 않게, 상대방의 이야기를 진실하게 이해하고 수용하려는 자세를 취한다. 이런 때 부부학교 참석을 넘어 공개적으로 털어놓지 못하고 가슴에 품고 있는 개인적인 이슈들을 상담하고 다룰 수 있는 기회로 연결되는 경우들이 발생한다.

3) 멘토링 부부상담 이야기

어느 날 한 부부가 나를 찾아왔다. 남편은 한 해 전에 교회에 등록한 새신자였는데, 이혼을 앞두고 마지막으로 상담을 해 보고 싶다며 온 것이다. 남편의 주 호소는 자신만 잘못했다고 비판하는 아내가 원망스럽다는 것이었다. 아내가 자신의 마음을 너무 몰라준다는 것과 남자들의 세계를 이해 못 한다는 등 주로 아내에 대한 원망을 늘어놓았다. 아내는 경제적, 정서적 문제로 인해 그리고 남편에 대한 배신감으로 인해 우울증이 깊었다. 그녀의 주 호소는 더 이상 남편을 믿을 수 없다는 것이었다. 자신은 변하지 않으면서 아내에게 요구만 하는 남편에게 더 이상 기대할 것이 없다는 내용이었다.

(1) 멘토링 만남 10회기

나는 내담자 부부의 이야기를 들으며 남편과 함께 이 부부를 멘토링해 주면 좋겠다는 생각을 했다. 이 생각에 남편은 물론 이 부부도 동의하여 두 부부가 함께 일정한 기간 동안 만날 것을 약속하였다. 우리는 유재성 교수가 위기가정을 포함하여 건강한 가정을 세우려는 목적으로 저술한 책『홈 빌더스』를 워크북 형식으로 사용하며 책에서 제시하고 있는 언약, 소통, 원가족, 자아상, 부부차이, 부부성장, 부부대화, 부부의 성, 부부재정, 자녀양육 등의 10가지 주제를 10회기에 걸쳐 다루기로 했다.[2]

우리가 함께 다루기로 한 이 주제들은 부부의 일상에서 자연스럽게 접하게 되는 내용이었기에 멘토링에 참여한 부부는 별 거부감 없이 주제와 관련된 자신의 생각과 느낌, 삶의 이야기들을 토로하였다. 우리는 책에서 다루고 있는 내용을 중심으로 설명도 하고 그들의 경험 및 느낌을 이끌어 내는 방식으로 상담적 대화를 시도하였다.

두 부부가 함께 모여 여러 주제에 대해 서로의 생각과 경험을 나누는 과정을 통해 갈등 부부는 점차 수동적인 내담자의 위치에서 자기 삶의 주인으로서 문제를 돌아보고 어떻게 살아가는 것이 좋은지 능동적으로 멘토링 관계에 참여하는 변화된 모습을 보여 주었다. 무엇인가 잘못해서 상담을 받으러 왔다는 느낌보다는 '어느 부부에게나 있을 수 있는 고민을 함께 풀어 나가자'는 공동체적 자세로 접근하니 멘토링 관계로 시작된 상담적 대화가 매우 흥미롭게 진행되었다.

멘토링 상담 과정이 지속되면서 처음 상담을 요청한 남편의 변화가 눈에 띄게 드러났다. 아내는 다시 소망을 가지고 매주 멘토링 상담에 저녁 간식을 만들어 오는 등 적극적으로 참여하게 되었다. 그리고 저녁에 집에 일찍 귀가하기 시작한 남편을 즐겁게 맞이하는 아내가 되었다. 이들 부부의 변화는 자녀들에게도 좋은 영향을 주어서 가족이 한결 밝고 명랑한 분위기가 되었다. 문제를 해결하려는 남편의 의지와 한때 모든 것을 포기했지만 그래도 오랫동안 남편을 위하여 기도해 온 아내의 헌신적인 사랑이 있었기에 주 안에서 가능한 변화였다. 이들 부부는 신경 써야 할 성도들도 많은데 자신들만을 위하여 목회자 부부가 단독으로 만나 상담을 해 준 것에 큰 감동과 감사함을 표현하였다. 우리 부부 또한 이런 사역을 할 수 있음에 큰 보람과 감사함을 느꼈다.

(2) 이중관계

우리 부부는 목회자의 경우 성도와 상담할 때 '이중관계'라는 상담 윤리와 부딪치게 된다는 것을 알고 있었다. 그래서 많은 목회자들이 성도와의 상담을 부담스러워하기도 한다. 교회 내 성도 간에도 이중관계란 이유로 상담을 기피하는 경우가 많다. 하지만 교회는 서로 돌보고 치유하는 사명을 가진 공동체이기 때문에 지체의 아픔이나 문제, 상처를 외면할 수만은 없다.

우리는 이런 현실을 의식하며 멘토링으로 지체를 돕고 상담하는 시도를 하였다. 매 회기의 주제를 정하고 주제 관련 질문지를 만들어 우리 부부가 먼저 마음을 열고 우리의 생각과 삶의 경험을 나누며 대화를 주고받는 형식으로 이끌어 갔다. 멘토링 형식이기에 부담이 없고 그 주제에 따른 각자의 삶을 꺼내 놓다보니 자연스럽고 편안하게 상담적 대화를 이어갈 수 있었다.

우리는 이와 같은 멘토링 상담 관계가 종료된 후에도 두 부부가 함께 자신의 삶을 나누었기에 서로 지지자로서의 역할을 감당했다는 격려자 이상의 부담감을 갖지 않을 수 있었다. 내담자와 상담사의 관계라는 공식적인 형식 속에서는 상담이 끝난 뒤 다시 예전의 관계로 돌아가는 것이 어색하고 부담스러울 수 있다. 나의 과거 상처와 아픔, 치부를 다 드러내 놓았기 때문이다. 그러나 부부 멘토링의 경우는 과거의 내밀한 비밀이나 상처를 내놓는 것에 제한이 있을 수 있지만, 주 안에서 서로의 삶을 나누고 변화와 성장을 향해 나아간다는 점에서 이중관계의 부담에서 벗어날 수 있고, 만남 이전의 교회 공동체적 관계로 안전하게 돌아갈 수 있다.

아울러 교회 맥락에서 실시하는 이런 부부 멘토링 상담은 단기적 만남 후 부부구역으로 연결시켜 변화와 성장을 지속적으로 추구하게 할 수 있다. 교회마다 여러 모양으로 성경공부와 양육활동을 하고 있는데, 상담이 필요한 부부나 가정에 멘토링 상담을 하고 교회사역으로 연결할 때 기존의 어떤 상담방법보다 교회와 성도를 위한 가장 유익하고 안전한 상담접근의 하나가 될 수 있다고 확신한다.

(3) 구조화

우리는 멘토링 상담을 하면서 만남을 10회기로 구성하였다. 이런 구조화가 없으면 서로의 기대와 생각이 다르기 때문에 대화 진행이 방향을 잃기 쉽고 상담의 역동이 제대로 이루어지지 않을 수 있기 때문이다. 그리고 나는 이 부부를 향한 영혼돌봄의 사역을 남편과 함께 하기로 작정하고 협조를 요청하여 진행하였다. 특별히 상담을 신청한 사람이 남자 성도였고, 이 사람은 아내의 성화에 못 이겨 교회 대예배만 출석하는 정도여서 복음의 확신이 아직 없고 교회에 대한 편견도 있기 때문이었다. 이런 접근을 시도했을 때, 예상보다 모든 참여자들이 흥미롭고 진지하게 몰입하며 진행해 나갈 수 있었다.

멘토링 상담의 만남이 시작되자 아내는 생각한 것보다 마음을 열어 신앙생활의 초보자였던 남편을 잘 세워 주었다. 그리고 자신들을 지지해 주는 교회 목사 부부 덕분에 자신의 감정을 진지하고 솔직하게 내놓았다. 기존의 신뢰관계가 있었기 때문에 짧은 시간에 눈물도 흘리며 자신의 삶을 성찰하는 모습을 볼 수 있었다. 이런 모습은 한 번도 자신이 잘못했다고 느끼거나 인정한 적이 없는 사람인 내담자의 남편 경우도 마찬가지였다. 그렇게 모든 문제를 아내 탓으로 돌리던 형제 안에서 서서히 변화가 일어났다. 마치 이슬비에 옷이 젖듯 변화의 모습은 느렸지만 분명 조금씩 변화가 이루어지고 있었다.

⑷ 연결 프로그램과 상담

나는 우리가 설정한 멘토링 기간이 끝나자 성장의 기미를 보이고 있는 이들을 부부학교로 연결하였다. 그들에게 4주간의 집중강의와 조별 나눔 및 예식은 한여름의 소낙비와 같은 은혜로 작용했다. 나는 매주 달라지는 부부의 모습을 보며 안심할 수 있었다. 교회 맥락에서의 돌봄이요 상담이었기 때문에 가능한 일이었다.

성도들은 누구나 이 부부처럼 상처 하나씩은 들고 교회에 발을 디디기 마련이다. 예배를 통하여 저들의 문제들이 해결된다면 가장 좋은 일이다. 하지만 그렇게 되지 않는 경우도 많다. 예배를 통하여 영적인 문제가 해결된다고 해도 여전히 현실적인 문제를 갖고 사는 것이 인생이기 때문이다. 이들은 교회에 자신의 삶의 문제를 꺼내놓고 싶어 한다. 그리고 치유받고 성장할 수 있는 가정사역 프로그램에 참여하고 상담을 받으면서 진정으로 자유함과 변화를 기쁘게 경험하는 것을 볼 수 있다. 따라서 교회는 이들의 요청에 응할 준비가 되어 있어야 한다. 가정사역 프로그램들이 주기적으로 진행되고 있으면 큰 도움이 된다.

또한 상담의 준비가 되어 있어야 한다. 전문적인 상담훈련을 받은 상담사가 있으면 좋지만, 그렇지 않다고 해도 목회자들은 대부분 상담의 기본기를 갖고 있기에 조금만 관심을 갖고 훈련을 받으면 영혼 돌봄과 상담사역을 더욱 지혜롭게 시행할 수 있다. 상담의 기본은 예수님의 마음으로 경청하고 성령님의 지혜로 공감하며 변화와 성장을 향해 나아가도록 돕는 것이다. 이것은 어느 상담 전문가보다 교회가 성령 안에서 가장 잘할 수 있고, 하나님은 교회 공동체에 이런 사역을 감당할 수 있는 자원들과 능력을 공급해 주신다. 우리는 교회를 향한 영혼돌봄의 부르심에 순종하는 지혜로운 청지기가 되어야 한다.

4) 불신자 남편의 의뢰로 시작된 부부상담 이야기: '제 아내를 상담해 주세요!'

(1) 믿지 않는 남편의 상담 요청

어느 날 믿지 않는 남편이 자기 아내를 상담해 달라며 찾아왔다. 자신의 아내가 오랫동안 우울증으로 가정에 신경을 쓸 수가 없어서 자신이 자녀를 거의 도맡아서 키워 왔다고 했다. 그런데 최근에 중학생 아들의 학교 상담선생님이 연락하여 아들이 정신과 치료를 받아야 할 정도로 우울증이 깊은 상태라고 했다면서 그 원인이 엄마에게 있을 것이라는 생각이 들어 상담을 요청한 것이었다. 남편은 교회를 다니지 않았지만 아내가 교회를 다니고 있었다. 이처럼 교회 안에도 가족 관계나 삶의 문제로 고통을 받는 성도들이 많다. 겉모습만 보고 다들 '평안하구나.' '잘 지내는구나.' 생각하고 말 것이 아니다.

상담을 시작한 첫날, 아내는 그동안 아무에게도 말하지 못하였던 어릴 적 폭행사건을 눈물을 흘리며 이야기하기 시작했다. 성장하여 결혼하였지만 남자들에 대한 불신으로 그동안 남편이 곁에 오는 것이 너무 힘들었다. 그래서 지금까지 남편이 잠자리를 요구해 오면 피하며 각방 생활을 했다. 심지어 대화도 하지 않고 식사도 함께하지 않은 세월이 오래되었다.

나는 이 가정의 자녀문제는 곧 부부문제임을 알고 부부가 함께 상담을 받도록 제안하였다. 온 가족의 심리상태 온도계가 우울을 가리키고 있는 이 가정을 보면서 '한국 가정의 현실이 이러하지 않을까.' 생각하였다. 착잡한 마음에 한동안 마음이 답답하고 편하지 않았으나, 그렇기 때문에 교회가 필요하고 상담이 필요하다는 사실을 다시 재확인하는 시간이 되었다.

(2) 부부상담으로의 전환

부부와 함께 상담을 하는 첫 회기에 자녀를 돌보는 부모의 상태를 진단하며 원인을 파악해 보는 시간을 가졌다. 원가족 부모의 양육태도가 현재의 부모가 된 자신의 양육태도와 어떤 연관이 있는지 찾아보았다. 서로를 조금씩 이해하는 시간이 되었다. 그동안 아들을 이해하지 못하고 반항하며 삐뚤어지는 현상을 원망만 하였던 엄마는 고개를 끄덕이며 자신의 양육태도에 문제가 있었음을 고백하였다. 마음의 병이 든 아내가 힘겹게 여기까지 버티어 온 것에 격려와 박수를 보내며 남편은 다시 한번 시작해 볼 용기를 얻게 되었다.

그다음에는 부부가 서로를 바라볼 수 있도록 진단하였다. 그동안 남편을 외롭게 하였던 아내와 '남녀차이'에 대해 대화를 나누며 남편이 아내에게 기대한 것은 이기적인 것이 아니라 사랑의 표현이었음을 확인하였다. 그리고 남편과 표현방법이 부족한 아내를 이해하고 기다려 준 것에 격려를 표하며, 조금만 더 인내하고 아내를 품어 주는 것에 대해 대화하였다.

나는 두 사람에게 구체적인 변화가 시작될 수 있도록 도울 필요성을 느꼈다. 그래서 그 자리에서 서로를 안아 줄 수 있을지 확인하고 시도하게 하였다. 이들 부부, 특히 아내에게 결코 쉬운 일이 아니었지만 이들은 나를 신뢰하고 믿음으로 변화를 시도하였다. 그런데 놀랍게도 그 자리가 눈물바다가 되는 역동이 일어났다. 20년 만에 처음으로 진지하고 깊게 서로를 안은 부부에게 이것이 큰 감격으로 다가왔던 것이다. 남편은 눈물을 훔치는 아내의 등을 두드리면서 "괜찮아, 괜찮아!" 하며 아내를 다독거렸다. 지켜보는 나도 감격스러웠다.

이날 이후로 부부는 날마다 아침저녁으로 서로 포옹하며 변화를 시도하기 시작하였다. 하나의 변화는 다른 변화로 이어지며 부부관계에 새로운 기쁨과 성장을 열어 가게 되었다. 오랫동안 온 가족이 함께 식탁에 앉아 밥을 먹은 적이 없었는데, 이날 이후로 식탁에 모두 앉아 밥을 먹는다고 하였다. 작은 변화였지만 놀라운 변화였다.

(3) 구역예배

아내는 결혼 후 15년 동안 주일에 교회 출석하는 것 외에는 사람들과의 교제가 전혀 없었다. 남편은 아내가 교회가는 것을 좋아하지 않았지만 우울증으로 약을 먹고 늘 힘들어하는 아내의 유일한 외부활동이 교회 가는 것이어서 말리지 않았다고 했다. 그런 남편에게 5회기 마지막 상담 때 한 가지 실천과제를 조심스럽게 꺼내 놓았다. 아내와 함께 주일예배에 참석하는 것과 아내가 구역예배를 드릴 수 있도록 도와달라는 것이었다. 남편은 마지못해 고개를 끄덕였다. 아내에게 교회 외에는 지지자원이 전혀 없었기 때문이었다.

나는 교회의 구역예배가 아내에게 좋은 지지그룹이 될 것이라고 말했다. 아내는 현재 교회를 겨우 나가고 있으니 남편이 그렇게 활동할 수 있도록 도와주면 좋겠다고 했다. 교회 공동체가 아내뿐 아니라 남편에게도 치료 자원이 될 수 있기 때문이었다. 그리고 마지막 실천 과제로 부부가 함께 부부학교에 참여할 것에 대해 나누었다. 이미 여러 가지 부부학교의 주제를 통하여 효과를 경험한 이들 부부는 그렇게 하겠다고 약속하였다. 그리고 이 사역을 통해 지속적으로 부부관계를 강화시켜 갈 수 있었다.

5) 청소년 순결학교 이야기

(1) 아들과의 전쟁

나는 순결학교를 준비하면서 내 아들과 한바탕 싸웠다. 부모와 함께하는 사역이니 같이 참여하자고 했는데, 고등학교 2학년인 아들이 자신은 절대 등록하지 않겠다고 한 것이다. 이유인즉 너무 재미없을 것이 뻔하기 때문이라고 했다. 순결학교라는 이름부터 너무 촌스럽다고 했다. 처음엔 어이가 없고 화가 나서 아들을 실컷 훈계하는 동안 마음으로 기도를 하는데, 머리를 스치며 주시는 하나님의 교훈이 있었다. 내 아이가 이렇게 말할 정도이면 다른 아이들 또한 같은 생각을 가지고 있을 것이라는 통찰이었다.

그때부터 순결학교를 좀 더 다르게 구성해야 한다는 생각으로 내용을 조정해 나갔다. 거룩하고 순결한 비둘기같이 그리고 지혜롭고 현명한 뱀같이 준비하라는 것이 주님의 뜻이라고 생각했다. 눈물까지 흘리며 자신의 입장을 피력하던 아들과의 한바탕 전쟁을 통해 하나님의 뜻을 알 수 있는 기회가 된 것 같아서 미안하기도 하고 고맙기도 했다.

(2) 눈높이 전략

요즘 청소년들은 아무리 좋은 것이라도 재미가 없으면 전혀 관심을 가지려 하지 않는다. 따라서 청소년을 대상으로 사역을 하려면 그들의 눈높이에 철저히 맞추는 지혜와 전략이 필요하다. 그래서 순결학교가 재미있고 유익한 프로그램으로 인식되도록 다양한 활동과 자료를 준비하였다.

우리는 먼저 가장 중요한 강의와 서약식을 처음과 나중으로 배열하여 가장 집중도가 높고 긴장감이 있는 시간에 의미가 잘 전달될 수 있도록 하였다. 또한 순결에 관한 찬양 선곡을 통하여 이 시간이 단순한 프로그램이 아니라 하나님 앞에서의 예배임을 인식할 수 있도록 하였다. 아울러 순결과 관련된 조별 레크리에이션을 배합하여 흥미를 통한 집중력 향상에 힘을 썼다. 무엇보다 참가자들을 인터뷰하는 순서는 시간이 더 주어지지 않음을 아쉬워할 정도였다.

순결학교에 참가한 청소년들을 적극적으로 집중하게 한 절정의 시간은 조별로 준비하여 발표하는 창의적 드라마 제작과 발표 활동이었다. 조별 드라마 제작을 통하여 참가자들은 강의와 워크숍의 내용을 복습할 수 있었고, 자신의 발표를 통해 수동적 관객에서 능동적 참여자가 되어 갔다. 점심식사 이후, 가장 피곤하고 나른한 시간에는 시청각 자료를 동원하여 리포트 형식의 보고를 하는 시간을 가졌는데, 이 시대 청소년의 입장을 데이터를 통하여 듣고 봄으로써 공감하고 인식하여 새롭게 결단하는 시간이 되었다.

(3) 자녀와 부모가 함께하는 순결 서약식

서약식은 성적인 이슈를 '부모와 함께' 이야기하는 어려움을 해결하는 데 가장 큰 역할을 하였다. 청소년들은 부모와 함께하는 순결학교를 매우 부담스러워하였다. 충분히 그럴 수 있었다. 그래서 우리는 그들의 입장을 반영하여 눈높이 강의를 하였다. 오전 강의를 부모와 청소년 두 집단으로 나누어 각각의 눈높이에 맞는 분리 강의를 시도한 것이었다.

현대 청소년들의 성적 이슈와 사회 현상에 대한 사전 강의와 다양한 관련 활동은 참가자들로 하여금 마지막에 직접 순결 서약식을 할 때 자신의 생각과 느낌을 나누는 자료로 활용되었다. 남녀의 성에 대해 자신이 막연하게 생각했던 것과 성경적인 메시지, 다양한 연구결과를 접하면서 자신이 새롭게 다짐하고 생각한 것들을 부모와 나누고 약속하는 시간은 매우 감격적이었다. 한 번 약속한다고 그것을 온전히 지킨다는 보장은 없다. 하지만 우리는 매년 이런 시간을 통해 자신의 약속과 실천을 점검하고 새로 갱신하며 더욱 성숙한 사람으로 변화되어 갈 수 있다. 따라서 교회에서 이런 사역을 실시하는 것은 성적혼란이 적지 않은 사회문화 속에서 살아가는 성도들에게 매우 필요한 것이 아닐 수 없다. 참가자들은 이런 행사에 부모와 자녀가 함께 참여할 수 있어서 큰 의미와 감동을 느낄 수 있었다고 고백하였다.

4. 가정사역의 특징

나는 그동안 다양한 가정사역을 하면서 정말 많은 것을 생각하고 경험할 수 있었다. 기쁘고 힘든 순간에서부터 안타깝고 눈물겨운 순간도 많았다. 하지만 그 모든 순간을 돌아볼 때 결국 모든 것이 합력하여 선을 이루시는 하나님의 은혜임을 고백하지 않을 수 없다. 내가 이런 은혜의 현장에서 깨닫게 된 가정사역의 특징을 몇 가지로 정리하면 다음과 같다.

1) 가정사역은 건강한 가정을 생산한다

처음 우리 부부가 가정사역을 시작할 때 격려의 소리만 들은 것은 아니다. 많이 들었던 쓴소리가 있었는데 그것은 홀로 되신 교회 성도님들이 시험에 들거나 섭섭하다고 하는 소리였다. 가정사역을 하다보면 한쪽에서는 분명 소외당하는 그룹이 반드시 존재한다는 것을 미리 예상해야 한다. 그리고 그들을 세심하게 배려해야 한다. 그러나 소외된 가정에만 초점을 맞추다보면 결국 더 귀한 사역을 놓칠 수 있다. 하나님께서 말씀하시는 건강한 가정의 모델을 제시할 기회를 놓치게 된다. 나는 가정사역을 통해 어려움에 처한 가정들이 도전받고 새롭게 결단하는 일이 수없이 일어나는 것을 직접 목도해 왔다. 그리고 이것은 교회가 반드시 해야 할 사역이다.

2) 가정사역은 영성사역이다

그동안 우리가 실천한 가정사역의 중심에는 항상 기도와 예배가 있었다. 사람의 힘으로 이 사역들이 진행되었다면 여기까지 올 수 없었다는 고백을 늘 하게 된다. 인간의 지식과 배경을 다 뒤로 하고 오로지 하나님의 일하심을 기다리는 겸손과 인내가 필요한 사역이다.

모든 봉사자들이 기도로 무장하지 않으면 사탄은 어떤 형태로든지 공격해 오곤 했다. 가정이 행복해지는 것을 가장 두려워하기 때문이다. 그러므로 가정사역에는 사탄의 공격이 필수로 따라온다는 것을 알고 모든 과정에서 영성으로 대처할 수 있는 기도와 예배의 힘이 필요하다. 이런 과정을 거치다보니 가정사역을 준비하는 모든 과정 속에서 봉사자들의 믿음이 진보했다.

3) 가정사역은 교회와 지역의 연합이다

가정사역을 하면서 가장 기뻤던 일은 교회의 문턱이 낮아졌다는 사실이다. 내 교회 중심으로 살았던 이기주의에서 여러 교회의 봉사자들이 함께 도울 수 있는 프로그램으로 전환하는 것은 교회로서는 매우 당연한 것 같지만 쉽지 않은 결단이었다. 이와 더불어 여러 지역에서 믿지 않는 지원자들이 등록하면서 지역과의 연합이 이루어졌다. 믿지 않는 지원자들이 자연스럽게 교회 문턱을 밟고 교회에 정착하는 일이 생길 때마다 이것이야말로 하나님이 가장 기뻐하시는 일임을 확인할 수 있었다. 가정사역은 교회 문턱을 낮추고 타 교회들 및 여러 지역과의 연합을 가능하게 하였다.

4) 가정사역은 일꾼을 양성하는 사역이다

우리가 교회 안에서 봉사자들을 구성해 가는 과정에서 중요하게 생각했던 일이 있다. 그것은 훈련된 핵심 봉사자들 외에 모든 봉사자들을 교회의 직분을 넘어서 구성해 간다는 것이었다. 교회 성도라면 누구나 지원자로 들어올 수 있고, 지원자가 되면 바로 봉사자로 투입될 수 있다는 전제였다. 그 결과 생각지도 않았던 다양한 일꾼들이 배출되었다. 그동안 교회봉사에 소극적이고 두려움을 갖던 평신도들이 가정사역을 통해 자신감을 갖고 교회의 일꾼이 되어 곳곳에서 일하는 모습을 보며 많은 보람이 있었다.

5) 가정사역을 통하여 성도를 깊게 알아갈 수 있다

나는 여러 봉사자들과 함께 기도하고 사역하면서 다른 방법으로는 알 수 없을 만큼 서로를 깊이 알아갈 수 있었다. 그리고 성도들이 가장 필요로 하고 원하는 가정회복 및 변화를 위한 상담을 자연스럽게 이어 갈 수 있었다. 성도들과의 친밀한 교제를 통하여 서로를 깊이 알아가며 이렇게 구축된 신뢰관계를 통해 더욱 서로를 도우며 영혼돌봄의 사역을 잘할 수 있었다. 그것은 곧 진정한 목자와 양이 되는 경험이기도 하였다. 내가 가정사역을 통해 얻은 가장 큰 유익은 자연스럽게 한 영혼, 한 영혼을 알아가고, 그들의 아픔이나 상처를 구체적으로 돌보고 상담할 수 있었다는 점이다.

이 외에도 가정사역을 통해 얻을 수 있는 수많은 유익이 있지만 여기서 이만 글을 마치려고 한다. 이 땅의 모든 교회들이 거시적인 많은 사역에 앞서 성도들의 가장 기본적인 필요인 가정사역을 먼저 시작할 수 있기를 기도한다. 우리를 통해 성도들이 하나님께서 기뻐하시는 교회와 가정사역에 동참하게 하시고 많은 열매를 맺게 하시는 하나님께 감사드린다.

나가는 글

나는 그동안 남편과 함께 20여 년 이상 한 지역교회를 섬기며 하나님의 은혜로 가정사역과 상담을 통해 수많은 부부들이 위기를 극복하고 가정을 회복하도록 돕는 기쁨을 경험할 수 있었다. '특별할 것 없는 그저 그런 반복된 일상을 살아가는 보통 부부들'이 주 안에서 더 견고한 믿음의 소유자가 되며 행복하고 달달한 사랑을 나누는 가정을 세워 가는 것을 목격하는 즐거움 또한 누릴 수 있었다. 교회와 가정사역 및 상담의 동행을 통해 교회 내 성도들은 물론 교회 밖 사회까지 하나님의 크신 은혜와 축복이 흘러 나가는 것을 확인할 수 있었다.

오늘날 교회 밖은 물론 교회 내에서도 많은 성도들과 가정들이 흔들리거나 위기를 맞고 있다. 교회는 이러한 현상에 눈을 감고 있을 수 없다. 교회가 가정사역과 상담을 도외시할 수 없는 이유다. 가정이 건강해야 교회가 건강하고, 교회가 건강해야 건강한 사회와 나라를 구현할 수 있다.

21세기 교회는 이러한 사실에 대한 명료한 인식과 책임의식을 갖고 가정사역과 상담에 더 많은 관심을 가질 필요가 있다. 감사하게도 많은 교회들이 이미 이 사명을 감당하고 있다. 그러나 더 많은 교회가, 아니 모든 교회들이 이 거룩한 사명에 그리고 이 축복된 사역에 동참하기를 기도한다.

❋ 미주

1) 이 글에서 소개하는 가정사역 프로그램들은 우리 부부가 직접 참여하고 진행하며 새롭게 발전시킨 것도 있지만 대개의 경우 김성묵 장로의 『두란노 아버지학교 15주년사』를 토대로 기록된 것임을 밝힌다.
2) 유재성. 『홈 빌더스』 (서울: 요단출판사, 2013).

제4장
기독(목회)상담에서
왜 윤리가 필요한가

박노권 총장
목원대학교

들어가는 글

기독(목회)상담에서 '윤리'의 문제는 가장 민감한 이슈 중 하나이다. 이것은 기독(목회)상담의 정체성을 위해서뿐만 아니라 실질적으로 우리가 만나는 내담자들을 도와주기 위해서도 꼭 한번 생각해 보아야 하는 이슈라고 믿는다. 내용이 좀 딱딱하게 전개될 수도 있겠지만 오늘날 상담의 핵심 주제 중 하나인 이 문제를 같이 생각해 보고 논의할 수 있는 자리를 지속적으로 만들 수 있다면 기독(목회)상담에 큰 도움이 될 수 있으리라 믿는다.

20세기에 들어오면서 심리학이 미국 문화 전반에 걸쳐서 그리고 기독(목회)상담 분야에 큰 영향을 끼쳐 왔다는 것은 누구도 부인할 수 없을 것이다. 1920년대에 임상목회교육(Clinical Pastoral Education)의 등장과 함께 프로이트의 정신분석학적 심리학, 그리고 1950년대 로저스의 내담자 중심 상담이론의 영향으로 기독(목회)상담학이 탄생하게 되었는데, 이런 심리학의 영향은 대표적인 초기 기독(목회)상담학자였던 시워드 힐트너(Seward Hiltner), 캐롤 와이즈(Carroll Wisw), 웨인 오츠, 하워드 클라인벨(Howard Clinebell) 등의 글에서도 잘 나타난다.

오늘날 한국에서도 상담이나 심리치료에 관한 글과 책이 많이 나오고, 신학대학이나 교회, 종교단체에서도 이런 주제에 대해 깊은 관심을 보이는 현상을 보면 심리학이 우리 삶에 얼마나 깊게 영향을 미치고 있는지를 알 수 있다. 이런 심리학의 영향은 사회, 문화, 교육에도 나타나고 있지만 특히 기독(목회)상담의 영역에서 가장 두드러지게 나타난다. 그동안은 성경말씀과 인간에 대한 직관적인 이해를 가지고 상담을 했지만, 이제는 심리학에 대한 공부를 하는 것이 기독(목회)상담을 공부하는 사람들에게도 기본적인 과정이 되고 있다.

한 가지 우려스러운 것은 오늘날 심리학의 통찰력을 이용하는 상담접근 방법들이 공헌한 것이 많지만 무비판적으로 심리학적 통찰들을 수용함으로써 여러 문제가 발생하고 있다는 것이다. 이 가운데에서도 가장 심각한 것은 상담에서 윤리가 상실된 것이라고 말할 수 있다. 예를 들어, 오늘날 문제가 되고 있는 이혼, 동성애, 성윤리 등을 보면 개인의 자아실현과 개인에 대한 존중 때문에 올바른 윤리적 규범을 제시하지 못하고 개인의 판단에만 너무 의존하게 됨으로써 오히려 개인적으로나 사회적으로 문제가 더 심각해지는 것을 볼 수 있다.

따라서 나는 윤리적 규범이 왜 오늘날 기독(목회)상담에서 상실 되었는지를 생각해 보고 상담에서 윤리적 규범이 회복되어야 할 필요성과 그 방향을 말해 보고자 한다.

1. 상담에서 왜 윤리가 상실되었는가

오늘 우리가 사는 사회를 흔히 다원주의 시대라고 한다. 이런 시대의 특징 중 하나는 현대인들이 의식하든 못 하든 단편적인 의미의 조각들 위에서 살아간다는 것이다. 즉, 자신의 조각난 경험들을 통합할 수 있는 일관성 있는 자의식 없이 살아간다고 할 수 있는데, 이런 삶의 방식은 어떤 통합된 삶의 의미를 제공해 주지 못하기 때문에 결국 인간을 불행하게 만든다. 사실 사람들 안에는 다양한 모습이 내재되어 있다. 예를 들면, 한 시민으로서의 자기, 사회적 위치에서 본 자기, 직업적인 자기, 한 그룹 멤버로서의 자기 등 여러 모습이 집합된 것이 우리 자신이라고 할 수 있다. 이때 이런 다양한 모습이 서로 갈등을 일으키고 협조적이지 않을 때 일관성 있는 '자기'를 갖지 못하게 되고, 이럴 경우 우리에게 문제가 생기는 것이다.

특히 이런 시대 상황에서 기독(목회)상담이 윤리적 안내의 과제를 저버리고 고통 받는 사람의 정서적 역동성에 대해 분석하고 정정해 주는 상담에만 그 활동을 집중한다면 이런 상담은 도움을 필요로 하는 사람에게 해결책을 주는 것이 아니라 도리어 심리적 혼란만을 초래할 수 있다. 그러함에도 불구하고, 기독(목회)상담에서 사람들이 갖고 살아야 할 규범적인 윤리를 재구성해야 하는 어려운 문제들과 씨름하려 하지 않고, 골치 아픈 가치 문제들은 개인의 취향과 판단에 맡겨 버리고, 단지 상호 인격적이고 정서적인 역동성에 대해서만 말하는 경향이 있는 것은 참으로 아쉬운 일이 아닐 수 없다.

그렇다면 왜 이렇게 오늘날 상담에서 윤리적 규범이 자리를 잃어가고 있는가? 일반적으로 다원주의의 영향 때문이라고 말할 수 있지만 심리학의 영향 또한 빼놓을 수 없다. 다원주의 사회에서는 모든 권위의 중심이 영향력을 잃는 경향이 있다. 모든 사람에게 똑같은 하나의 윤리적 규범을 요구하는 것이 허락되지 않는다. 서로의 상황이

다름을 인정해야 하기 때문이다. 이런 상황에서 교회 역시 고통 받는 사람들에게 그들을 있는 그대로 용납하고 그들의 생각을 분명히 정리하도록 도움을 줄 수는 있지만, 사람들의 삶에 교회의 전통적인 가치를 절대적으로 강요하거나 영향을 주기가 어려워지고 있는 것이 현실이다.

기독(목회)상담에서 가치관이나 윤리적 규범이 상실되어 온 것은 사실상 일반 심리학에서 받은 영향이 컸다. 예를 들면, 프로이트는 심리학을 윤리적이거나 형이상학적 생각을 갖지 않는 가치중립적인 것이어야 한다고 보았다. 초자아를 윤리성의 중심으로 본 프로이트는 초자아가 너무 억압한다면 사람이 신경증적 고통을 받을 수밖에 없다고 판단했기 때문이다. 예를 들어 너무 성적인 것을 억압하는 문명의 윤리성은 사람으로 하여금 신경증적 히스테리를 갖게 만든다는 것이다.

도덕주의를 피하고자 하는 것은 오늘날 큰 영향을 미치고 있는 인본주의 심리학자인 칼 로저스의 '내담자중심 상담' 방법에서도 잘 나타난다. 이 이론에 따르면, 외부에서 주어지는 가치는 부정적 영향을 줄 수 있으며 중요한 것은 그 결정이 무엇이 되었든 내담자가 자유롭게 결정해야 한다는 것이다. 즉, 상담사는 내담자에 의해 어떤 결과가 선택되더라도 완전히 허락해야 하며, 그것이 내담자의 온전한 성장 가능성을 가져올 수 있다는 것이다.

윤리적 규범을 강요할 수 없다는 입장, 즉 가치중립(value-free)적 입장에서는 프로이트와 로저스가 비슷하다고 할 수 있다. 하지만 로저스의 입장은 그보다 한 걸음 더 확고하게 나아간다. 그는 인간본성에 대한 근본적인 낙관주의를 취하였고, 인간은 결국 악의적으로 행동하지 않을 것이라는 확신을 가졌다. 그리고 자신의 이론적 근거인 '개인은 스스로를 인도하고 규제하고 조절할 수 있는 능력을 가졌다.'는 가정하에 프로이트보다 더 가치중립적 입장을 강조한 바 있다.

이렇듯 윤리 규범 제시를 부정적으로 보는 심리학의 영향이 기독(목회)상담에서도 나타난 것은 기독(목회)상담을 시작했다고 볼 수 있는 시워드 힐트너에게서 찾아볼 수 있다. 그는 자신의 대표적 저서인 『목회상담(Pastoral Counseling)』에서, 윤리주의는 목회적 돌봄과 상담에서 가장 위험한 것 중 하나라고 말하며, 돌봄과 상담의 상황에서 개인적인 윤리적 확신은 접어 두어야 한다고 주장했다. 즉, 내담자들이 윤리적으로 좀 더 자율적이 되도록 돕는 것이 바람직하다고 본 것이다. 실제로 그는 상담할 때 목사 자신의 윤리적 가치관을 접어두고 교인의 가치 구조 안에 전적으로 머물기를 시도하였다. 이런 점에서 확실히 그는 중립적 혹은 윤리적 상대주의의 입장에 있었다고 할 수 있다. 상담에서 목사의 윤리적 가치를 분리하는 힐트너의 이런 접근은 목회심리학 운동의 초기 지도자들과 많은 목회자에게 큰 영향을 미쳤다. 이는 당시 폭넓게 읽히던 로저스의 영향력이라고 볼 수 있다.

여기에서 1950년대에 이미 거의 모든 개신교 신학교에서 주요 교과과정으로 등장할 만큼 상담의 훈련 과정으로 크게 자리 잡은 '임상목회교육(CPE)' 운동을 언급하지 않을 수 없다. 임상목회교육은 병원이나 요양소 같은 의료 기관을 주로 이용하면서, 기독(목회)상담을 위한 훈련을 실시하는 것이었다. 의학, 정신병학, 정신치료적 기술에 크게 의존하면서 목사와 신학생들이 짧은 시간 안에 그들 자신과 남을 더 잘 이해하도록 하는 수단으로서 큰 도움이 되어 왔다.

그렇지만 이 접근은 '신앙의 언어'를 '정신의학적 용어'로 대치해 버리는, 즉 '영혼돌봄'에 대한 관심보다는 모든 문제를 '심리학적 문제'로 처리하고자 하는 한계를 갖고 있었다. 그러다보니 성서적인 윤리가 설 자리를 잃고 심리학적인 수용과 내담자 자신의 가치관만이 주요 관심이 되는 결과를 초래하게 되었다.

　이런 맥락에서 임상목회교육 운동은 개인의 주관적인 느낌이나 감정을 강조하다가 성서적이고 사회적 경험에 의해 축적된 가치관을 소홀히 했다는 비판을 받기도 하였다. 이런 가치관과 윤리적 규범의 상실은 이 훈련을 받는 목회자들로 하여금 이제까지 배워 온 성서적인 윤리, 기독교적 가치관을 과연 포기해야만 하는가 아니면 어떻게 이것을 조화시킬까 하는 고민을 갖게 만들기도 하였다.

2. 상담에서 왜 윤리가 필요한가

　깨어진 관계나 삶의 회복 및 치유를 위해서는 상담에서 늘 강조되어 오는 사랑이나 수용, 용서가 필요하다. 나아가 이는 필수 조건이라고 할 수 있다. 그러나 무조건적으로 수용하면서 무엇이 옳고 그른가에 대한 분명한 판단을 제시하지 않는다면 사람은 가치관의 혼돈으로 말미암아 삶에 혼돈이 오고, 더 나아가서 정신적 질병을 유발하게 된다는 사실이 밝혀지고 있다. 실제로 오늘날 우리 사회의 윤리적 혼란과 가치의 왜곡은 온갖 사회 문제를 야기할 뿐만 아니라 사람들의 정신적·영적인 문제를 만들어 내는 주요한 원인이 되고 있다. 사람들은 건강하기 위해서 건전한 가치와 의미를 필요로 하는데 낡은 권위주의와 그동안 사회를 떠받치던 가치관의 붕괴는 많은 사람에게 가치관 혼돈을 겪게 하고, 마치 바다 한가운데서 나침반이나 지도도 없이 폭풍을 만난 작은 배를 타고 표류하는 것 같은 느낌을 갖게 만들었다.

이런 상황에서 사람들은 이제까지 자신이 배워 온 원리들을 더 이상 지키지 않게 되고, 동시에 무엇을 해야 할지 알지 못하는 혼돈의 상태에 빠질 수 있게 된다. 특히 이혼, 낙태, 동성애 등은 규범이 빠르게 변해 가는 오늘의 상황 속에서 사람들이 혼돈을 느끼는 문제다. 이제 다원주의 환경에서 전통과 세속가치의 경계선상에서 살고 있는 현대인을 전통은 더 이상 만족시킬 수가 없다. 사람들은 옳은 일 하기를 원하면서도, 윤리성에 대해서 혼란을 경험하고 있다. 오늘날 서구 사회의 윤리적 혼란과 무질서는 바로 이처럼 절대적인 윤리 기준이 상실되면서 인간의 자율과 이성적 판단을 우선적으로 신뢰하는 데서 출발한다. 즉, 동서양을 막론하고 사회를 오랫동안 지탱해 오던 전통적인 권위와 윤리적 가치관들이 무너지고, 이를 대신할 만한 새로운 가치체계를 찾지 못한 채로 개인의 자유만을 강조하게 됨으로써 무질서와 혼란이 성행하는 것이다.

그동안 개인의 권리와 자유를 강조하는 인본주의 심리학의 영향으로 각 사람이 억눌려 있던 감정을 표현하고 창의적인 사고를 격려하여 우리 사회가 평등 개념과 다양성을 수용하는 데 있어 획기적인 발전을 하는 등 사회 구석구석에 많은 긍정적인 변화를 가져왔음은 부인할 수 없는 사실이다. 그러나 지나친 자율과 자유를 강조함에 따라 예로부터 전해 내려오는 전통적인 가르침이나 권위를 무시하는 풍조가 생겨 그에 대한 대가를 치러야 하는 현실이 초래되었다. 문화의 축적과 역사의 교훈 및 인생의 경험으로 생긴 지혜를 겸손히 받아들이고 올바른 권위에 순복하는 것은 사회가 정상적인 질서 가운데 발전할 수 있도록 하는 기틀이 되는 것인데, 인본주의 심리학과 인간의 자기중심적인 속성 또는 타락한 본성이 맞물려 개인에 대한 지나친 관심으로 사회의 정당한 권위를 인정하는 인식이 사라지게 된 것이다.

이것은 특히 기독(목회)상담의 영역에서도 마찬가지다. 정신건강을 위해서 사회의 가치관이나 윤리를 제쳐 둘 수 있다는 생각은 매우 위험한 것이다. 예를 들면, 로저스는 미국 캘리포니아 주에서 정신건강을 위하여 필요한 경우에는 '혼외정사도 가능하다.'는 법을 제정하는 캠페인에 앞장섰던 적이 있다. 그러나 기독교인에게 정신 건강을 위해서 혼외정사를 처방한다고 하면 혹여 성적인 억압에서는 해방될 수 있을지 모르나 양심의 고통이라는 더 큰 문제를 안게 될 것이다. 인간에게는 다양한 욕구, 예를 들면, 남에게 인정받고 싶은 욕망, 사회에서 인정받고 싶은 욕망, 부부간의 지속적인 사랑 등이 있는데, 한 가지 욕구 때문에 다른 것을 잃게 되어 삶의 불균형을 초래하게 될 수도 있다. 그러므로 진정한 삶의 행복을 위해서 기독(목회)상담은 내담자의 윤리적인 삶의 심각성을 인식하여 윤리적인 맥락에서 상담을 해야할 것이다. 왜냐하면 가치의 혼돈은 점차 삶의 문제, 심한 경우 정신적 질병의 주요 원인으로 나아갈 수 있기 때문이다.

3. 윤리가 회복되어야 할 성서적 근거는 무엇인가

기독(목회)상담의 근거가 되는 기독교 신앙은 인간의 본래적 삶의 질서가 윤리의 근본이기 때문에 윤리를 깬다는 것은 근본적인 삶의 질서를 깨는 것으로 믿는다. 즉, 하나님은 모든 만물을 지으실 때 그 속에 질서를 부여하셨으며, 피조물은 각자 자기가 부여받은 질서를 지키며 살도록 지음을 받았다. 그 질서는 각 피조물의 기본적인 삶의 원칙들이기 때문에 이 질서가 무너지면 피조물들은 진정한 삶의 길에서 떠나 고통당하지 않을 수 없다. 그러므로 삶의 질서인 윤리를 범하는 것 자체가 곧 풍성한 삶을 저버리는 것이 되는 것이다.

돈 브라우닝(Don Browning)은 이 문제에 대해 좀 더 역사적인 접근을 시도한다. 그는 기독교의 뿌리인 유대교는 명백히 윤리적이며 현세적인 종교라고 보았다. 이런 맥락에서 기독교 또한 윤리적이며 실천적인 종교로 이해할 수 있으며, 기독교인은 이런 전통을 따르는 것이 중요하다고 주장한다.

브라우닝은 고대 이스라엘에 '영혼의 돌봄자'라고 할 수 있는 여러 종류의 지도자들이 있었던 것에 주목한다. 사제, 예언자, 현인 그리고 서기관과 랍비 등이 그들이었다. 여기서 사제들의 제의(祭儀)적 활동은 관계 계약법이 깨졌을 때 죄를 속죄하도록 고안되었으며, 힌두 브라만이나 그리스 신탁 등과 비교할 때 이들의 현저한 특징은 계약법에 대해 합리적으로 그리고 개인들을 위하여 설명하고 있다는 것이었다. 비록 그들의 가르침이나 내용은 원시적인 부분이 있었지만, 그들의 활동이 합리적이고 교육적이었다는 사실은 주목할 만하다.

이렇듯 유대교가 다른 종교와 비교해서 특별한 것은 실천적 합리성(practical rationality), 즉 마술적이고 신비적인 기술보다는 평범한 사람들의 삶에 밀접하고 매일의 행동에 관심을 갖는다는 것이었다. 이들은, 현대인의 관점에서 볼 때, 뛰어난 목회적 돌봄의 실천자들이었으며, 이들의 지식은 비밀스럽거나 신비적인 지식이 아니라 율법에 대한 합리적 지식 그리고 이것을 평범한 사람들의 매일의 삶에 적용하는 것이었다. 후대의 바리새인들은 율법을 법률적 의미까지 갖는 구전으로 보충했는데, 이들은 사제들과 비교해 볼 때 변화하는 시대에 더욱 잘 적용할 수 있는 생동적인 율법에 관심을 갖고 있었다. 비록 예수님 당시 잘못된 동기와 적대적 태도로 비난을 받기도 했지만 바리새인들은 본래 자신이 물려받은 전통에 충실하고 그것을 삶이 야기시키는 새로운 상황에 대처하도록 확장하고 수정시키는 것에 관심이 있었던 실천적 합리주의자들이었다.

구약종교의 율법주의는 종종 신약의 사랑, 용서, 은혜에 대한 강조와 비교되기도 하지만, 그것은 본래 고대 근동에서 이루어지던 종교의 마술적 행위, 즉 초자연적이고 세속적 힘의 조작을 통해 대중이 원하는 소원 성취, 고통 제거, 현재 보상 등을 약속하는 것 등과 구분되어야 한다. 유대주의는 본래 마술이나 점 등을 통한 삶의 문제해결이 아니라 개인적이며 공적인 활동의 실천적, 현세적, 윤리적 합리화를 일찍부터 강조했던 것이다.

이런 기본 입장은 초기 기독교에서도 계속 이어졌다. 예수님은 반율법주의자가 아니었다. 도리어 율법을 완성하신 초율법주의자였음을 상기할 때 이는 분명해진다. 사람은 먼저 어떤 법이나 윤리를 갖지 않고는 본질적으로 그것을 초월할 수 없다. 이런 면에서 이상적인 초율법의 통찰력이 받아들여지기 전에 매일의 삶을 인도할 법규가 있어야 하는 것은 당연하다. 물론 초대교회에서 대체로 음식과 할례를 포함한 제의적 구속은 거부되었지만, 당시 사회 윤리적 행동의 영역 안에 있는 유대 율법의 배경은 옳은 행위의 척도로서 계속되었다. 이것은 바울이 믿음을 강조했을 뿐 아니라 삶의 실제적 안내를 위한 올바른 행위에 대해 강조한 것에서도 잘 나타난다.

이런 기독교 역사의 맥락에서 브라우닝은 교회의 중요한 사명은 오늘을 살아가는 데 필요한 도적적 규범을 제시하는 것이라고 본다. 그리고 이런 규범적 유대주의의 윤리적 행동성격과 실천적 합리성의 전통 위에 '영적 존재'의 차원을 덧붙인 것이 기독교라는 것이다. 따라서 기독교의 용서는 무엇보다 죄의식과 패배감을 씻고 윤리적 삶을 새롭게 다시 시작할 수 있는 힘과 용기를 가능하게 하는 것으로 이해된다. 다시 말해 윤리적 질문과 행위에 대한 심각한 요구가 없다면, 용서는 그 의미와 힘을 상실한다는 것이다.

물론 기독교 공동체 안에서 의식의 중심은 용서의 차원이 되어야만 한다. 사실 용서는 기독교 예배의 불변하는 차원이다. 비록 윤리적 비전을 제시하는 것이 진화하는 사회적, 문화적 상황에 적합하도록 그리고 우리가 변화하도록 돕는 의식의 한 부분일 수 있지만, 용서의 차원은 기독교 예배의 지속적인 부분이며 크리스천의 윤리적 질문보다 더 높은 차원이다. 그러나 브라우닝의 주장처럼 용서가 단지 사람들을 편안하게 해 주거나 죄책감을 제거하는 것으로만 이해되어서는 안 되며 이것은 언제나 윤리적 차원과 함께 가야 하는 것이다.

따라서 교회의 돌봄은 먼저 사람에게 삶의 구조와 성격을 해석해 주고, 살아가는 데 필요한 종교문화적 가치체계를 주는 것에 관심을 가져야 한다. 이럴 때에 심리학의 치료적 수용이나 일반적인 용서가 간과하기 쉬운 윤리적 규범의 결핍 문제를 해결할 수 있게 된다. 기독교는 유대주의의 힘 있고 실천적인 윤리적 합리성으로부터 자라났으며, 어떠한 상황에서도 이런 전통을 지키는 것은 중요하다.

그러므로 목회적 돌봄이나 기독(목회)상담에 대한 유대·기독교 전통의 성서적, 윤리적 근거를 회복하기 위해서라도 윤리적 규범의 회복이 있어야 한다. 영혼돌봄의 역사에 대해 쓴 존 맥네일(John McNeill)이나 윌리엄 클랩쉬(William Clebsch)와 찰스 재클(Charles Jaekle) 또한 자신들의 책『영혼치유의 역사(*A History of the Cure of Souls*)』와『역사적 관점에서 본 목회적 돌봄(*Pastoral Care in Historical Perspective*)』에서 기독교 윤리와 목회적 돌봄이 늘 동의어처럼 작용하였다고 주장하고 있다. 즉, 목회적 돌봄의 역사에서 윤리와 치료적 기능은 구분되지도 않고 서로 갈등을 일으키지도 않았다는 것이다. 결국 기독(목회)상담은 윤리적 규범을 강조하는 역사적 전통 위에서 이루어져야 한다.

4. 상담에서 윤리적 규범 회복을 위한 시도들

최근 많은 학자들이 상담에서 윤리의 중요성에 대해 언급하고 있다. 그 가운데서 클랩쉬와 재클, 하워드 클라인벨, 돈 브라우닝의 주장을 서로 비교하면서 내가 생각하는 윤리 회복의 필요성과 방안에 대해 제시해 보고자 한다.

(1) 클랩쉬와 재클

클랩쉬와 재클은 기독교 역사에 나타난 목회의 기본적 기능을 다루면서 현대 목회에 결정적으로 부족한 점을 지적하고 있다. 그것은 영혼을 치유하는 3가지 기능인 '치유, 지탱, 안내'보다 '화해'의 기능이 이해되지 못해 왔다는 것이다. 그들은 기독교 전통에서 화해의 목회는 상호 의존되어 있는 2개의 형태를 활용함으로써 사람들에게 하나님 및 이웃과 바른 관계를 맺을 수 있게 할 수 있다고 주장한다. 그 2개의 형태란 징계(교정, 목회적 훈계 또는 교회의 규범)와 용서(고백, 참회 및 사죄의 선언)이다. 어떤 개신교 주류에서는 이런 목회가 내용 없는 윤리주의에 대한 지나친 반응의 결과라고 과소평가하여 왔었다. 그러나 징계를 포함하는 화해는 현대 기독(목회)상담에서 가장 시급한 것이라고 클랩쉬와 재클은 분명하게 주장한다.

현대인을 억누르고 있는 죄책감—하나님으로부터의 소외에서 오는 죄책감과 동시에 동료(인간)으로부터의 소외에서 발생되는 죄책감—은 인간 고뇌의 한 형태로서 목회에서 다른 어떤 돕는 직업에 있어서보다 오랫동안 깊이 있게 관심을 가져 왔다. 화해에 대한 새로운 관점에서 볼 때 목회 기술을 사용하는 사람은 치료 기술을 가진 다른 사람들과 보다 깊은 대화를 나누어야 한다. 그리고 단순히 듣는 사람이 될 뿐만 아니라 지나간 이천 년 동안 서구 세계의 모든 분야에서 수많은 사람을 화해시키기 위한 노력으로 실천했던 참회를 듣는 일, 사죄의 선언 그리고 훈육을 통해 얻은 축적된 지혜를 사용하여 귀중한 공헌을 할 수 있도록 하는 예술가가 되어야 한다. 이런 화해에 대한 새로운 강조는 영혼을 치료하는 목회를 촉진시켜 우리 시대에서 치유의 능력에 대한 새로운 인식을 갖게 한다(Clebsch & Jaekle, *Pastoral Care in Historical Perspective*, 63).

그동안 많은 개신교의 기독(목회)상담사들은 죄책감을 그 파괴적인 결과가 입증하는 것만큼 심각하게 다루지 않아 왔다. 율법주의적인 윤리주의를 파괴적이고 비기독교적이라고 적당히 배척한 나머지 죄책감을 해결할 효율적인 방법을 발견하는 데도 그렇고 사람들을 도와서 건설적인 양심을 발전시키는 데도 실패하여 왔는데, 이 점을 클랩쉬와 재클은 분명히 지적하고 있다.

(2) 하워드 클라인벨

클라인벨은 윤리의 문제에 대해 좀 더 자세하게 다룬다. 그는 일찍이 그의 책(*Basic Types of Pastoral Counseling*, 1966)에서 수정된 모델이라고 부르는 기독(목회)상담에 대한 새로운 모델을 제시했다. 이것은 아직도 어느 정도 힐트너가 그의 추론적 방법에서 사용하는 프로이트와 로저스의 성향과 '내담자 중심' 통찰력을 사용하는 것이었다. 그러나 클라인벨의 모델은 많은 경우에 상담에서 지지적이고, 실재를 직면하고, 미래지향적이며, 정보를 주고, 적극적이며 행동적 접근에 대한 필요를 강조함으로써 프로이트나 로저스 이론에 깊이 영향을 받았던 다른 이들을 넘어선다. 클라인벨의 글은 현대 세속 심리치료나 심리학의 중립적이고 기술적인 목소리—과학적이 되고자 하고 윤리주의에 두려움을 느끼는 심리학—를 여전히 많이 취하지만, 이 책의 한 장에서 상담에서 윤리적 관심의 필요성, 즉 상담에서 윤리적 대결의 역할에 대해 논한다. 그는 자신 있게 "목사는 상담에서 그가 옳다고 생각하는 것에 대해 결코 소심하지 말아야 한다."고 주장한다.

클라인벨은 이후 좀 더 적극적으로 이 윤리의 문제를 다룬다(*Basic Types of Pastoral Care and Counseling*, 1984). 특히 그는 죄책감에는 다양한 종류가 있으며 그에 대한 접근 방법도 다양할 수 있음을 제시한다. 사사로운 죄책감, 혼돈된 양심, 독선적인 양심, 개발되지 못한 양심, 의미를 찾지 못하는 사람들, 사회적 양심이 개발되지 않은 사람들 등을 제시하며 이들에게 어떻게 바른 윤리관을 심어 줄 수 있을까를 구체적으로 논한다.

예를 들면, 일반적인 사사로운 죄책감은 다섯 단계를 거쳐서 해결될 수 있다고 보았다. 즉, 직면(confrontation), 고백(confession), 용서(forgiveness), 회복(restitution: 파괴적인 행동의 변화) 그리고 화해(reconciliation)를 통해서이다. 이것은 공식적으로 로마 가톨릭 교회에서 속죄의 성례전으로 불리는 것으로, 오랜 화해의 전통을 가진 성례전의 지혜에서 빌려 온 것이다. 이 다섯 단계에 대해 좀 더 논해 보면 다음과 같다.

첫째 단계는 가장 중요한 요소인 '직면'이다. 만일 상대방을 고려하지 않고 일방적으로 자신이 진리라고 믿는 것만을 이야기한다면 이것도 문제지만, 상담사가 너무 수동적이고 수용적이 된다면 그도 역시 내담자에게서 신뢰감이나 공감을 얻지 못한다. 적절한 때까지도

전혀 직면을 하지 않는 상담사는 '잔인한 친절'에 종사하는 것이다. 대부분의 사람은 현재 행동의 고통을 경험해 보기 전에는 변화되지 않는다. 직면은 이 고통을 알 수 있도록 돕는 것이며 행동이 변화되도록 돕는 것이다.

실제로 많은 사람들은 목회자를 종교적인 전통의 가치관을 지니고 있는 사람으로 생각하고 있다. 죄책감을 느끼는 어떤 사람이 목사에게 와서 도움을 요청할 때, 만일 목회자가 그들을 수용한다고 하여 마치 그들의 잘못된 행동을 직면하지 않고 묵시적으로 용서하는 것처럼 생각하도록 한다면 그들은 오히려 혼돈을 일으키게 될 것이다. 그러므로 상담에서 목회자는 결코 옳다고 판단되는 것에 대해 두려워하면 안 된다. 윤리주의적, 독선적, 배타적이 되지 않으면서 기본적인 성실성 문제에 대해 확고한 입장을 취하는 것은 중요한 일이나.

둘째 단계는 '고백'이다. 자아 직면은 두 번째 단계인 고백으로 자연스럽게 이르게 한다. 자발적인 고백은 흔히 상담에서의 초기 카타르시스 단계에서 일어난다. 내담자에게 죄책감의 상처를 알아보게 하고, 죄책감을 쏟아 놓도록 격려하는 것은 대단히 중요한 일이다. 자신의 고통스러운 죄책감을 경험하고 표현하는 것은 정화하고 치유하는 과정에 필수적인 부분이다. 상담사는 내담자를 도와서 죄책감을 모든 면에서 충분히 경험하고 표현하게 하여야 한다.

셋째 단계는 '용서'다. 고백과 함께 하나님의 용서의 통로로서, 즉 교회와 그 전통의 대표자로서 봉사하는 것은 목회자의 중요한 기능의 하나다. 이런 기능의 잠재적인 가치가 교회 전통을 중요하게 생각하지 않는 사람들에 의해 무시되기 쉬운데, 이것은 우리의 귀중한 유산임을 기억해야 한다. 예를 들어, 음주로 여러 사람에게 해를 끼치고 죄책감에 사로잡혀 있는 사람과 상담을 한 후 그를 위하여 하나님의 용서를 구하는 기도를 드리게 될 때 이것은 기독교의 가르침인 기쁜 소식을 상징하는 화해를 보여 준 것이다. 이것은 은총의 통로이며, 이로 인하여 정화와 용서가 그 사람에게 생생하게 와 닿게 되는 것이다.

넷째 단계는 '회복'이다. 만일 참회와 용서가 지속적인 변화와 화해로 이어지려면 사람들에게 근원적인 해를 끼치는 파괴적인 행동, 태도 및 신앙을 변화시키는 회복과 책임적인 행동이 따라와야 한다. 정화와 용서를 경험하게 되는 내적인 통로는 사람들이 타인이나 자신에게 행한 상처를 치유하기 위하여 또는 보다 책임 있는 삶을 살기 위하여 모든 가능한 노력을 다하지 않는 한 부분적으로 차단된다.

'값싼 은혜'는 결코 변화를 가져오는 은혜가 아니다. 알코올중독자들의 회복을 위한 열두 단계의 프로그램은 준엄한 윤리적 자아 직면의 중요성을 설명해 준다. 열두 단계 중 처음 7개는 하나님과 다른 사람들에게 자기 잘못의 정확한 성격을 인정하는 것, 즉 참회하는 것을 포함한다. 그리고 나머지 부분은 자신이 '해를 끼친 모든 사람의 명단을 작성하는 것'과 그렇게 함으로써 자신이나 '다른 사람에게 상처를 입히지 않는다면 가능한 한 그런 사람들을 직접 고쳐 주는 것' 등을 포함한다.

이런 내적 정화가 알코올중독자에게 영적인 각성을 회복하게 하는 것은 우연한 일이 아니다. 목회자는 알코올중독자가 아닌 내담자에게 죄 되고 무책임한 생활에서 오는 윤리적인 찌꺼기가 쌓인 삶을 철저하게 정화하도록 도와주어야 한다. 그렇게 하는 대가로 내적인 평화와 용서 및 회복된 관계를 얻을 수 있다.

마지막 단계는 화해다. 앞에 언급한 과정을 통하여 우리는 하나님 및 이웃과의 진정한 화해를 경험하게 된다. 이처럼 직면적인 상담접근은 흔히 죄책감으로 마비되었던 사람을 해방시켜 보다 책임적인 기능을 발휘할 수 있게 하며, 그들을 도와서 계속되는 악순환의 덫에서 해방될 수 있게 하여 온전히 기능하는 인간이 되도록 돕는다.

이와 같이 올바른 가치관을 제시하고 도전을 주는 방법을 통해 클라인벨은 사람들에게 파괴적인 결과를 줄 수 있는 죄책감의 문제를 해결하려고 했다. 그리고 이런 방식으로 건설적인 양심을 회복시킴으로써 보다 온전한 치료가 이루어질 수 있다고 보았다.

(3) 돈 브라우닝

시카고 대학교 신학부의 돈 브라우닝 역시 "상담의 필수 요소인 수용의 개념이나 용서도 윤리적인 명령이나 심판이 결여되어 있는 상황이라면 아무런 의미가 없다."고 주장하며 현대 상담 및 목회적 돌봄에서 윤리적 규범의 상실이 가장 심각한 문제임을 강조한 바 있다.

목사는 병자와 죽어 가는 사람을 상담할 명백한 의무가 있다. 그러나 그는 무엇보다 먼저 공동체로 하여금 병과 죽음의 의미에 대한 종교문화적 견해를 갖도록 도와야만 한다. 확실히 목사는 결혼 문제, 성 문제, 이혼 문제를 가진 사람들을 상담해야 하지만, 먼저 그 사람들 안에 결혼, 성, 이혼의 규범적 의미에 대한 긍정적인 비전을 갖도록 도와야 한다. 오늘날 목회상담에 있어서 어려움은 상담을 위한 맥락을 구성해야 하는 의미구조를 발전시키는 것에 대한 도전보다 상담의 도구를 토론하는 데 더 많은 시간을 소비한다는 것이다(Browning, *Moral Context of Pastoral Care*, 108).

브라우닝은 단지 윤리의 중요성을 강조하는 학자들과 달리 어떻게 윤리 규범을 만들어야 하는지 구체적인 방법론을 제시한다. 전통적인 규범이 자동적으로 현대 상황에 그대로 적용되기 어려운 경우가 있기 때문이다. 그는 전통적인 권위가 무너지고 있는 때에 이제까지 제시되어 온 전통을 더 이상 무비판적으로 수용 내지 의존하기보다 그러한 전통을 비판적으로 생각해 볼 것을 제안한다.

오늘 우리의 상황에 맞는 실제적인 윤리적 규범을 만들려면 어떻게 해야 할까? 브라우닝은 전통과 일반 문화, 특히 심리학과의 비판적 대화를 강조한다. 그리고 다음과 같은 다섯 차원에서 상호 간 대화가 이루어져야 한다고 본다.

- 은유적 차원: 우리는 어떠한 세계에 살고 있는가? 무엇이 가장 궁극적인가?
- 의무적 차원: 우리는 무엇을 해야 하는가?
- 욕구 · 경향성 차원: 윤리적 판단 이전에 인간의 기본적인 욕구는 과연 무엇인가?
- 상황적 차원: 지금 우리의 상황은 어떠한가?
- 규칙 · 역할 차원: 앞의 대화들을 통해 어떤 행동 규정을 만들 수 있는가?

브라우닝이 이와 같은 대화를 강조하는 이유는 권위주의에 빠지지 않고 대화로서 현대인이 이해할 수 있는 윤리적 규범을 세우고자 했기 때문이다. 권위주의는 오히려 신경증적 질병을 초래한다는 것을 오늘날 심리학에서 잘 밝혀 주고 있다.

브라우닝은 이런 자신의 입장을 '수정된 상호 연결방법(Revised Correlational Method)'이라고 부른다. 이것은 틸리히(Paul Tillich)의 '상호연결방법', 즉 심리학 같은 세속 분야에 의해 제기되는 실존적 질문들에 답하기 위하여 종교적 전통과 연결시키는 방법에서 한 걸음 더 나아간 것이다. 브라우닝은 '질문'뿐 아니라 '답'도 일반 세속문화나 심리학에 의해 제시된다고 보았기 때문이다. 그는 사회학이나 정치학, 경제학, 예술 등 일반 세속문화 중에서도 특히 심리학에 큰 관심을 가졌다 그 이유는 심리학이 많은 현대인의 삶에서 중요한 위치를 점유하고 있는 것으로 보았기 때문이다.

미국의 경우 복잡한 현대인의 삶, 종교적 언어의 상대적 약화, 세계 안에 넘치는 의미성에 대한 요구 때문에 심리학이 점점 종교의 영역을 차지해 가고 있다. 브라우닝은 이런 현실을 직시하며 다원주의적 시대 상황에서 신학이 일방적인 독백을 하는 것이 아니라 '공적 신학(public theology)'으로서 인정받으려면 이런 상호 비판적 대화가 필요하다고 주장한다. 즉, 문화에 큰 영향을 미치는 심리학의 기술적 배후에 있는 철학과 기독교 신앙과의 상호 비판적인 대화를 통해 현대를 살아가는 기독교인, 더 나아가 비기독교인들에 이르기까지 오늘의 시대에 필요한 윤리적 규범을 제시하고자 하는 것이었다.

나가는 글

윤리를 상실해 가는 현대인이 처한 이런 상황에서 낡은 윤리적 확신을 회복하려는 광적인 그러나 쓸모없는 권위주의적·종교적 노력이 없지 않다. 그러나 이것은 걷잡을 수 없는 우리 시대의 불안과 불확실성에 대한 방어적인 반응으로서의 반사작용이라고 이해할 수 있다. 그렇다면 우리는 바람직한 정신건강을 위해서 어떻게 올바른 윤리적 규범을 회복할 수 있겠는가?

먼저 기독(목회)상담사들은 모든 가치관에 관한 문제에 대해 권위적인 해답을 주려고 시도하기보다 오히려 사랑과 관심을 갖고 지지해 주는 환경을 만들면서 가치관을 분명하게 밝혀 주는 것이 필요하다. 그리고 이를 위하여 브라우닝이 제기한 것과 같은 비판적 대화를 통해 오늘날 기독교적인 윤리적 규범을 상담사가 먼저 자신 안에 갖고 있어야 한다.

일반 상담사가 가치중립(value-free)적 입장을 취한다고 하나 분석해 보면 나름대로 어떠한 가치규범, 특히 프로이트나 로저스처럼 윤리적 이기주의를 그 배경에 가질 수 있다. 이런 경우, 상담사는 자기 안에 내재된 윤리적 이기주의를 내담자에게 제시할 가능성이 있고, 이것은 기독교적 상담에서 바람직하지 못한 결과를 초래할 수 있다. 그러므로 유대·기독교 전통 속에 구현되어 있는 인간을 향상시키는 바른 가치관을 갖도록 도와주는 것이 오늘날 기독(목회)상담에서 전인건강을 위하여 해야 할 중요한 역할이다. 아울러 상호 신뢰하는 관계 속에서 사람들 안에 내재된 혼돈되고 충돌을 일으키는 파괴적인 가치관을 재평가하고 분명하게 할 필요가 있다.

그러나 오늘날 이슈가 되고 있는 다양한 문제에 대해 목회자 혼자 사회학, 심리학 등을 연구하여 바람직한 윤리를 추구하는 것은 쉬운 일이 아니다. 따라서 전교회적으로 이런 일을 위한 노력을 함께 기울이는 것이 요구된다. 가톨릭이나 일부 미국의 개신교회는 동성애나 이혼, 낙태, 성, 결혼, 여성, 노동, 가난 등의 사회적 이슈에 대해 교단적으로 연구하고 자신들의 입장을 명료하게 제시한다. 이처럼 바른 윤리적 규범을 교회가 탐색하고 그것을 사회에 제시하는 것은 매우 중요하고 의미 있는 일이 아닐 수 없다. 상담학적 측면에서도 이런 작업이 개인주의화 되는 시대에서 기독(목회)상담사들이 해야 할 중요한 과제라고 본다. 앞으로 상담에서 윤리의 회복을 가져오는 것은 내담자의 정신건강뿐만 아니라 현대인의 정신건강을 위해서도 꼭 필요한 작업이라고 믿는다.

❊ 참고 문헌

Don S. (1987). Browning, *Religious Thought and the Modern Psychologies*. Philadelphia: Fortress Press.

Don S. (1983). *Religious Ethics and Pastoral Care*. Philadelphia: Fortress Press.

Don S. (1976). *Moral Context of Pastoral Care*. Philadelphia: Westminster

Press.

Clebsch, W. & Jaekle, C. (1975). *Pastoral Care in Historical Perspective*. New York: Jason Aronson.

Clinebell, H. (1966). *Basic Types of Pastoral Counseling*. New York: Abingdon Press.

Clinebell, H. (1984). *Basic Types of Pastoral Care and Counseling*. Nashville: Abingdon Press.

Hiltner, S. (1949). *Pastoral Counseling*. New York: Abingdon Press.

Holifield, E. B. (1983). *A History of Pastoral Care in America*. Nashville: Abingdon Press.

Holms, U. T. (1971). *The Future Shape of Ministry*. New York: Seabury Press.

McNeill, J. T. (1951). *A History of the Cure of Souls*. New York: Harper and Brothers.

Rogers, C. (1957). *Client-Centered Therapy*. Boston: Houghton Mifflin Co.

Tillich, P. (1952). *The Courage To Be*. New Haven: Yale University Press.

Weber, M. (1963). *The Sociology of Religion*. trans. Ephraim Fischoff. New York: Beacon Press, Inc.

Weber, M. (1952). *Ancient Judaism*. trans. Hans Geerth and Don Martindale. New York: Free Press.

Wise, C. A. (1951). *Pastoral Counseling*. New York: Harper and Brothers.

박근원 역(1994). 목회상담신론. 서울: 한국장로교출판사.

유영권 역(1999). 목회적 돌봄의 개론. 서울: 은성.

제2부

성경과 심리학,
그리고 통합적 상담

제5장
기독(목회)상담의 하드웨어는 신학방법론

1. 날 때부터 성직의 길, 스스로 피해 가다

2. 처음 접한 신학자 본회퍼, 성속이원론을 극복하다

3. 정신분석학과의 만남, 종교와 삶이 화해하다

4. 심리학과 신학의 만남, 기독(목회)상담의 균형을 찾다

5. 한 개인의 삶을 중심으로 한 3차 신학, 기독(목회)상담의 뼈대를 찾다

6. 상담과 목회상담의 첫 출현, 신학이 그 중심에 서다

7. 시카고 대부 힐트너의 신학적 성찰, 뼈 속까지 흐르다

권수영 교수
연세대학교

들어가는 글

아주 어렸을 때부터 나는 내 이름에 대한 불만족감을 자주 가졌던 것 같다. 지금은 연예인 중에 이런 이름을 가진 이들이 있어서 꽤 익숙한 이름이지만, 당시 '수영'이라는 이름은 흔치 않은 이름이었기 때문이었다. 친구들은 자주 '수영'이라는 이름 대신 '헤엄'이라고 놀리기도 했다.

나는 4대째 기독교 집안에서 태어난 기독교인이다. 철이 들어가면서 나는 내 이름에 다소 무거운 신학적인 의미가 담겨 있음을 알게 되었다. 평양신학교를 졸업하신 외조부 소도열 목사는 세 아들을 전쟁 때 모두 잃고, 하나 뿐인 딸의 첫 아들인 내가 태어나자 '수영'이란 이름을 지어 주셨다. 빼어날 '수(秀)'와 영화로울 '영(榮)'을 사용한 이름은 '하나님을 영화롭게 하기 위하여 빼어난(선택된) 인물'이 되라는 외조부의 소망과 믿음이 담긴 것이었다.

나는 한참 뒤에 할아버지의 큰아들, 즉 큰 외삼촌이 신학공부를 했었고, 전쟁 때 기독교인들을 피신시켰다는 이유로 인민군에게 총살 당하셨다는 사실을 알게 되었다.

1. 날 때부터 성직의 길, 스스로 피해 가다

꽤 어린 시절부터 나는 직감적으로 느꼈던 것 같다. '수영'이라는 이름은 소위 선조들의 서원기도를 통해 내가 태어나기 전부터 성직(聖職)의 길을 가야 하는 예정론적인 운명을 예시하는 것이란 점을 말이다. 하지만 성직은 왠지 내게 맞지 않는 옷 같았다.

무의식의 힘이었을까? 나는 아주 어린 시절부터 '마징가'와 '태권브이'를 좋아하면서 장차 과학자가 되리라고 굳은 결심을 하였다. 아마도 과학자와 성직자의 거리가 꽤 멀다고 느꼈기 때문이었던 것 같다. 이런 진로희망은 고등학교 진학 때까지 줄곧 유지되었다.

초등학교 시절부터 한 집에서 함께 사셨던 외조부모님과 부모님은 한 번도 내가 성직이 아닌 다른 진로를 선택하겠다는 생각을 막지 않으셨다. 지금에 와서 생각해 보면 이 분들의 믿음은 참 대단했던 것 같다. 내 얄팍한 생각을 지나치게 초전에 박살내지 않으시고도 오히려 하나님의 계획하심을 더 굳게 신뢰하셨던 듯싶다.

이런 가정의 분위기는 나의 자율적이고 비판적인 신앙에 큰 도움이 되었던 것 같다. 종교심리학자들이 회심의 유형을 나눌 때, 급격한 회심(sudden conversion)과 점진적 회심(gradual conversion)으로 나누곤 한다. 선조의 믿음으로 신앙을 전수받은 모태신앙 소유자들은 급격한 회심 대신 점진적 회심을 하는 경향이 있다. 시간이 오래 걸리지만, 스스로 고민하고 부모의 신앙을 충분히 비판할 수 있는 여유가 주어져야 점진적으로 자신의 힘으로 자신의 믿음을 만들어 가는 것이다. 이때 초조하지 않은 부모, 신앙의 자유에 대해 열린 시각을 가진 가정 분위기가 도움이 된다.

외삼촌의 순교는 내가 신학 공부를 시작한 이후에 알게 된 사실이어서 그 사건이 성직에 대한 나의 어릴 적 부담감에 크게 작용한 것 같지는 않다. 오히려 성직을 피하려는 나의 무의식 한가운데 자리 잡은 것은 '성속이원론'이었던 것 같다. 나는 성직에 대한 막연한 부담감과 함께 나 자신에 대해서는 부적절감을 가졌다. 내게 늘 성직의 모델로 여겨진 분은 바로 외조부였다. 외조부는 내 눈에 흠 잡을 데 없는 하나님의 사람이셨다. 늘 자애롭게 웃는 모습은 바로 지척에서 예수님의 모습을 보는 듯했다. 구순이 넘도록 사셨지만 단 한 번도 찡그리는 얼굴을 본 적이 없을 정도였다.

그러니 이런 할아버지의 본을 따라 성직의 길을 간다는 것은 참으로 먼 길이었다. 나 자신은 너무도 세속적이라 느껴졌고, 할아버지는 너무도 성스러운 삶을 사신다고 느꼈다. 나와 할아버지는 10여 년을 한 방에서 살았다. 초등학교 5학년 때부터 대학교 3학년 때까지 짧지 않은 기간이었다. 정서적으로 우리의 삶은 너무도 친밀했지만, 신앙의 측면에서는 성과 속의 양 극단에 있다는 느낌을 주기에 충분한 시간이었다.

결국 나는 문과 대신 이과를 선택했고, 공대를 진학하고자 했다. 가족 중 누구도 말리지 않았다. 수학에는 별 흥미가 없었지만 생물학이나 천체물리학 등에는 첨예한 관심이 있다고 믿었기에 나는 내 선택에 추호의 의심도 없었다.

그래서 잘 알지도 못하면서 당시 유망한 전공이라 소개되었던 명문대 재료공학과에 지원하였다. 하지만 진학에 실패하였고, 종로학원에서 재수를 하게 되었다. 당시 학원은 백 명 가까이 들어가는 교실에 재수생을 마치 콩나물시루처럼 가두어 놓은 '우리' 같이 느껴졌다. 나는 밤마다 Y대가 있는 근처 신촌으로 가서 친구들과 어울리는 일을 즐겼다. 적당히 놀면서 해도 Y대 공대 진학은 충분히 가능하다고 자만했던 것 같다. 그러나 현실은 그렇지 않았다.

결국 재수를 해서도 Y대 공대 진학에 실패한 나는 대학 진학도 하기 전에 군에 입대하기로 결심했다. 3대 독자였던 나는 당시 6개월만 단기사병으로 근무해도 되었기 때문이었다. 소위 '6개월 방위사병'으로 근무를 시작한 나는 동사무소가 아닌, 경기도 남양주시 금곡동에 있는 육군 제73사단으로 배치되었다.

당시 수도방위사령부 사령관은 내가 다니던 모 교회의 교인이셨고, 부친과 막역한 친구 사이였다. 부친은 특별한 부탁을 하셨다. 아들이 군대를 너무 짧게 가는데, 꼭 군종사병으로 배치될 수 있도록 힘써 달라고 '청탁'을 하신 것이었다.

지금 생각해 보면 3성 장군 사령관이 예하부대에 배치된 일개 6개월 방위사병을 군종사병으로 만드는 일은 너무나도 하찮은 일이었을 것이다. 가끔 그런 부탁을 했던 선친의 마음은 어떠셨을까 헤아려 본다. 부탁을 받은 사령관도 오랜 친구의 처음이자 마지막 부탁이니 쉽게 거절하지 못했을 것 같다.

결국 나는 위병소에 위병으로 선발되었다가 곧 군인교회로 배치되었다. 신학생이 아닌, 대학진학에 실패한 재수생 하나가 갑자기 군종사병으로 배치된 것은 모두를 어색하게 했다. 이내 3성 장군의 입김으로 배치된 병사라는 소문이 났고, 모든 상급자의 눈총을 받았다. 게다가 6개월 방위사병으로 배치된 나보다 군인교회의 최고참인 군종사병(당시 병장)이 더 늦게 제대하는 것이 아닌가?

주위 모든 사람에게 눈엣가시 같은 군종병 생활을 할 수밖에 없었다. 아버지가 원망스럽기도 했다. 인사처나 감찰부로 보내 달라고 하시지, 왜 하필 군인교회란 말인가? 군인교회에는 나 말고 군종사병이 두 분 더 있었다. 그중 방위사병인 군종은 내게 마치 할아버지를 연상케 하는 자애로운 분이었다. 당시 이범성 일병은 장로회신학대학교 대학원을 마치고 입대하여 내게는 큰 형 같은 연배였다. 웬일인지 이 일병에게서는 자꾸 할아버지의 모습이 겹쳐 보였다. 주말에 밖에서 만난 이 일병은 신체장애가 있는 여자 친구를 업고 다니면서 연애를 했던 것이 참으로 인상적이었다. 제대한 후, 이 일병은 부모의 반대에도 친구들의 축복 속에서 여자 친구와 결혼하였고, 독일 유학길에 올랐다. 현재는 실천신학대학원 대학교 교수로 재직 중이다.

이 일병은 당시 구약신학을 전공한 대학원생이었는데, 사회적인 의식이 상당해 보였다. 구약 연구도 이스라엘 역사를 한반도의 통일 문제와 연결하여 해석하기 위함이라고 했다. 뼈 속까지 성속이원론을 품고 살아 온 나에게 이 일병같이 거룩한 사람이 세속적인 세상문제에 깊이 개입하려는 모습이 낯설기도 했다.

그러던 어느 날, 이 일병이 내게 책 한 권을 건네주었다. 39세에 나치 정권에 의해 순교한 독일 신학자 본회퍼의 『옥중서간』이었다. 신학자가 쓴 책이었지만, 교리적인 책은 아니었다. 나치에 온몸으로 저항한 젊은 신학자의 실존적인 고민이 담겨 있는 책이었다. 특별히 성화, 즉 거룩하게 된다는 것은 세상을 등지는 것이 아니라는 주장이 내게 큰 충격을 주었다.

2. 처음 접한 신학자 본회퍼, 성속이원론을 극복하다

나는 그때까지 세상과 종교는 반대편에 있다고 인식하며 살아 왔다. 종교적인 삶을 산다거나, 성직의 길을 걷는다는 것은 세상과 결별하는 일인 줄 알고 있었다. 하지만 내가 처음 접한 신학자 본회퍼는 완전히 반대의 주장을 하고 있었다. 거룩하게 되기 위해서는 세상에 깊이 개입해야 한다고 하니 말이다. "예수는 우리를 '종교'로 부른 것이 아니라, '삶'으로 불렀다."는 본회퍼의 말은 엄청난 여운이 되어 내 무의식을 뒤흔들었다.

본회퍼는 "기독교와 일반적인 종교는 다르다."고 주장하였다. 일반적인 종교가 이 세상보다 저 세상에 관심을 높인다면, 이는 기독교와는 다르다는 것이다. 일반적인 종교가 소외된 이웃보다는 내 자신의 구원에만 관심을 높인다면, 이는 기독교와는 다르다는 것이다. 이런 기독교의 '비종교화(非宗敎化)'는 내 기독교 신앙의 전복적인 변화를 가져 왔다.

내가 고민하며 도피했던 기독교와 성직에 대한 이해는 알고 보니 일반적인 종교의 관점을 반영한 것이었다. 이런 깨달음은 내게 어마어마한 자유를 주었다. '진리를 알게 되면 그 진리가 우리를 자유하게 한다.'는 요한복음 말씀이 딱 들어맞는 듯했다. 기독교의 성화는 세상을 등지고 외딴 곳에서 기도하는 모습이 아니라, 세상 한가운데서 이웃의 아픔을 나누고 치유하는 모습이라는 진리는 나의 부적절함을 덜어 주는 일이기도 했다.

나 같은 인물도 거룩해질 수 있다는 확신, 그리고 신학을 통해 세상을 변화시키고 싶다는 소망이 생겨났다. 짧은 군 생활이 마감될 즈음 내게 '나도 신학을 해 볼 수 있겠다.'는 용기가 생겨났다. 오랫동안 나의 무의식 속에 무겁게 자리 잡았던 성속이원론이 어느새 수면 위로 올라와 새로운 기독교의 비전으로 재형성되었다.

내가 예수를 단순히 한 '종교'의 창시자로 여겼다면 나는 여전히 성과 속을 나누어 생각하고, '예수천당' 혹은 '불신지옥'을 외치는 기독교에 대한 불편함을 느꼈을 것이다. 하지만 놀랍게도 갈릴리의 예수는 '종교'를 멀리 하셨다. 예수는 당시 삶과 유리된 '종교'를 신봉했던 유대교 지도자들에게 강한 저항감을 보이셨다. 그가 소외된 이웃들의 일상적인 '삶'에서 완성시킨 율법은 새로운 기독교로 다시 태어났다.

막상 신학을 공부하겠다고 했더니, 장로교 집안인 외가와 감리교 집안인 친가는 각기 장로회신학대학과 감리교신학대학으로 진학하기를 희망했다. 그러나 나는 1987년에 연세대학교 신과대학 신학과에 입학했다. 초교파 신학교육기관인 연세대학교 신과대학은 졸업 후 내가 스스로 교단을 정할 수 있도록 신학을 폭넓게 접할 수 있는 최적의 학교였다.

1학년이었던 그해, 이한열 열사가 시위 진압 최루탄에 맞아 사망하는 사건이 발생했다. 이한열 열사는 나와 동갑의 학생이었다. 종로학원에서 재수한 후, 1986년에 연세대 경영학과에 입학하여 2학년에 재학 중이었다. 연세대학교는 민주화운동의 메카가 되었고, 그 중에서도 신과대학은 총학생회와 함께 이한열 열사 장례식을 준비하는 일에 주도적인 역할을 했다.

당시 연세대학교에서 시작된 이한열 열사의 장례식은 1987년 6월 항쟁의 절정을 이루었다. 수많은 대학생과 시민들이 함께한 장례행렬은 이제는 철거된 삼일고가도로를 넘어 시청에 이르렀다. 시청에 모인 인파가 백만 명을 육박했다. 그 시절 민주화의 봄은 오래 가지 않았고, 학내 시위 또한 끊일 날이 없었다.

나는 이런 분위기 속에서 대학 시절 내내 시위와 수업거부운동 등으로 학업에 전념하기 어려웠다. 최루탄 연기가 늘 자욱한 연세대학교에서 신학을 시작했던 나는 자연스럽게 '신학이란 필시 교실이 아니라 현장과 거리에서 이루어져야 한다.'는 당위성을 느끼기에 충분했던 것 같다. 그래서일까? 성실하게 교회생활하면서 신학생으로서 청소년을 지도하는 일도 나름 열심히 했지만, 신학 전공 중에서 삶의 문제를 가장 치열하게 다루는 실천적 연구 분야라고 느껴진 전공분야에 관심을 갖게 되었다.

바로 기독교사회윤리 과목이었다. 민주화운동이 한창이던 시절, 사회정의에 대한 인식과 성찰은 모든 신학생의 관심사였는지도 모르겠다. 나는 당시 연세대 사회학과에서 종교사회학을 가르쳤던 정재식 교수를 만나게 되었다. 그는 기독교사회윤리학을 전공한 신학자이면서, 종교사회학과 사회변동이론 등을 강의하는 사회학자였다. 이 연구 분야는 내가 본회퍼를 통해 회심하게 된 '새로운 기독교에 대한 비전'을 펼치기에 최적의 전공 같았다. 나는 대학교 4학년 때 이런 사회윤리학과 종교사회학을 더 심도 있게 공부하기 위하여 미국유학의 꿈을 꾸기 시작했다.

3. 정신분석학과의 만남, 종교와 삶이 화해하다

묘하게도 내가 유학을 준비하던 해에 연세대 사회학과에서 10년간 가르치시던 정재식 교수는 미국의 대표적인 감리교대학인 보스턴대학교 신학대학원 사회윤리학 교수로 자리를 옮기셨다. 그 대학에는 세계적인 종교사회학자 피터 버거(Peter Berger)가 석좌교수로 가르치는 곳이기도 했다.

2년 뒤, 나는 미국 연합감리교단에서 성직을 하는 것을 목표로 하고, 미국 감리교단의 13개 공식 신학대학원 중 가장 긴 역사와 전통을 가진 보스턴대학교 신학대학원에서 입학허가를 받았다. 나는 연세대학교에서 뵈었던 정재식 교수를 다시 만났고, 세계적인 석학 피터 버거의 강의를 직접 현지에서 들을 수 있는 기회를 엿보았다.

하지만 운명의 장난인지 정재식 교수의 과목은 고학기가 되어야 들을 수 있었고, 피터 버거는 워낙 외부강연이 많아서인지 교내에서는 그분의 그림자도 만날 수 없었다. 일단 나는 다른 기초과목들을 먼저 듣게 되었다. 성서신학과 신학을 위한 서양철학 등의 필수 과목을 먼저 들었다. 그러던 중 우연히 선택한 과목이 내 마음을 사로잡았다.

바로 '종교와 정신건강'이라는 과목이었다. 이 과목에서는 프로이트의 정신분석학과 융의 분석심리학을 심도 있게 다루고 있었다. 그 중에서도 한 권의 책을 통해 나는 그간의 모든 고민과 목마름을 한방에 해결해 주는 듯한 해갈을 맛보았다.

4대째 기독교 집안의 3대 독자라는 것이 멍에와 같았던 20세에 접한 본회퍼의 명제, 즉 "예수는 우리를 '종교'로 부른 것이 아니라 '삶' 가운데로 부르셨다."는 그의 통찰은 나를 서서히 신학의 길로 이끌었다. 그리고 나를 숨 막히도록 답답하게 옥죄던 종교의 '멱살'에서부터 숨통을 틔울 수 있었다. 그러나 신학생으로서 고민했던 대학 시절 내내 나는 삶의 부조리와 아픔을 접할 때마다 더욱 '맹목적'으로 사주하고, 심지어 '폭력마저 주문'하는 종교의 횡포에 심심찮게 답답했었다.

본회퍼가 음미한 바 예수가 부르신 '삶'의 현장은 어디일까? 나는 그게 그저 '바깥세상'인 줄 알았다. 하지만 그 삶의 현장 가운데 서 있는 인간은 결국 다시 종교를 등지고 만다. 삶의 현장에서 가슴 벅차게 고백할 수 있는 종교는 없었다. 결국 대학 시절 내내 나의 신학은 '종교와 삶의 다리'를 놓을 수 없었다. 이런 나의 갈증이 해결되지 않은 채, 나의 신학은 힘겹게 굴러 보스턴까지 왔던 것이다.

미국 유학시절, 영어로 처음 읽은 프로이트의 원전 『문명 속의 불만(*Civilization and its Discontent*)』은 내게 본회퍼가 거부했던 '종교'의 세계와 그가 종교인을 인도하려 했던 '삶'의 세계가 인간 내면에서 어떻게 얽혀 있는지에 대한 해답을 던져 주는 듯했다.

특히 제1차 세계대전 발발 6개월 뒤 프로이트가 경험한 환멸(disillusionment)에 대해 고발한 「전쟁과 죽음에 대한 고찰」이라는 프로이트의 소논문은 현대 문명과 종교인의 위선을 면도칼로 도려내는 듯 비판의 날을 세운 논문이었다. 내가 그토록 풀지 못한 나의 '종교'와 '삶'의 방정식에 해법을 제시하는 서광이 비쳤다.

지금도 나는 왜 프로이트가 일평생 종교를 비판적으로 보았는지 궁금해 하는 이들에게 혹은 프로이트의 사상을 무조건 터부시하는 모든 종교인에게 이 소논문부터 꼭 한번 읽어보도록 권한다. 그는 유럽인들이 경험한 전쟁과 죽음을 통해 인간이 가지고 있던 '종교'와 '삶'의 부조리를 고발하고 재해석하는데, 이런 역사는 지금도 계속되고 있기 때문이다.

프로이트는 그가 목격한 유럽 기독교 국가 간의 '적도 모르는 전쟁'이, 우리가 나중에 얻어 입은, 문명의 옷을 발가벗기고 우리 모두의 마음속에 있는 원시인을 노출시켰다고 고발한다. 인간의 내면 깊숙이에 있는 본능적인 '삶'을 바로 깨닫지 못하면 우리는 폭력적인 '종교'를 가공할 수밖에 없다. 인간은 아직도 여전히 가장 종교적인 명분을 가지고 자살테러도 감행하고 전쟁도 일으키지 않는가? 그래서 예수는 율법의 잣대로 비난을 일삼는 종교인들에게 '사람(삶)이 안식일(종교)을 위하여 존재하는 것이 아니다.'라고 명백하게 선포하시지 않았던가? 이것은 '삶을 매도하는 종교는 의미 없다.'는 강력한 선포였다. 예수는 단 한 번도 종교적인 명분을 내세우며 한 개인의 생존과 본능적인 삶을 외면하지 않으셨다.

교수가 되어서 내가 처음 출판한 저술도 바로 프로이트에 대한 문고관 도서였다.[1] 왜 하필 신학자가 무신론자에 관한 책을 썼느냐고 혀를 차는 분도 있을 것이다. 하지만 속으로 나는 이렇게 감사기도를 드릴지도 모른다. "주님, 아시지요. 프로이트가 아니었으면⋯⋯." 나는 아직도 프로이트가 나의 종교를 그리고 나의 신학을 끝없이 의심하며 재해석하도록 하나님께서 보내주신 '몽학선생'이라고 믿는다. 적어도 '나'를 위해서는 말이다.

나는 대학원에서 '종교와 정신건강' 수업을 마치면서 전격적으로 전공을 바꾸기로 마음먹었다. 종교사회학과 사회윤리학에서는 거대담론으로만 다루었던 인간의 '삶'이 정신분석학과 종교심리학에서는 훨씬 더 미세하게 다가왔다. 마치 3인칭 복수로만 다룬 '그들'의 먼 나라 이야기가 아닌 1인칭 '나'의 문제로 보다 세밀하게 되돌아보도록 만들었던 것 같다. 내게는 마치 코페르니쿠스적인 인식의 전환이었다.

이즈음 각자의 길을 가던 '종교'와 '삶'을 내가 화해시킬 수 있을 것 같은 묘한 자신감이 생기기 시작했다. 보스턴대학교 신학대학원의 목회학석사(M.Div.) 과정은 두 번째 학기가 되면 전공집중트랙(specialized track)을 정하여 한 분야의 과목들을 8과목까지 수강하게 허락해 주는 프로그램이 있었다. 나는 즉시 목회상담학 분야에 집중하겠다는 제안서를 제출했다. 다행히 학부에서 이미 신학을 전공했다는 이유로 제안이 받아들여졌고, 나는 거의 미친 듯이 종교심리학, 정신분석학, 분석심리학, 가족치료학 등의 과목을 수강하기 시작했다. 신학의 타 전공에서 맛보지 못했던 나와 이웃들의 내밀한 '삶'의 이야기가 수강했던 과목들에서 풍성하게 다루어졌다. 계절학기 때까지 무리하게 수강하면서 6학기 동안 10과목 가까운 목회상담학 관련 과목들을 수강했다.

4. 심리학과 신학의 만남, 기독(목회)상담의 균형을 찾다

목회상담학 전공집중트랙을 신청하자 바로 지도교수가 배정되었다. 내게 배정된 지도교수는 목회상담 분야 젊은 조교수였던 캐리 도링(Carrie Doehring)이었다. 나는 도링 교수가 임용된 첫해에 개설된 목회상담학개론 과목을 수강했다. 이 과목에서 내 관심을 사로잡은 것은 당시 막 제기된 목회상담방법론에 대한 논쟁이었다. 주교재로 사용한 책은 한 해 전인 1991년에 출간된 돈 브라우닝의 『근본적 실천신학(*Fundamental Practical Theology*)』이었다.

제기된 신학방법론 논쟁은 목회상담이 심리학적인 소프트웨어에만 영혼을 빼앗긴 현실에 대한 비판에서 출발하였다. 목회상담 임상가나 연구자들이 하드웨어라고 할 수 있는 신학에 방법론적인 근거를 두지 않고 임상적 방법론들, 즉 심리학 이론들에만 근거한다면 일반상담과 다른 점이 무엇인지 반문하였다. 이는 중대한 정체성 논의로 이어졌다.

당시 보스턴 신학대학원의 목회상담학 분야 원로교수였던 머얼 조던(Merle Jordan) 교수는 그의 책 『신들과 씨름하다(*Taking on the Gods*)』에서 목회상담사나 기독상담사를 '펜실베니아 인디언'에 비유한 적이 있다. 이들은 광대한 무연탄 지역에 거주하면서도 그 자원을 유용하게 활용하지 못하고 불을 마련하기 위하여 마른 잔가지를 모아 마찰시켜 가면서 미련하고 힘들게 노력했다는 것이다.

그는 왜 이런 비유를 사용했을까? 조던의 비유는 미국의 목회상담과 기독상담의 양 극단을 적절하게 비판하고 있다. 당시 미국의 목회상담사들(pastoral counselor)이 광대한 '신학의 광산'에 있으면서도 이를 적절히 활용하지 못하고 심리학에만 의존하는 것을 지적하고자 한 것이다. 물론 그 반대도 가능하다. 일부 미국의 보수적인 기독상담사들(Christian counselor)은 광대한 심리학적 자원을 전혀 활용하지 못하고 성경적 상담에만 의존하는 점도 지적하고 있는 것이다. 조던은 이 비유를 통하여 심리학과 신학을 모두 적절히 사용하는 균형감 있는 방법론의 필요성을 잘 지적하고 있다.

나는 처음 한국에 와서 목회상담과 기독상담의 구분이 북미와는 다른 경향이 있음을 발견했다. 목회상담사는 안수 받은 목회자가 받는 자격이고, 기독상담사는 평신도 상담사가 받는 자격으로 단순하게 구별하는 것이다. 하지만 목회상담이나 기독상담은 모두 정신분석학이나 인지행동치료 혹은 가족치료 등과 같은 임상적인 소프트웨어를 다양하게 사용할 수 있지만, 이들을 작동시키는 하드웨어로는 필시 신학방법론을 가져야 하는 동일한 서비스체계다. 그래서 나는 '기독(목회)상담'이라는 말을 즐겨 사용한다.

조던은 그의 고전적인 명저 『신들과 씨름하다』의 부제를 '목회상담사의 과제'라고 붙였다. 그에게 목회상담사란 하나님을 다루는 실천신학 전문가다. 우리를 찾아오는 내담자 안에는 수많은 왜곡된 하나님에 대한 표상, 신념, 강박 등이 존재한다. 이런 심리 내적인 우상들(psychic idols)을 극복하기 위해서는 그 심리학적인 기원을 충분히 다룰 수 있을 만큼 정신분석학이나 심리학적인 이해가 확보되어야 한다.

조던은 굳건한 신학적인 하드웨어를 가지고, 다양한 심리학적인 소프트웨어를 활용할 때, 비로소 균형감 있는 기독(목회)상담사가 될 수 있다고 주장한다. 이 책은 내가 유학시절에 전공을 사회윤리학·종교사회학에서 목회상담·종교심리학으로 바꾸도록 마침표를 찍게 하고, 결국 그 분야의 매력에 푹 빠지게 만든 책이었다. 이 책만큼은 꼭 내 손으로 번역하여 후학들에게 소개하리라 마음먹고 실천한 책이기도 하다.[2]

기독(목회)상담의 신학방법론 논의의 선봉에 선 사람으로 단연 돈 브라우닝을 꼽을 수 있을 것 같다. 그는 실천신학 방법론의 재발견이 목회상담 및 기독상담 분야가 정체성을 찾는 길이라고 주장하면서 북미와 유럽의 실천신학 운동을 주도했다. 또한 그는 목회상담이 지나치게 정신분석학과 일반 심리학에 경도되면서 '윤리적인 차원'을 상실했다고 주장했다. 목회상담사는 그저 내담자를 심리적으로 안정된 상태로 이끌면 되는 것이 아니라 자신이 추구하는 가치체계와 방향성에도 개입하는 전문가여야 하기 때문이다.

보스턴대학교 신학대학원에서 목회상담 전공으로 석사학위를 받을 때 쯤, 나는 돈 브라우닝 지도하에 박사학위를 취득하고픈 강렬한 열망이 생겼다. "기독(목회)상담은 근본적으로 실천적인 신학방법론을 기초로 전개해야 한다."는 그의 주장을 목회상담 분야 첫 개론시간부터 접해 왔고, 그가 실천신학방법론의 한 모형으로 제시한 5단계의 '실천적 도덕적 사고(practical moral thinking)'는 신학과 심리학을 균형감 있게 사용하는 최적의 방법론이라는 확신이 들었기 때문이었다. 또한 대학 시절 내내 마음속에 품었던 윤리적 관심과 사회과학적 관심도 브라우닝 교수의 방법론 안에서 다 소화될 수 있으리라는 기대도 생겼다.

나는 브라우닝 교수가 재직 중인 시카고대학교 신학부 박사과정에 지원했다. 보통 박사과정 지원 시 여러 학교를 지원하는 것이 상식이었지만, 나는 주위의 만류를 뿌리치고 고집을 부리며 단 한 군데만 지원하였다. 지금 생각해 보면 왜 그리 근거 없는 자신감을 가졌을까 싶은데 그만큼 브라우닝 교수가 제시하는 실천신학 방법론에 대한 관심과 기대가 컸던 탓인 것 같다. 그래도 박사지원에 실패할 경우를 대비해서 근처 하버드대학교와 예일대학교, 프린스턴신학대학원의 신학석사(Th. M) 1년 과정을 지원해 놓았다.

박사과정 지원의 최종 결과가 나오기 얼마 전 나는 전화 한 통을 받았다. 놀랍게도 전화를 건 사람은 돈 브라우닝 교수였다. 책에서만 읽고 동경했던 인물에게서 직접 전화를 받는 일은 전혀 생각지도 못한 일이었다. 안 그래도 더듬대는 영어가 더 기어들어갔던 것은 말할 나위도 없다. 브라우닝 교수는 내가 쓴 학업계획서의 내용을 몇 가지 물은 후 다음이 말했다. 즉, 연구주제가 자신과 잘 맞는지 시카고대학교 석사과정으로 진학하여 공부한 후 박사과정 진학을 최종 결정하면 어떻겠냐는 것이었다.

무식하면 용감하다고 했던가? 나는 혹시 시카고대학교에서 석사학위를 마치면 자동적으로 박사학위과정으로 연결되는지 물었다. 브라우닝 교수는 가능성이 높아질 테지만 확신할 수는 없다고 말했다. 대화를 정리해 보니 박사과정 입학은 무산되었고 석사과정으로 진학한다면 조건부로 입학을 허가하겠다는 말이었다.

수소문해 보니 시카고대학교는 박사과정 선발 시 동 대학의 석사 과정 졸업생을 꼭 일정 인원 선발한다는 정보를 접할 수 있었다. 결국 나는 몇 날을 고민한 끝에 시카고대학행을 포기했다. 기약 없이 미국 중부로 옮겨 가면서까지 또 다른 석사를 하는 것은 무리라는 생각에서였다.

5. 한 개인의 삶을 중심으로 한 3차 신학, 기독(목회)상담의 뼈대를 찾다

결국 나는 시카고대학교 박사과정 진학에 실패하고 보스턴대학교 길 건너편에 있는 하버드대학교 신학대학원의 신학석사(Th. M.)과정으로 진학하게 되었다. 당시 예일대학교와 프린스턴신학대학원에서도 신학석사과정 입학허가를 받고 상당한 장학금까지 주겠다는 연락이 왔었다. 그러나 하버드대학교에서는 한 푼의 장학금도 없이 자비로 공부하는 조건이었다. 하버드대학교 장학처를 찾아가서 타 대학에서는 장학금을 받았으니 하버드에서도 줄 수 없겠냐고 통사정을 했다. 하지만 하버드대학교 장학처 직원은 진지하게 장학금을 제공하는 예일대학교로 진학하라고 권하였다.

그럼에도 나는 하버드대학교에 진학하기로 마음먹었다. 명문대학교 간판을 따기 위해서만은 아니었다. 일단 보스턴대학교 신학대학원 졸업과 동시에 미국 연합감리교단에서 안수를 받게 되어서 그 지역을 떠날 수가 없었다. 장학금 없이 학자금을 조달하기는 힘에 겨웠지만,

음악석사를 막 취득한 아내가 집 근처 식료품가게에서 풀타임으로 일을 하기로 결정하면서 하버드대학교 진학이 가능해졌다. 이때 아내에게 진 마음의 빚을 나는 지금도 늘 고맙게 생각하며 살고 있다.

하버드대학교 신학대학원에 진학하면 꼭 만나고 싶은 신학자가 있었다. 당시 나는 제대로 된 기독(목회)상담사가 되려면 신학방법론의 뼈대를 세우는 일이 가장 중요하다고 여겼다. 그래서 신학 분야 전반에 걸쳐 신학방법론 논쟁의 한가운데 서 있었던 하버드대학교의 고든 카우프만(Gordon Kaufman) 교수 지도하에 조직신학 논문을 써 보고 싶었다.

하버드대학교 신학대학원은 논문 작성을 해야 하는 신학석사(Th. M.) 프로그램이 세 분야로 나뉘어져 있었다. 영역 1은 '경전과 해석'이고, 영역 2는 '기독교와 문화' 그리고 영역 3은 '세계 종교'였다. 나는 영역 2에서 조직신학 및 영성과 관련된 과목을 수강했고 신학방법론과 관련된 논문을 작성했다. 내가 하버드신학대학원에 입학했을 때는 막 카우프만 교수가 은퇴한 직후여서 그를 논문지도교수로 배정받을 수는 없었다. 결국 당시 첫 한국 방문을 앞두고 있던 하비 콕스(Harvey Cox) 교수와 카우프만 교수 후임으로 하버드에 임용된 영국 신학자 사라 코클리(Sarah Coakley) 교수의 논문지도를 받았다.

카우프만 교수가 제시하는 신학방법론 변천에 대한 이해는 내가 상담방법론의 신학적 하드웨어를 이해하는 데 큰 영향을 미쳤다. 카우프만은 신학을 1차 신학, 2차 신학 그리고 3차 신학으로 이해했다. 1차 신학은 신 존재 중심의 방법론이요, 2차 신학은 인간의 인식 중심의 방법론이다.

1차 신학은 신학의 근본이다. 신학은 하나님의 존재를 전제해야 가능한 학문이다. 신 존재를 증명하는 일보다 더 중요한 신학적인 과제는 없다고 볼 수 있다. 신학은 하나님의 존재를 전제해야 가능한 학문이다. 신학은 중세까지 이렇게 신 존재 증명의 학문의 틀을 벗어나지 못했다. 근대 철학의 발달은 신학의 또 다른 변천을 가져왔다. 데카르트의 명제 '나는 생각한다, 고로 존재한다.'는 존재 그 자체가 아니라 존재한다는 것을 아는 것이 더 중요함을 밝힌 것이다. 생각하는 주체가 없으면 행위 자체가 일어날 수 없기 때문이다. 2차 신학은 하나님의 존재보다 인간의 인식을 더 중요한 신학의 과제로 삼는다.

어느새 신학은 어떻게 하나님을 인식하는지에 대한 방법론에 더 큰 관심을 가지기 시작했다. '하나님이 스스로를 드러내시는 계시를 인간이 어떻게 알 수 있을까?' 이것이 가장 중요한 2차 신학의 주제다. 자연계시를 주장하는 신학자들은 자연을 통해 하나님을 알 수 있다고 주장하고, 특수계시를 따르는 신학자들은 독생자 그리스도를 통해 특별하게 계시하신다고 이해한다. 인간의 이성을 통해 그리고 다양한 학문적인 접근을 통해 신학은 학문적인 틀을 잡아갔다.

1차 신학적인 틀을 가진 기독(목회)상담은 신 존재 중심의 방법론이다. 성경주의 상담은 신의 존재와 그 분의 일하심에 집중한다. 내담자의 고통에 직접 개입하는 분은 바로 하나님이시다. 상담사의 역할은 내담자에게 그분의 임재를 선포하는 일이다. 때때로 내담자가 어렵게 고백한 내면의 상처를 접할 때, 상담사는 하나님께 의지하고 적절한 성경을 묵상하라고 개입할 수 있다. 1차 신학을 기초로 한 기독(목회)상담은 다분히 보수적인 경건주의 신학의 모습을 반영한다.

2차 신학적인 틀을 지닌 기독(목회)상담은 어떤 모습일까? 바로 정신분석학이나 정신의학 혹은 심리학 등의 다양한 인식의 틀로 인간의 고통을 재조명하는 방법론을 취한다. 어느새 하나님의 존재나 임재는 치료의 과정에서 중요한 의미를 상실한다. 하나님의 존재 대신 인간의 고통을 인식하는 다양한 방법이 더 중요해진 것이다. 신학은 더 이상 기독(목회)상담의 모체가 아니다. 대신 심리학이 그 자리를 대체한다.

앞서 머얼 조던 교수가 비판한 기독상담사나 목회상담사의 극단적인 모습은 바로 1차 신학만을 혹은 2차 신학만을 고수하는 균형감 잃은 신학적 모형이라고 할 수 있다. 하나님의 존재만을 강조하고 성경과 기도만을 강조하는 1차 신학적인 모형이나 인간의 다양한 심리학적 인식이나 임상적인 개입만을 강조하는 2차 신학적인 모형 모두 인간의 심리적인 제 문제를 통전적으로 이해하기 어렵다.

카우프만은 왜 3차 신학을 제시하게 되었을까? 현대의 신학은 또 다른 모습으로 변천하여 왔기 때문이다. 근대철학 이후 현대는 인간 개개인의 실존에 첨예한 관심을 가지기 시작했다. 근대철학에서 말하는 보편적인 인간은 한 개인의 특수성과 인간의 무궁무진한 다양성을 모두 포괄할 수 없었다. 인지의 기능을 상실한 발달장애인은 어떻게 된다는 말인가? 존재하지 않는 것인가? 인식의 성별 차이, 인종 간 인식의 차이는 어떻게 이해할 것인가? 우리는 근대에서 그렇게 주목받던 인간의 보편적인 인식 기능은 이제는 도무지 가능할 것 같지 않은 다양성의 시대를 살고 있다.

3차 신학은 인식의 주체가 되는 보편적 인간이 아니라 한 개인의 특수한 삶을 중심으로 전개하는 방법론이다. 하나님을 인식하는 방식

또한 모두가 동일한 방식으로 이루어지지 않고, 각자만의 방식을 취하게 마련이다. 여성과 남성은 하나님을 다르게 인식한다. 3살 아이의 하나님 인식과 노인의 하나님 인식 또한 동일하지 않다. 하나님을 인식하는 보편적인 방법이란 존재하지 않는다.

하나님이 스스로를 계시하는 보편적인 방법도 더 이상 존재하지 않는다. 개개인에 따라 하나님은 새롭게 재구성될 수밖에 없다. 남성으로만 여겨지는 하나님의 보편적인 모습은 어느 특정 개인에게는 인식이 불가능해지고 만다. 예컨대, 남성에게 심한 성적인 학대를 경험한 여성 내담자에게 하나님을 남성으로 받아들이는 것 자체가 더 큰 불안을 동반하게 만든다. 3차 신학이 주로 사용하는 신학의 자원은 인간의 상상력(imagination)이다. 때로 어느 내담자에게는 하나님을 여성으로 상상하도록 돕는 것이 3차 신학의 방식이다. 그래야 그 내담자가 살아날 수 있다면, 이는 매우 적절한 신학적인 작업이다. 한 영혼의 삶을 죽음으로 몰지 않고, 살릴 수 있기 때문이다.

기독(목회)상담을 연구하는 학문은 바로 3차 신학의 방법론을 따르는 목회신학이요, 실천신학일 수밖에 없다. 하나님의 존재만을 강조해서는 안 된다. 그렇다고 다양한 심리학적인 인식, 사회과학적인 인식이 초점이 되어서도 안 된다. 한 개인의 삶에서 그가 상상하는 새로운 하나님 경험이 치유의 가장 중요한 과정이다. 조직신학자 카우프만은 의도하지 않았겠지만, 그가 제안한 3차 신학의 모습은 내게는 기독(목회)상담을 연구하는 목회신학자나 실천신학자들이 뼈대로 삼고 추구해야 할 신학방법론으로 여겨졌다.

6. 상담과 목회상담의 첫 출현,
신학이 그 중심에 서다

하버드대학교 신학대학원에서의 신학방법론에 대한 탐구는 3차 신학적인 성찰이 내가 목회하거나 상담하는 개개인의 삶으로부터 유리될 수 없는 필수 요소임을 알게 하는 귀중한 경험이었다. 특히 카우프만이 신학방법론에서 가장 중요한 요소로 인간의 상상력(human imagination)을 제시한 것은 가히 파격적인 주장이었다. 현대 이전의 신학자들은 신학의 가장 중요한 자원이 하나님의 계시(revelation)라고 믿어 왔기 때문이다.

미국에서 처음으로 '목회상담(pastoral counseling)'이라는 용어를 만든 사람은 1950년대 초 시카고대 신학부 목회신학 교수였던 시워드 힐트너였다. 같은 대학교 심리학과에서 가르치면서 '상담(counseling)'이라는 용어를 처음 제안했던 칼 로저스로부터 긍정적인 영향을 받았음이 분명하다.

힐트너는 당시 신학계에 등장한 새로운 상상력의 신학, 즉 과정신학(process theology)에 매료된 신학자였다. 과정신학은 과정철학의 영향을 받아 철학의 오랜 주제였던 '존재(being)'보다 '과정(becoming)'이 '실재(reality)'를 이해하는 데 훨씬 근본적이란 점에 초점을 둔다. 과정철학과 과정신학의 발전에도 시카고대학교가 중심에 있었다.

1920년대 후반과 1930년대 초에 소위 시카고학파의 자유주의적이고 경험적인 유신론에서 비롯된 과정철학은 찰스 하트숀(Charles

Hartshorne)에 이르러 양극적 성격의 신성(bipolar nature), 즉 변치 않는 무변성뿐 아니라 가변성을 지닌 하나님을 상상하게 된다.

구약성서에서도 신은 인간의 경험을 전혀 느끼지 못하는 무감각한 무변성의 절대자가 아니다. 하나님은 인간의 고통에 신음하시고 비탄에 빠지는 모습으로 그려진다. 하나님의 절대적인 존재보다 하나님과 인간 사이의 가변적인 상호작용이 더욱 중요해지는 이유다. 과정신학은 절대성의 독립으로부터 상호 관계성에 그 신학적인 강조점을 이동시키는 파격적인 신학 운동이었다. 당시 과정신학은 가히 인간의 새로운 상상력이 가져온 신학적 혁명이었다.

힐트너는 신학의 굳건한 토대 위에 상담을 구성하려고 노력했다. 그의 제자였던 돈 브라우닝이 90년대 이후 목회상담이 신학적인 정체성을 잃어 가는 것에 거세게 반대했던 것도 시카고대학교에서 시작된 신학방법론의 영향을 받은 바 크다.

시카고대학교에서 박사학위를 받은 브라우닝은 조직신학 교수였던 폴 틸리히(Paul Tillich)의 상관관계 신학방법론과 틸리히의 후임으로 임용된 데이비드 트레이시(David Tracy)의 수정된 상관관계 신학방법론을 자신의 방법론에 적극 반영하고 있다.

20세기 최고의 신학자로 칭송받는 폴 틸리히의 신학방법론은 독창적으로 그의 머리에서 나온 것은 아니었다. 시카고대 재직 시절 힐트너, 로저스 등 당대 최고의 심리학자들과 교류하면서 신학과 심리학의 상관관계에 깊은 학문적인 관심을 가졌던 것이 그의 신학방법론을 만드는 데 직간접적인 영향을 미쳤다. 틸리히와 미국의 실존주의 심리학자 롤로 메이(Rollo May)와의 각별한 친분은 잘 알려진 바다. 당대 심리학자들에게 영향을 미쳤던 정신분석은 인간의 실존적인 불안, 강박과 죄책감에 대한 수많은 질문을 쏟아냈다. 틸리히는 이런 개인의 실존적인 질문들에 대하여 그리스도를 통한 하나님의 무조건적인 용납, 그리고 속죄하여 의롭게 여겨 주시는 은총의 신학으로 연결하여 해답을 주려고 시도하는 상관관계 신학방법론을 만들게 되었던 것이다.

나는 가끔 일반인들에게서 '상담학을 연구하는 학자인데 왜 심리학과나 교육학과가 아닌 신학과에서 가르치느냐?'하는 질문을 받곤 한다. 그러면 나는 1940년대 시카고대학교에서 처음 시작된 상담 운동이 이렇게 수많은 신학자들과 심리학자들의 대화의 노력에서 비롯되었다는 점을 알려 준다. 특히 '상담(counseling)'이라는 단어를 처음 사용한 칼 로저스는 성직자가 되기 위하여 미국 뉴욕 유니온 신학교에 진학하여 2년간 신학공부를 했던 신학생이었다. 인류 '치료사(治療史)'에서 생물학적인 생명을 치료하는 의학과 더불어 인간의 영원한 생명, 즉 영혼을 치료하는 역할은 오랫동안 성직자의 몫이었던 점을 감안하면 상담의 임상적인 실천에 있어서 신학의 역할은 어쩌면 너무도 당연한 일인지도 모른다.

하버드 신학대학원에서 석사학위를 취득한 후, 나는 속해 있던 미국 연합감리교단의 파송을 받아 미국 북동부 메인 주의 한 미국인 교회의 담임목사로 섬기게 되었다. 3년간 목회에 전념하면서 이론적으로 익혔던 목회적 돌봄과 상담을 현장 목양지에서 마음껏 펼쳐보는 축복을 누렸다. 따뜻하고 사랑 많은 교인들 덕분에 나는 3년간의 행복한 목회경험을 누렸다.

나는 내가 속해 있는 연회감독(bishop)의 허락을 받아 박사과정에 진학할 수 있는 기회가 주어졌다. 다시금 여러 해 전 꿈꾸었던 시카고 대학교 박사과정에 관심을 가지게 되었다. 5~6년 만에 다시 돈 브라우닝 교수에게 연락을 취했다. 하지만 브라우닝 교수는 3~4년 후 은퇴할 계획이라고 밝히면서 더 이상 박사과정 지도학생을 받을 수 없다고 하는 것이 아닌가? 아쉬운 마음이 하늘을 찔렀다.

나는 사회학의 시카고학파와 과정철학의 시카고학파, 그리고 신학과 목회상담 분야에도 면면히 흐르는 시카고학파가 존재한다고 믿었다. 막연히 나도 꼭 그 전통을 이어 가리라는 야무진 꿈이 있었던 것 같다. 그래서 만약 내가 박사프로그램에 진학한다면 그곳은 반드시 시카고대학교이어야 한다는 마음을 놓지 않았던 것 같다. 브라우닝 교수가 은퇴한다 하여도 시카고대학교에 가야만 할 것 같았다.

마침 그때 나처럼 한참 동안 '시카고대학병(?)'을 앓았던 친구 하나가 전화를 걸어 왔다. 유학 첫 학기, 보스턴 신학대학원 기숙사 룸메이트였던 조엘(Joel)이라는 미국 친구였다. 이 친구는 보스턴 신학대학원을 우수한 성적으로 졸업하고, 시카고대학교 철학박사과정에 진학하기 위하여 시카고지역으로 이주까지 했다. 하지만 그는 세 번이나 지원했으나 실패했고, 결국 내가 박사과정을 지원하려던 해에 하버드대 철학과 박사과정에 입학한 친구였다.

조엘은 내게 자신의 실패담을 상세히 설명해 줬다. 시카고대학교와 그 전통에 대한 막연한 동경 때문에 정작 자신과 맞는 학교를 찾는데 3년이란 세월을 허비했다고 말이다. 그는 세 번이나 입학이 좌절된 후에 시카고대학교의 여러 철학과 교수들에게 면담을 신청했었다. 그때 자신의 학업계획과 연구방향을 듣던 시카고대의 몇 교수들이 하버드대학교가 꼭 맞는다며 시카고대학교 대신 하버드대학교를 추천했다는 것이다.

다음 해, 조엘은 거짓말처럼 하버드대학교 박사과정에 장학생으로 입학했다. 그러면서 혼자만의 생각으로 시카고대학교에 목숨 걸지 말고 브라우닝 교수를 직접 만나 면담을 해 보고 꼭 맞는 다른 학교를 추천받으라고 조언했다. 어쩌면 너무 뻔한 이야기였지만 그때 조엘의 권고가 없었다면 나는 혼자 고민하고 정말 엉뚱한 선택을 했을지 모른다는 생각을 지금도 종종 하곤 한다. 이 고마운 친구 조엘 라스무쎈 (Joel Rasmussen)은 현재 영국 옥스퍼드대학교 철학과 교수로 재직 중이다.

7. 시카고 대부 힐트너의 신학적 성찰,
뼈 속까지 흐르다

조엘의 조언대로 돈 브라우닝 교수와의 면담을 위하여 시카고대학교까지 갈 수는 없었다. 대신 브라우닝 교수에게 장문의 이메일을 보냈다. 먼저, 심리학은 물론 사회과학과 윤리학에 대한 나의 연구관심을 세세하게 적고, 전문상담사로 훈련받고 싶은 욕구와 신학방법론에 대한 탐구계획도 적었다.

놀랍게도 브라우닝 교수는 내가 보낸 이메일보다도 더 길고 상세한 답변 이메일을 보내 왔다. 감동이었다. 먼저 시카고대학교는 교내기관에서 목회상담 임상훈련을 받을 수 없기 때문에 당신에게 맞지 않는 학교라는 이야기부터 시작되었다. 뿐만 아니라 시카고대학교는 자신이 은퇴한 후로는 당분간 이 분야의 후임을 선발하지 않을 가능성도 있기에 지원할 때 신중해야 한다는 말도 덧붙였다.

그는 미국 내에 기독(목회)상담학 분야 박사프로그램을 진행하면서 학교 내에서 미국목회상담협회(American Association of Pastoral Counselors) 인증기관을 갖고 있어 임상훈련을 동시에 받을 수 있는 학교는 세 곳뿐이라는 설명도 했다. 첫 번째 학교는 내가 졸업한 보스턴대학교 대학원 박사과정이었다. 다니엘슨 연구소(Danielson Institute)라는 기관이 있어서 기독(목회)상담 임상훈련을 겸할 수 있고, 자신의 지도로 시카고대학교에서 박사학위를 취득한 크리스 슐라흐(Chris Schlauch) 교수에 대한 추천도 있었다. 두 번째 학교는 미국 버클리 지역의 9개 신학대학원의 컨소시엄인 연합신학대학원(Graduate Theological Union)이었다. 여기도 로이드센터(Lloyd Center)라는 훈련기관이 있고, 자신의 시카고대학교 초창기 제자인 루이스 람보(Lewis Rambo)를 지도교수로 추천했다. 세 번째 학교는 미국 텍사스 주에 있는 텍사스 기독대학교(Texas Christian University)의 브라이트 신학대학원(Brite Divinity School)을 추천했다. 잘 알려져 있지 않은 학교이지만 철저한 임상훈련과 신학방법론을 강조하는 전통을 가진 기독(목회)상담 분야의 다크호스라는 말도 덧붙였다. 브라우닝 교수는 세 학교 모두 이례적으로 기독(목회)상담과 종교심리학 분야 교수들이 3명 이상 포진한 학교라는 점도 강조하였다.

그의 상세한 정보는 내 인생을 바꾸어 놓았던 것 같다. 정작 전통과 명성을 자랑하는 명문대학의 박사과정에 지원하는 것보다 훨씬 더 중요한 것은 내게 적합하고 내실 있는 프로그램을 찾아내는 일이란 점을 깨닫게 했으니 말이다. 나는 이미 다녔던 보스턴대학교나 텍사스기독대학보다 버클리 연합신학대학원(GTU)에 훨씬 친근감이 갔다.

하버드대학교에서 신학석사 재학 시 신학적 상상력에 대한 관심 때문에 한 역사신학 교수로부터 '기독교역사에서의 이미지의 역할'이라는 과목을 들은 적이 있다. 수업내용이 너무나 흥미로웠고 다행히 성적도 잘 받아서 담당교수인 마거릿 마일즈(Margaret Miles) 교수로부터 박사과정 지원추천서를 미리 받아놓기까지 했었다. 그런데 박사과정을 지원하려고 준비하던 해, 하버드 신학대학원의 첫 여성종신교수였던 마일즈 교수가 버클리 연합신학대학원의 학장으로 취임했다. 마일즈 교수는 버클리 연합신학대학원에서 박사학위를 취득한 졸업생이기도 했다.

결국 나는 버클리 연합신학대학원에 지원했고 입학허가를 받았다. 등록금의 75%를 장학금으로 받는 조건이었다. 아마도 실력은 부족했지만, 3년 전에 미리 받아 놓았던 마일즈 학장의 추천서가 큰 몫을 한 것 같았다. 브라우닝의 추천대로 시카고대 출신의 저명한 종교심리학자 루이스 람보 교수가 내 지도교수가 되었다.

박사과정 코스워크가 끝나갈 때에 나는 로이드센터의 인턴프로그램에 지원했다. 당시 로이드센터는 미국 서부에는 유일한 미국목회상담사협회(AAPC)의 훈련 및 서비스 인증기관으로 알려진 센터였다. 특히 센터의 디렉터인 샌드라 브라운(Sandra Brown) 교수는 목회상담의 대부인 시워드 힐트너(Seward Hiltner)의 마지막 제자로 알려진 분이었다. 힐트너는 시카고대학교에서 11년간 교수생활을 하고, 프린스턴신학대학원으로 옮겨 20년간 가르치다 1980년에 은퇴하였다. 브라운 교수는 바로 그해에 힐트너의 지도로 박사학위를 받았다. 힐트너의 각별한 사랑을 받은 브라운 교수는 프린스턴신학대학원에서 18년을 가르치고, 로이드센터의 디렉터로 오게 된 것이다.

로이드센터에서 인턴을 하기 전부터 나는 브라운 교수에 대한 여러 가지 전설을 접했다. 프린스턴신학대학원에서 오랜 교수생활을 하면서도 결국 종신교수직을 받지 못한 이유는 임상에 대한 지나친 애착 때문이었다는 소문이 그중 하나였다. 종신교수 심사에는 연구물과 저술이 중요한데, 브라운 교수는 18년 동안 일주일에 늘 20명 이상의 내담자와 가족들을 상담하는 일을 한 번도 쉬지 않았다는 것이다. 게다가 슈퍼바이저로서 훈련 받는 상담사를 위한 지도감독도 일주일에 여러 번 하셨을 것이다. 강의하고 밥 먹는 시간 빼고는 한시도 쉬지 않고 상담만 해도 쉽지 않은 일이다. 그야말로 상담에 미친 분이라고밖에는 설명이 안 된다. 예순 살이 가까이 되도록 평생 결혼하지 않고 독신으로 상담만 하셨으니 내담자들과 결혼했다고 해야 할까?

나는 어렵게 입학한 로이드센터의 인턴프로그램의 첫 주를 잊지 못한다. 인턴과 레지던트 과정생들과 모든 센터 스태프상담사들과 정신과의사, 그리고 샌드라 브라운 교수와 함께하는 사례회의(case conference)였다. 나는 상담의 신적 경지에 이르렀다는 브라운 교수님은 어떤 피드백을 주실까 기대감을 가지고 구석에 앉아 있었다. 나는 브라운 교수의 입만 쳐다보고 있었는데 도무지 말이 없으셨다.

그 자리에 있는 모든 사람이 한마디씩 다 한 것 같은데도 브라운 교수는 좀처럼 말이 없었다. 나는 초조해지기까지 했다. 사례회의가 마무리되어 갈 때쯤 모두의 눈길이 브라운 교수에게 향했다. 브라운 교수는 천천히 고개를 들고 발표자와 눈을 맞추셨다. 그는 천천히 다음과 같이 물었다. "Where is God?" 나는 귀를 의심했다. 뭔 생뚱맞은 질문인가? 교회에서 성경 공부하는 것도 아니고 상담 사례회의에는 도무지 맞지 않는 질문이었다.

브라운 교수의 질문은 쉬지 않고 이어졌다. "Where is God in you?" 발표자 안에 계신 하나님을 찾는 질문이었다. "Where is God in your client?" 내담자 안에 있는 하나님도 찾으셨다. "Where is God in between you two?" 당신과 내담자 두 사람 사이에 하나님을 찾는 질문이었다. 모두가 정신을 못 차리고 있을 때쯤 브라운 교수는 우리 모두를 둘러보며 마지막 질문을 하셨다. "Where is God in all you guys?"

나는 브라운 교수의 질문 시리즈를 처음 접했던 날을 잊지 못한다. 그날 밤 난 잠을 이루지 못했다. 마치 속은 것 같은 느낌이랄까? 그렇게 대단하다던 브라운 교수가 너무 이상하게만 느껴졌다. 그가 한 질문들은 힐트너의 가장 사랑받는 제자라는 명성에 걸맞지 않는 너무 유치한 질문이었다고 생각한 탓이었을 것이다. 나는 이 질문을 제대로 이해하는 데 꽤 긴 시간이 필요했다.

브라운 교수는 센터에서 사례(case)라는 말을 쓰지 못하게 했다. 사례라는 단어는 지극히 의료모형(medical model)이어서 늘 문제 중심, 증상 중심, 질병 중심으로 우리의 관점을 호도하기 때문이라고 했다. 우리는 자꾸만 부부불화 사례, 강박 사례, 우울증 사례라고 부르게 된다. 대신 브라운 교수는 '목회적 사건(pastoral event)'이라는 단어를 사용하게 했다. 그래야 내담자도 보이고, 상담사와 내담자 사이에 일하시는 하나님도 보이기 때문이다. 이는 힐트너 교수가 은퇴한 해인 1980년 3월 20~23일에 24명의 제자들이 모여 '힐트너 은퇴기념 목회신학 콜로키움(Colloquy in Pastoral Theology in Honor of Seward Hiltner)'을 개최할 때 존 패튼(John Patton) 교수가 처음 제안했다고 한다. 나도 의도적으로 학생들에게 그리고 소장으로 섬기는 센터에서 '사례(목회적 사건)'를 함께 사용하고자 노력한다.

브라운 교수가 물었던 '하나님 질문'은 우리 기독(목회)상담사들마저 자꾸 의료모형으로 사례를 분석하고 평가할 때마다 하나님의 역사(work)에 대한 민감성을 재차 물으셨던 질문이었다. 우울증 사례라고 하면 자꾸 우울증 증상과 개입 방안에만 초점이 맞추어진다. 하지만 '목회적 사건'이라고 하면 하나님이 중심이 된다. 하나님의 눈으로 희망을 잃은 내담자를 바라보는 방식이다. 그리고 목회적 사건은 하나님이 친히 함께 무기력해져 가는 상담사 안에서 희망의 대리인이 되는 방식을 찾도록 도우시는 관점을 제공한다. 기독(목회)상담사들은 '사례'를 '목회적 사건'으로 바꾸어 보는 눈이 필요하다. 이런 훈련이야말로 목회상담을 목회적으로 만들고, 기독상담을 기독교적으로 만드는 가장 중요한 정체성의 요인이기 때문이다.

브라운 교수와 매주 진행되었던 개인 슈퍼비전 경험도 내게 신학적 성찰이 얼마나 중요한지 깨닫게 해 주는 자극이 되었다. 내가 훈련받던 센터에서는 집단 슈퍼비전과 달리 개인 슈퍼비전은 축어록이나 보고서를 제출할 필요가 없이 상담 녹음테이프만을 가지고 진행되었다. 그래서 우리 훈련생들은 상담이 녹음된 테이프 중 슈퍼비전을 받고 싶은 부분을 체크하여 준비하고, 슈퍼바이저와 함께 들으면서 지도감독을 받았다.

개인슈퍼비전이 시작되면, 브라운 교수는 테이프를 틀기 전에 늘 이상한 질문을 했다. 내담자와의 상담내용 중 신학적인 주제가 있느냐는 것이다. 상담사가 준비한 상담내용 중에서 내담자의 공격성이나 분노에만 관심이 있으면 신학적인 주제가 떠오를 리 없다. 이를테면 내담자의 공격성과 분노에는 용서라고 하는 신학적 주제가 숨겨져 있다. 내담자가 기독교인이라면 용서하지 못하는 자신에 대한 죄의식도 숨겨져 있다. 그 내담자가 결국 언젠가 하나님께 심판 받을 것 같은 공포까지 경험한다면 내담자에게는 수많은 신학적인 주제가 숨겨져 있는 셈이다.

나는 늘 미리 사례(목회적 사건)에 대한 충분한 신학적 성찰을 하고 준비를 해야만 했다. 슈퍼바이저가 상담을 통해 떠오른 신학적 주제를 물었을 때, "내가 성찰한 주제는 용서, 죄의식 혹은 하나님의 심판."이라는 답을 했다고 가정해 보라. 그런 후 브라운 교수는 다시 심도 있는 질문을 이어 갔다. 최근 용서에 대한 조직신학이나 성서학 논문을 읽은 적이 있냐고 말이다. 황당했다. 나는 기독(목회)상담학 연구자인데 왜 조직신학 혹은 성서학 논문을 물으시는지 이해가 되지 않았다.

결국 신학적 주제를 찾을 뿐 아니라 관련 신학 전반의 최근 저술이나 논문까지 찾아 읽고 가야 했다. 그러면 할 말이 생기지 않겠는가? 읽고 왔다고 하면 조직신학자들이나 성서신학자들의 연구에서 설명된 용서에 대한 이해가 상담사인 내게도 충분히 설득력이 있는지 물으셨다. 말이 되는 것도 있지만 지나치게 이론적이거나 내담자에게 전혀 해당이 안 되는 내용도 있었다고 답변할 수 있을 것이다. 그리고 나서야 본격적인 개인 슈퍼비전이 시작되었다. 슈퍼비전을 시작하기 전, 최소한 5분 정도는 꼭 이런 신학적 주제를 찾아내게 하고 신학적 사전지식과 적용가능성에 대해 점검하셨다.

한 40분 정도 녹음테이프를 틀고 멈춰 가면서 슈퍼비전이 진행되었다. 그리고 끝나기 5분 정도를 남겨 놓으면 어김없이 브라운 교수는 슈퍼비전을 멈추고 다시 처음 시작했을 때의 신학적인 주제로 되돌아갔다. 예컨대, 용서에 대한 신학을 상담사가 다시 쓴다면 어떻게 기존의 용서에 대한 신학을 재구성하고 싶은가를 되물으셨던 것이다. 지금 와서 생각해 보니, 이론신학자들이 구성한 2차 신학의 지식을 상담사가 경험한 특수한 내담자의 '삶'의 경험을 통해 새롭게 성찰하는 3차 신학적인 작업을 연습시키셨던 게 아닐까?

나가는 글

하루는 샌드라 브라운 교수에게 어떻게 엄하기로 유명한 힐트너 교수의 특별한 총애를 받게 되었는지 그 이유를 물은 적이 있다. 빙 긋이 웃던 브라운 교수는 자신의 몸에는 힐트너의 피가 흐른다고 대답했다. 처음에는 무슨 말인지 전혀 이해하지 못했다. 나중에서야 힐트너는 상담에서의 신학적 방법에 대한 철저한 신뢰와 중요성을 목숨처럼 생각했으며, 브라운 자신도 그렇게 했기 때문에 총애를 받은 것임을 이해할 수 있었다. 샌드라 교수가 평생 몸에 지니고자 했던 힐트너의 피는 바로 기독(목회)상담을 살아 움직이게 하는 신학적 성찰이었다.

나는 내가 걸어온 신학적 순례의 길에서 적지 않은 실패를 경험했지만 결국 돌고 돌아 하나님의 은혜의 장중에 거하였음을 고백하지 않을 수 없다. 처음에는 시카고대 심리학과에서 '상담(counseling)'이란 단어를 세상에 처음 내놓은 칼 로저스에게 역사하셨고, 시카고대 신학부에서 '목회상담(pastoral counseling)'이란 분야를 처음 신학 분야에 전개한 시워드 힐트너와 그의 제자들에게 역사하셨다.

신학과 심리학을 상호 연결시키고자 했던 신학방법론의 원류는 반세기를 지나 나에게까지 흘러왔음을 느낀다. 이런 하나님의 역사와 기독(목회)상담의 신학적인 전통은 한국 땅에서도 나와 여러 동료들, 그리고 후학들을 통해 지속적으로 흘러가리라. 그것이 바로 하나님께서 부족한 나를 기독(목회)상담사로 세우신 목적이라 믿는다.

❉ 참고 문헌

1) 권수영(2005). 프로이트와 종교. 경기: 살림출판사.
2) 권수영 역(2011). 신들과 씨름하다: 목회상담사의 지상과제. 서울: 학지사.

제6장
기독(목회)상담 신학 기행

1. 유학생활과 기독상담 입문기간

2. 기독상담 입문 이후: 신학과 심리학의 대화

3. 현재 추구하는 기독상담 신학에서의 방향성

임경수 교수
계명대학교

들어가는 글

나는 군 제대 후에 신학공부를 시작했다. 나이가 조금 들어 시작하는 신학수업이니 남들 시선에는 꽤나 진지하게 느껴질 수 있겠지만, 사실 나는 신학수업을 하는 동안 '신학에 대한 고루함'을 느끼며 관심이 점점 멀어져 갔다. 왜냐하면 모든 답을 정형화시켜 놓은 것 같았고, 지적 결핍이나 호기심에서 발생하는 질문에 대해 수용할 만한 답을 얻는 것이 어려웠기 때문이었다. 학문에 대한 지루함은 때로는 인위적으로, 때로는 교리적으로 구조화된 내용을 별 비판 없이 수용해야 하는 것 같았다. 이러한 어려움은 더 심해져 힘들기까지 하였다.

합리와 지성의 작업이 막히는 것과 같으니 더 이상 지적 호기심이 발동하기 어려웠다. 다만 간간히 부전공분야의 심리학이나 가족에 관련된 과목에서는 흥미를 느끼기 시작했다. 그러나 주된 과목들이 신학이기에 공부에 별 흥미를 갖지 못했던 나에게 학부 3학년이 되자 두 가지 변화가 생겼다. 첫째는 사회나 교회로 진출할 날이 얼마 남지 않았다는 약간의 절박감이었다. 둘째는 교회의 전도사로 있으면서 가끔 학생들이 장기결석을 하면 교사들과 함께 가정방문을 하곤 했는데 학생의 생활과 가정에서의 부모관계가 눈에 들어오기 시작한 것이었다.

이런 자그마한 변화들이 막연하게나마 '사람'과 '가정'에 대한 관심을 가지게 하였다. 하지만 더 이상 지루한 공부를 연속적으로 하기는 싫었다. 그리고 특별히 흥미를 자아낼 수 있는 어떤 여건도 내게는 없었다. 그래서 나는 이런 상황을 탈피하기 위하여 새로운 세상과 학문에 대한 막연한 꿈을 갖고 3학년 1학기 때부터 나름의 준비를 하기 시작했다.

1. 유학생활과 기독상담 입문기간

1990년 1월 겨울학기부터 미국 시카고 인근에 있는 개렛신학대학원(Garrett-Evangelical Theological Seminary)에서 목회학 석사(M. Div)과정을 시작했다. 감리교신학대학과 자매결연을 하고 있는 이 학교는 당시 미국중부에서 기독상담으로 명성이 높은 제임스 에슈브룩(James Ashbrook), 에드워드 윔벌리(Edward Wimberly), 존 힌클(John Hinkle), 랠네 렉터(Lallne Rector) 등 네 분의 교수들이 있었다. 수강하고 싶은 과목과 흥미를 끄는 주제가 많았지만 1~2년은 언어장벽과의 싸움과도 같은 날이었다. 좋은 과목을 수강해도 과목이 내 것으로 만들어지기까지는 많은 시간이 걸릴 수밖에 없는 상황이었다.

미국에서의 학업 3년차가 되어 가는 무렵에 두 가지 고민이 발생했다. 첫째는 수강하는 과목에 대한 이해가 때로 응용할 수 있는 힘을 가지게 했지만 일반심리학과 연결시킬 자원이 없다는 한계에 부딪히게 되었다. 주관적으로 말해, 기독상담은 적어도 세 가지 학문세계가 학제 간 대화를 나눌 수 있을 때 비로소 어떤 창의적 제시나 대안이

나올 수 있다고 생각한다. 그 세 가지 요소는 신학, 심리학 그리고 기독상담 관점이다. 문화와 학문방식이 다른 지역에서 문화와 언어에 대한 장벽을 넘어서는 시점에서 내가 목말라했던 것은 기독상담의 세계를 더 풍요롭게 하기에는 신학 세계와 대화를 나눌 수 있는 심리학적 지식세계가 너무 없었다는 것이었다. 그래서 기독상담 과목을 수강해도 무언가 채워지지 않는 갈함이 있었다. 즉, 어떤 사실과 현상에 대하여 심리학적으로 인간을 고찰할 수 있는 구조가 형성되지 않은 상태에서 기독상담의 관점을 투입하여 통찰을 하려고 하니 불협화음이 발생할 수밖에 없었고 채워지지 않는 갈증이 연속되었던 것이다.

두 번째는 몇 년간 공부를 하였는데 나의 지식 세계가 정리되지 않았다는 문제다. 누군가 어떤 주제에 대해 물어보면 개괄적인 것이야 말할 수 있겠지만, 속 깊은 영역에 대해서는 말할 수 있는 능력이 빈약하다는 것을 느꼈다. 왜 학문의 세계가 형성되기 어려울까 하는 생각 끝에 교육받고 탐독한 서적에 대해 정리하는 작업이 없었다는 점을 깨달았다. 그래서 그때부터 두툼한 노트를 준비하여 읽는 모든 책에서 중요한 부분을 노트에 간단하게 정리했다. 단순히 정리하는 것만이 아니라 정리한 부분에서 사색하거나 응용해야 하는 부분을 조금씩 메모하였다. 그리고 메모지를 항상 소지하면서 일상에서 경험하는 가족관계, 인간관계 그리고 자연들이 어떻게 심리신학과 연관이 되어 있는지를 생각날 때마다 정리하는 습관을 갖게 되었다.

이런 과정이 미친 영향은 정말 크다고 생각한다. 일단은 뿌옇던 학문 세계의 안개가 조금씩 걷히면서 길이 보이는 것 같았다. 이런 작업을 하기 시작했을 초창기에는 정리하는 것이 매우 더디었다. 2년째 쯤이 고비였던 것 같다. 그런데 2년의 과정을 넘기고 나니 탄력을 받아 속도를 낼 수 있었고, 정리하는 작업이 훨씬 쉬워짐을 느꼈다. 방대한 자료를 노트에 정리해 두면 간단하게 중요한 내용들을 볼 수 있고, 그것은 심리신학에 연결시킬 수 있는 근거가 될 수 있기 때문에 과제를 수행하는 데 주관적 통찰의 힘을 갖게 되었다. 돌이켜 보건대, 자신의 심리학과 신학세계를 형성하는 데는 자신이 선호하는 학자들의 사상을 섭렵하는 것이 중요하다고 본다. 일종의 자기 구조를 형성하는 것인데, 이런 구조형성 없이는 다른 학자의 이론이나 실습에 대한 것을 관찰할 수 있는 힘을 갖기 어렵다.

심리학적으로 아동은 성장하면서 자신의 정서적 내면세계가 부모와 환경에 의해서 '만들어지는 과정'을 거치게 된다. 비록 불완전하지만 이런 과정은 누구나 반드시 거치는 과정이다. 이렇게 부모와 환경에 의해 만들어진 내면 세계의 구조가 형성되면 그 시각에서 사람과 관계를 평가할 수 있는 '구조'로 작동한다. 이것이 없다면 나름의 자기 틀이 없기 때문에 외부를 볼 수 있는 힘이 없게 된다. 물론 부모와 환경의 틀은 만들어진 구조이기 때문에 성장하면서 객관적으로 볼 수 있는 힘으로 그 틀을 재구조화시키는 작업이 반드시 있어야 할 것이다.

이와 유사한 방식으로 작업한 학문적 정리는 나의 학문세계에 많은 기여를 했고 수업을 할 때 신명나게 연구할 수 있는 근거를 제공해 주었다. 그래서 경험상 심리학과 신학, 기독상담에 대하여 고민하는 분들에게 꼭 해 보라고 추천하고 싶은 작업 방법론이다.

신학석사 과정은 워낙 다양한 과목을 다루는 신학입문과정이라 여러 가지로 관심이 분산될 수 있다. 내 경우, 이 분산된 분야에서 조금씩 신학의 맛을 보았지만 가장 기억에 남는 것은 임상목회교육(Clinical Pastoral Education) 과정을 한 학기 실습한 것이었다. 당시 시카고 지역 중심부에 있는 노스웨스턴 대학병원(Northwestern Memorial Hospital)에서 7~8명이 한 조가 되어 한 학기 동안 임상실습을 하게 되었다. 이 과정에서 원목으로서 환자와 가족들을 만나 위로와 상담을 하는 과정들, 예기치 않은 사고로 인해 절망하는 가족과 개인들을 만나 삶의 실존을 다루는 현장경험이 가슴에 가장 많이 남았다.

물론 이런 경험을 하고 내 삶의 현장으로 돌아오면 그 경험의 각성을 까마득하게 망각하곤 했지만 다시 그 상황을 떠올리면 그 순간의 생생한 회상으로 가득차곤 하였다. 아마 이런 경험이 인간에 대한 본질과 실존에 대한 보이지 않은 의구심에 대한 고민을 이끌어 내었고, 그 주제도 내가 기독상담에서 고민하는 중요한 분야 중 하나가 된 것 같다. 나는 이런 과정을 통해 "미워하며 살기에는 너무 짧은 세월, 사랑하면서 살자."라는 마음의 금언을 새기게 되었다.

나는 목회학 과정(M. Div.)을 마치고 동 신학교에서 기독상담 석사 과정을 밟았다. 2년 과정이지만 목회학 과정을 마친 학생에게는 학점을 인정해서 1년에 마칠 수 있는 과정(M. T. S.)이었다. 기독상담에 대해 본격적으로 알고 싶었고, 장차 박사과정에 들어갈 수 있는 수학능력을 키우려는 목적에서였다. 이 과정을 통해 두 번째 고민이었던 심리학과 신학의 세계에 나름의 눈을 뜰 수 있게 되었다. 노스웨스턴대학교(Northwestern University)와의 학점인정이 되어 그곳에서 심리학 과목들을 수강하면서 일반심리학에도 관심을 갖게 되었다. 특히 발달심리학 영역에서 어빈(Ed Aubin) 교수가 강의한 아동심리학과 청소년심리학, 청년기 및 중·노년심리학 등의 과목들을 수강하였다. 유아부터 노년에 이르기까지 각종 심리학적 통찰을 제공하는 강의와 주어진 과제를 수행하면서 그동안 내가 느꼈던 학문적 답답함의 뿌연 안개들이 서서히 걷히는 것 같았다. 그리고 조금씩 기독상담과 심리학적 관점에서의 대화를 나눌 수 있는 도구를 갖게 되었다.

이때 접한 책 중에 당시 노스웨스턴대학교 교수인 맥아담스(Mac Adams)가 쓴 『우리가 살아가는 스토리(The Stories We Live By)』가 있었다. 에릭슨의 발달심리학을 이야기심리학의 관점에서 풀어낸 책이었다. 나는 이 책을 통해 심리학의 세계를 맛보게 되었다. 발달심리학의 관점에서 기독상담을 보는 시각을 갖게 된 것도 이 책의 영향이 컸다. 이 책을 읽으면서 "아하!"라고 느꼈던 학문적 쾌감이 오랫동안 지속되었던 것을 지금도 생생하게 기억한다.

당시 기독상담 과정을 마치려면 졸업논문을 써야 했다. 학기 중 과제는 보통 15페이지 정도지만 졸업논문은 더 방대하고 전문적인 지식의 나열과 분석 및 제안이 필요했기에 학생들에게는 큰 도전이었다. 이때 나는 30대 후반이었는데 중년기로 들어가는 시기였기에 '중년기'에 대한 관심을 갖고 논문을 작성했다. 지금 그 논문을 보면 엉성하지만 당시로는 중년기에 대한 심리학적 해석을 할 수 있는 도구를 기초화시킨 좋은 주제였다고 생각한다. 그리고 이 주제를 박사학위 논문으로 이어 가면서 더 심층적으로 연구할 수 있었다. 나는 이런 이유로 연구에 대한 의욕이 있는 사람은 가능하면 석사과정에서도 논문을 쓰라고 권면한다.

지금 돌이켜 보면, 나는 발달심리학을 공부하면서 목회상담학을 하며 느꼈던 갈증을 서서히 풀어갈 수 있었다. 물론 발달심리 자체가 모든 것을 완성시키고 충족시킨 것은 아니지만 목회상담과 일반심리학의 학제 간 대화와 통찰을 할 수 있는 자료를 가질 수 있다는 점에서는 한 단계 고지를 넘어선 것과 같았다.

2. 기독상담 입문 이후: 신학과 심리학의 대화

나는 기독상담 석사과정을 마친 후 시카고신학교(Chicago Theological Seminary)에 입학하였다. 개렛신학교가 기독상담학에 대한 입문을 도왔다면, 시카고신학교에서는 학문적 지평선을 다양화하고 심화하는 데 도움을 얻었던 것 같다. 지금도 마찬가지이지만 당시에도 시카고신학교는 철저하게 학제 간 대화를 주장하는 학교였다. 이 학교에서 나에게 가장 영향을 많이 미친 사람들은 지도교수였던 로버트 무어(Robert Moore) 교수와 신학자 테드 제닝스(Ted Jennings) 교수였다. 나는 이 두 분을 통해 종교학, 인류학, 신학에 대한 또 다른 지평선을 넓히는 계기를 가질 수 있었다. 지도교수는 융 심리학자로서 칼 융과 시카고대학교의 종교학자 엘리아데(Mircea Eliade)에 대한 강의를 많이 하였다. 그리고 특이하게 신학자 폴 틸리히의 신학사상을 두 학기 동안 가르쳤다. 기독상담 교수가 틸리히를 가르친다는 것은 당시로선 파격적이었다.

나는 한국에서 신학자 틸리히에 대해 별로 들은 것이 없었다. 다만 그가 자유주의 신학자라는 말을 많이 들었을 뿐이었다. 그러나 두 학기 동안 세미나에 참여하면서 그의 학문세계를 하나씩 알아가는 것은 비밀스러운 쾌감과 같은 것이었다. 그의 주요저서를 읽어 가면서 나는 광산에서 보석을 캐내는 기분이었다. 그것은 나만의 느낌은 아니었다.

틸리히가 1963년에 세상을 떠났을 때 당시 「뉴욕 타임즈(New York Times)」는 그를 '신학자들의 아버지'라고 부르며 '모든 살아 있는 현재가 그의 신학의 주제였다.'라고 표현할 만큼 그의 학문세계는 기독교 내에서보다 세상에서 더 주목을 받았다. 그의 신학방법론은 상호관계방법론을 추구하는데, 그것은 신학적 질문을 하나님이 아닌 인간으로부터 시작하고 이 질문에 대해 교회와 신학자들이 답하는 방식이었다.

인간의 질문에서 시작하는 그의 신학방법론은 '형식과 틀에 얽매여 질문을 하지 못하게 만드는 구조'로부터 숨 쉴 수 있게 해 주는 것 같았다. 내가 꿈틀댈 수 있는 공간과 시간이 마련되어 숨을 쉬고 놀 수 있는 장소가 마련된 것 같았다.

틸리히의 신학은 전통적 구조에서 시작되는 것이 아니라 인간의 물음과 인간의 갈망 또는 인간의 존재와 실존에서 오는 괴리와 모호성에서 인간이 물어보는 질문에 대해 신학자로써 합리적인 답을 주려고 하는 신학이다. 물론 틸리히가 가진 신학의 세계는 심리학적 기반을 두고 있는 신학이라는 사실을 조직신학 입장에서는 간과할 수 있다. 틸리히의 이런 신학방법론은 자신의 가족구조 및 두 번에 걸친 세계대전 등에서 드러나 인간의 모호성을 간파하려는 심리학적 번민에서 시작된 것이기에 기독상담을 하는 내게 또 다른 신학세계의 지평선을 열어 주는 계기가 되었다.

사실 당시에 학습한 틸리히에 대한 사상은 오늘날 내가 생각하는 세계만큼 넓은 것은 아니었다. 막연하게나마 인간이 질문하고 교회와 신학자가 답을 하는 학문적 방식이 내게 매력적으로 다가 왔고 그 방법론에 대한 맛을 조금 보았다는 것이다. 그렇지만 틸리히의 신학방법론이 내게 '고루하게 묻혀 재해석할 수 없었던 2천년의 신학적 유산'을 다시 한번 되돌아 볼 수 있는 기회를 제공한 것은 분명하였다. 신학을 하면서 심리학에 대한 갈증이 매우 많았기 때문에 시카고대학교와 노스웨스턴대학교, 그리고 칼 융 연구소에서 부족한 심리학 분야의 과목을 수강하면서 심리학과 신학의 두 주제가 어떻게 상호관계를 이루는지 탐구한 기간이었다.

학문이나 예술이나 인간사의 거의 모든 것은 연속적으로 재해석되어 현대인에게 들려지고 보여지는 것이다. 한국 사회에서는 최근 음식과 음악에 대한 재해석 작업이 활발하게 진행되고 있고, 그것이 한국사회를 움직이는 중요한 아이템으로 자리 잡고 있다. 숱하게 나오는 음악방송은 옛것을 모방하는 차원이 아니라 편곡자의 재해석 작업을 통해 우리에게 호소력 있게 전해진다. 음식도 전통음식을 재해석하여 현대판 동서양이 어우러지는 퓨전스타일이나 집밥 형태의 것들이 환호를 받고 있다. 이런 관점에서 보면, 틸리히의 신학방법론은 필자로 하여금 2천년의 신학유산의 중대성과 이 보고(寶庫)를 현대적으로 재해석하여 상담사들에게 혹은 기독상담사들에게 들려지길 기다리고 있는 것이라 생각하게 한다.

지도교수인 로버트 무어 교수는 엄격하면서 어려운 분이었다. 그러나 그가 학문의 세계를 통해 나에게 소개해 준 인문과학 서적들은 지적 호기심과 모험심을 충분히 제공해 주었다. 당시 논문심사위원이었던 제닝스 교수와의 만남은 틸리히에게서 볼 수 없었던 판넨베르그(Wolfhart Pannenberg)의 광대한 신학세계를 맛보게 했다. 그의 신학세계는 틸리히보다 광대하고 대우주적인 접근을 하는 매력이 있다. 틸리히에게 부족한 사회적 접근과 하나의 문제를 파악하기 위하여 인류학, 심리학, 사회학 그리고 신학자들을 총망라하면서 주제를 다루는 그의 광대한 신학세계에 나는 경외감을 갖지 않을 수 없었다.

이런 모든 과정은 신학을 통해 구체적으로 기독상담이 어떻게 심리학과 대화를 나눌 수 있을지에 대한 교두보를 마련해 주는 시간이 되었다. 다양한 학습과정을 통해 기독상담의 정체성을 확립하는 데 많은 도움을 받았다. 10여 년 동안 기독상담을 공부한 미국생활을 돌이켜 보면 소걸음으로 한 걸음씩 하루하루를 살아가지 않았나 싶다. 보일 것 같지 않은 학문의 세계가 1~2년이 지나면서 조금씩 보이고, 그렇게 시간이 지나며 또 다른 세계가 열리는 경험을 하였다. 학문의 세계에는 요령이 없는 것 같다. 오늘보다 내일을 조금 더 열심히 살아가는 것이 기독상담을 알아 가는 길이 아니겠나 생각해 본다.

3. 현재 추구하는 기독상담 신학에서의 방향성

나는 2000년 6월에 유학생활을 마치고 한국에 돌아왔다. 그리고

2013년부터 계명대학교에 부임하여 현재까지 기독상담신학을 가르치는 교수로서 개인상담, 교육분석, 집단상담을 해 오고 있다. 한국에 돌아와 지금까지 기독상담 분야를 가르치며 새롭게 관심을 갖게 된 분야가 있다. 첫째, 인간의식 발달에 대한 사회학적 관점이다. 기독상담을 하기 위해서는 단순히 심리학적 시각만이 아니라, 부모와 사회의 정서적 환경을 고려해야 하기 때문이다. 둘째, 애착이론과 기독상담과의 관계성이다. 애착이론은 육아에서부터 시작되는 부모관계와 성인에서의 인간관계에 이르기까지 부모와의 애착관계가 어떻게 성인 세계에 영향을 미치는가에 관한 내용을 다룬다. 가장 기본적인 부모와의 애착관계가 어린아이의 세계에만 영향을 주는 것이 아니라 성인의 현재에도 영향을 준다고 보기 때문이다. 셋째, 칼 융의 심리학이다. 칼 융은 인간이 가진 모든 '악'에 대한 문제를 심리적 균형상실에서 오는 것으로 본다. 하지만 기독교에서는 이런 부분을 간과하는 경향이 있다. 융의 심리학은 기존 기독교에서 간과한 많은 부분에 새로운 관점을 제공하여 준다. 마지막으로는 이런 심리학적 관계를 신학적으로 재해석할 수 있는 신학자 폴 틸리히의 상관관계론적 방법론이다.

1) 인간의식에 대한 사회학적 관점

내가 사회학 특히 종교사회학적 관점에 관심을 가지게 된 것은 보스턴 대학교의 종교사회학자인 피터 버거(Peter Berger)의 책을 접하고서다. 심리학이나 상담학을 사회학적 관점에서 보면 소우주적인 편향된 시각을 가지고 접근하는 것 같다. 학문이나 실천에도 한계성을 갖고 있는 것처럼 보인다. 내담자의 문제는 대개 원가정에 대한 문제와 깊게 연관이 있는 것처럼 사회라는 대우주 또한 그 안에 있는 집단에 영향을 줄 수밖에 없는 것과 같다.

피터 버거는 인간의 역사의식 흐름을 '혼돈(chaos) · 규범(nomos) · 질서/조화(cosmos)'로 보았다. 원시적인 본능은 생존이 급박한 시대에 더 짐승적이었기에 인류는 전쟁과 침략, 질병 그리고 먹거리로 인한 혼돈의 시기를 지났고, 이런 혼돈을 지나면서 개인과 국가의 도덕과 법 규범을 갖게 되었다. 이렇게 형성된 도덕과 법 규범은 질서나 조화를 통해 혼돈의 시대보다 나은 인류를 형성해 나가는 데 영향을 많이 주었을 것이다. 경제학자들에 의하면, 15세기 초까지 인류는 하루 1달러로 살아간 사람이 대부분이었다. 1900년 초까지 많은 사람이 하루 한 끼 정도의 식량으로 연명을 했다는 연구도 있다. 이렇게 먹거리는 인류가 전쟁을 통한 침략을 하는 데 중대한 원인을 제공한 것이 틀림없다.

이런 역사의식 흐름은 개인의 심리학적 의식발전과도 밀접하게 연관되어 있다고 생각한다. 나의 의식을 가지기 전에 인간은 태어나면서 백지와 같은 구조로 이 세상을 맞이한다. 이 상태는 어쩌면 '혼돈'과 같은 상태다. 내가 없는 상태이기 때문이다. 그러나 성장하면서 나는 부모와 사회환경을 통해서 나의 '규범'을 형성한다. 그리고 이 규범은 '혼돈'보다 생존에 훨씬 유리한 고지를 점령한다. 사회학적 입장에서 만물의 영장으로 소개되는 인간이 포유류 동물 중 가장 오랜 부모의 양육기간을 필요로 하는 이유는 이런 '사회성'을 학습하기 위함이라고 보고 있다. 사회성을 익힌다는 것은 사회단체의 일원으로서 자신이 일하기에 힘들더라도 그것을 담당하려는 책임감을 갖는 것을 의미한다. 결국 심리적으로 적합한 양육은 사람들에게 책임감이라는 사회성을 익히게 하여 사회에 잘 적응하도록 만드는 것이다. 이와 같이 규범이나 법칙을 알고 수용한다는 것은 그것이 없는 혼돈의 상태보다는 사회성이나 생존에 훨씬 우위성을 가지고 있다.

그러나 이 '규범'에는 한계가 분명하다. 규범이라는 법은 생존과 질서라는 사회성을 유지하는 데 절대적으로 필요하지만 규범이 최종 목적인 것은 아니다. 그것은 질서·조화를 목적으로 하는 것이어야 한다. 나는 이 질서와 조화를 '생명'으로 표현하고 싶다. 궁극적으로 규범이라는 것이 규범 자체로 끝이 난다면 그것은 절대적이고 변치 않는 법이 되기 때문에 독재적이고 일방적인 것이 되는데, 칼 융의 말처럼 일방성은 악의 근원이 되기 때문이다. 그런데 우리 대다수가 빠지는 큰 함정은 이 규범의 절대성에 머무르려는 성향이다. 그래서 자신의 규범, 자기 신앙의 규범이 최우선이라고 생각하는 착각에 빠지기 쉽다.

예수 당시의 율법사들이 제기했던 논쟁의 핵심은 바로 이 규범과 생명 사이에서 어떤 것이 우선인가 하는 문제였다. 율법을 고수하는 사람들은 규범의 절대성을 갖고 안식일에 병자를 고치는 것에 대한 문제를 제기했고, 죄인 및 세리와 함께 음식을 먹는 예수를 비난했다. 그러나 예수의 관심은 규범이 아니라 바로 인간의 생명이었다. 규범인 율법을 파괴하러 온 것이 아니라 그 율법을 완성하러 오신 것이었다. 즉, 규범을 넘어 질서와 조화인 생명을 보게 하려는 것이었다. 율법이 최종 완성이 아니라, 은혜에 의해 보완되어야 하는 것과 같이 개인과 사회가 가진 '규범'은 생명을 지향하게 될 때 완성으로 향하게 되는 것이다.

우리가 현재 가진 법이나 교리, 이념 등과 같은 규범이 어떤 한계성을 극복하려면 그것이 생명을 지향하는 도구와 중간대상으로 사용될 때 비로소 조금씩 가능해진다. 우리가 이런 한계성을 직시해야 하는 이유는 도널드 위니컷(Donald Winnicott)의 '전능성 환영'의 이론에 비추어 해석할 수 있다. 위니컷은 부모가 유아에게 적극적인 유아 편의 양육을 할 때 유아는 전능성의 환영에 빠진다고 생각하였다. 즉, 자신이 약해서 부모에게 의지할 수밖에 없는 상황이지만 부모의 긍정적 양육이 지속되면서 유아는 자신의 요구에 의해서 부모가 전적으로 움직이기 때문에 자신이 '전능하다'는 환영에 빠지게 된다는 것이다. 문제는 이때부터 발생한다. 부모가 자신의 요구를 들어주지 않을 때가 있으면 그 부모는 자신의 부모가 아닌 '거짓(False)' 부모라고 여기게 되고, 자신의 요구를 들어주는 부모를 '참(True)' 부모라고 확신하게 된다. 자신이 가지고 있는 전능성의 환영이 이분법적 구조화를 시키기 때문이다. 그리고 자신의 명령에 따르는 부모만이 참부모라고 합리화시킨다. 위니컷에 의하면, 이런 사고구조를 가지기 시작하면 그때부터 유아의 정신적 성장은 정지하게 된다. 이분법적 사고구조를 갖고 있기 때문이다. 내 생각대로 움직이는 것만이 참이고, 그렇지 않은 것은 거짓이라고 생각하는 규범 때문이다. 유아의 정신적인 성장은 자신에게 잘해 주는 부모도 참부모이고 못 해 주는 부모도 참부모라는 사실을 수용하게 될 때다. 위니컷의 이론이 주는 심리적 통찰은 인간이 자신의 기호에서만 보려는 편협되고 고정된 규범과 법은 정신적인 성숙을 막는 것이고 결국은 사람의 생명을 보지 못한다는 점이다. 이런 이분접적 구조가 강하면 개인의 인간관계와 가정에서의 불화는 쉽게 예측할 수 있다.

우리는 위니컷의 이론을 피터 버거의 이론에 접목시켜 심리사회학적 관점에서 기독상담에 적용할 수 있다. 현대사회에서 개인들은 규범을 가지고 살아간다. 그리고 그 규범은 개인이 속한 가정, 교회, 사회 그리고 국가의 문화를 통해 대부분 형성된다. 이 규범은 생존과 사회적응에 필수적인 요소들이다. 그러나 우리가 성장하면서 우리에게 영향을 미치는 4가지 요소, 즉 가정과 교회, 사회 및 국가에 대한 객관적인 평가를 하지 못하면 우리가 가진 규범에 스스로 빠져서 질서와 생명으로 접근하지 못하게 된다. 겉으로는 사람을 살리고 공동체를 위하여 규범과 법을 지킨다고 하지만 그 규범과 법을 지키는 사람들로부터 어떤 생명이나 질서를 느낄 수 없는 것이다. 이 현상은 자기불안에 있는 사람들이 그 불안을 견디기 위하여 규범과 법을 절대화시키는 것이고, 그래서 생명과 질서를 바라보지 못하기에 자기가 주장하는 법과 규범으로 자기모순에 빠지는 모순에 놓이게 된다.

2) 애착이론과 기독상담

인간의 의식형성은 앞에서 언급한 것처럼, '혼돈-규범-질서'의 순서로 진행되는 측면이 있다. 그런데 이 규범을 정하는 것은 인간성장 과정에서 힘없는 유아에게 절대적인 부모가 가진 돌봄의 내용이 어떤 것인가에 따라 규범의 모양이나 내용이 달라질 수 있다. 물론 그 부모를 둘러싸고 있는 사회문화의 내용과 형식이 어떤 것인가는 역시 부모의 양육형태와 상호작용을 하는 것이다.

철학자 하이데거(Heidegger)가 지적한 바 "인간은 우주에 내던져진 존재"라는 말은 이 땅에 선택의 여지없이 무작위로 태어난 인간의 실상을 보여 준다. 이렇게 선택의 여지없이 어릴수록 부모의 의존도가 높아 부모의 희로애락에 유아 자신을 조정하여 살아가는 것을 볼비(John Bowlby)는 '애착'이라고 보았다. 그리고 이런 의미에서 애착은 '진화의 산물'이라고 했다. 거대한 성, 넘을 수 없는 부모의 절대성에 유아는 살기 위해 부모의 특성을 수용하고 추종할 수밖에 없는 과정에서 자신의 '규범(Norm)'을 형성한다.

물론 절대적인 참된 부모는 없다. 우리 모두가 인간인 부모이니 실수와 잘못을 할 수밖에 없는 구조를 가지고 있다. 이런 점에서 보면 우리가 부모를 통해 형성한 '규범'과 이 규범이 가져다 주는 가치관, 인생관, 신앙관 등에 대한 절대적 관점을 가지는 것은 규범을 넘어 '질서나 생명'을 보는 데 한계성에 부딪히게 된다. 그러나 앞서 말했듯이 부모를 통해서 형성된 이 규범 없이는 우리는 생존하는 데 더 큰 어려움을 겪게 되기에 이 규범은 지금껏 나를 지탱하는 데 도움이 된 것이 사실이다.

볼비와 아인스워스(Mary Ainsworth), 그리고 그 제자들은 애착이론을 연구하면서 기본적으로 4가지 애착유형을 제시하였다. 안정애착과 불안정회피애착, 불안전저항애착, 불안정혼동애착이 그것이다. 기독신앙을 갖고 생활하다 보면 어떨 때는 우리 자신이 가진 인간의 모호성(ambiguity)을 고민하는 경우가 종종 있다. 교회와 신앙이 가르쳐 주는 것과 내 자신의 의지와의 충돌로 인한 것이다.

애착이론(Attachment theory) 관점에서 가장 건강한 안정애착은 기독교에서 의미하는 '완전'을 의미하지 않는다. 애착유형을 보기 위하여 어머니와 유아 그리고 낯선 사람이 한 방에 교대로 들어오고 나가는 실험을 통해 연구자들은 다음과 같은 것을 알아냈다. 즉, 부모와 같이 있을 때 잘 노는 아이는 어머니가 밖으로 나갈 때 당황하며 슬픔에 빠졌다. 그러나 어머니가 다시 방으로 들어왔을 때 어머니를 반기는 모습을 보여 주었다. 이런 일련의 과정을 통해 참고 견디는 아이가 건강한 것이 아니라 희로애락을 경험할 때 그것을 표현하고 일정 시간이 지나면 평상심을 회복하는 아이가 안정애착이 되었다는 점이다. 이것이 심리적으로 안정된 아이의 특성이다. 이런 관점에서 보면 희로애락 표현을 참거나 억누르는 것이 성숙한 인간 혹은 성숙한 기독교인이라는 생각은 적절하지 않다.

안정애착이 기독상담에 제공하는 통찰은 참거나 인내하는 것만이 답이 아니라는 점이다. 오히려 이것은 내면세계에 숱한 갈등과 스트레스를 남긴다. 기독교인이 일반적으로 생각하는 '완전성'에 대한 시각은 애착심리학적 입장에서 좀 더 일반적인 완전성에 대한 이해로 나아갈 수 있다. 어머니가 방을 떠나게 될 때 이 분리과정에 자신의 감정을 표현하지 않는 아이가 있다. 어머니가 방 밖으로 나가도 자신은 놀이에 열중하고, 어머니가 방으로 다시 돌아와도 어머니에 대한 반가움의 표시 없이 놀이에 열중한다. 겉으로 드러난 모습을 보고 우리는 이런 아이가 잘 놀고 건강한 것으로 착각하기 쉽다. 그러나 이런 유아의 행동은 자신의 감정을 숨기고 억누르기 때문에 스트레스 호르

몬 수치가 높게 측정될 가능성이 크다. 아이는 자신의 감정을 표현하지 못하는 부모환경에 익숙해져 있기 때문이다.

일련의 애착과정을 통해 인간은 자신과 세상을 보는 '규범(norm)'을 형성하는데, 이 규범에는 분명히 '편견(prejudice)'과 '오만(arrogance)'의 렌즈가 있다. 편견은 성장과정에서 불합리하고 피해를 많이 받은 입장에서 성장한 것이다. 그래서 편견이 강하면 인간이 성장한 이후에 타인을 편견을 가진 시각에서 보기 쉽기 때문에 자기 스스로 타인에게 접근하기 어렵게 만든다. 반면 오만은 성장과정에서 모든 것이 나를 중심으로 형성되어 있는 양육과정을 거치면서 형성된 자아(自我)다. 오만을 가지게 되면 자아가 너무 강화되기 때문에 타인으로 하여금 나에게 접근하는 것을 어렵게 만드는 구조를 만든다.

인간은 성장과정에서 부모와 사회를 통해서 애착을 형성하게 되고, 이 과정에서 그 정도가 심해지면 편견과 오만을 가지게 된다. 이렇게 형성된 나의 '규범'을 절대적으로 생각하면 사람을 살리는 생명중심의 신앙이 되기보다 타인의 죄를 지적하고 자신은 보지 못하는 정죄적 신앙에 빠지게 된다. 자신의 감정을 표현할 수 있고, 그 감정을 수용할 수 있는 부모와 신앙공동체가 있다는 것은 좀 더 건강한 신앙생활, 즉 일상과 생명이 연결되는 신앙에 가깝게 갈 수 있게 한다.

3) 분석 심리학과 기독상담

칼 융의 이론이 기독상담에 도움이 된다고 생각하는 이유는 인간

심리에 대한 그의 '균형론' 때문이다. 그는 인간에게 균형이 상실될 때 항상 악이 발생한다고 보았다. 절대적인 균형은 있을 수 없지만 가능한 균형을 가지려고 노력하는 인간의 모습이 기독상담을 하는 사람들에게 필요하다고 생각한다.

융은 38세에 프로이트와 결별하였다. 여러 이유가 있었겠지만 프로이트가 자신의 정신분석학을 합리화시키기 위하여 '성(性)'을 집요하게 이론의 중심에 두었기 때문이었다. 융의 경우, 인간의 '성'은 근원자와의 일치(oneness)를 열망하는 인간의 본능으로 인식되었다. 단적인 예이지만, 융의 접근은 기독상담이 인간을 이해하는 데 있어 좀 더 근거 있는 구조를 형성해 주기도 한다.

융은 프로이트와의 결별 이후 자신만의 독특한 이론세계를 구축하기 위하여 노력하였다. 그중에서 프로이트와 크게 다른 것 중 하나는 인간이 자신을 찾아가는 '개성화(individuation)'에 대한 이론이다. 융은 인간의 정신 발달이 평생 계속되는 것으로 보았다. 그리고 본격적으로 자신을 찾아가는 여행은 중년기에 발생한다고 보았다. 그는 이런 개성화의 결과를 이타성과 공동체에 대한 관심으로 보았다.

나는 융의 개성화이론이 기독상담에 잘 접목될 수 있다고 본다. 특히 개성화과정에서 자신을 알아가는 과정 중 페르소나(persona)와 그림자(shadow)에 매력을 느낀다. 의식의 가장 핵심에 있는 페르소나와 개인 무의식의 아래에 은닉해 있는 그림자는 개인분석이나 집단분석에서 매우 유용하게 적용될 수 있을 뿐 아니라 애착이론을 좀 더 구체적으로 들여다 볼 수 있는 이론이다.

융에 의하면 페르소나는 사회적 가면인데, 이 가면이 반드시 부정적인 것은 아니다. 개인이 사회에 적응하기 위해서는 어느 정도 사회적 가면이 필요하기도 하다. 문제는 이 가면이 너무 강할 때다. 융은 이 가면이 강하게 나타나는 이유가 개인의 그림자로 인한 것으로 본다. 그림자의 구성은 콤플렉스인데 이것의 집합체가 그림자다. 이 그림자가 없는 것처럼 행동하는 것은 지나친 가면세계에 살기 때문에 대인관계에서 문제를 발생하게 한다. 사람이 자신의 콤플렉스를 안 보려 할 때 발생하는 균형상실로 나타난 '자신'에 대해 과도한 집중을 할 때 문제가 일어난다.

융은 콤플렉스를 치료하는 것은 그것을 없애버리는 것이 아니라 그것의 근원을 알아가는 것이라고 보았다. 과거에 경험한 정서와 환경을 치료한다는 것은 그 근원처에 대한 사실을 알아가는 것이고, 상처받은 개인이 독단적으로 가지는 원가족에 대한 편견이나 오만에 있을 수 있는 관점을 재구조화하는 과정이 필요하다. 재구조화가 필요한 것은 과거를 재구조화 관점에서 자신의 장단점 그리고 관점에 대한 변환 없이는 과거가 현재에 에너지를 공급하지 못한 채 과거와 단절된 세계에 사는 것이다. 과거와 단절된 현재는 미래로 나아가는 힘 또한 갖지 못한다.

과거나 추억이 현재에 힘을 줄 때는 그것에서 희로애락을 자연스럽게 끄집어 낼 수 있는 요소가 있을 때다. 그래서 나는 이것을 '김치 이론'이라고 한다. 한국 사람이면 누구나 김치를 먹는다. 하지만 과거 해외에서 김치가 저평가될 때 해외 교민들 중에는 김치를 안 먹는 사람처럼 보이려고 하는 경우가 있었다. 그러나 김치를 먹지 않는다고 해서 한국인의 정체성을 바꿀 수 없고, 자신이 먹었던 김치를 부정할 수도 없다. 김치는 모천, 즉 엄마의 강이다. 대양에서 살던 연어는 자신의 모천으로 올라갈 때 자신이 잉태한 생명의 씨앗을 그 강에 남길 수 있다. 그래서 융은 콤플렉스가 어두운 그림자인 것은 사실이지만 발휘되지 않은 많은 잠재력이라고 했다. 개인의 콤플렉스를 숨겨 두는 습관은 페르소나를 더 강화하는 개인이나 사회를 만들 수 있다. 그림자는 없애는 것이 아니라 그것을 알아가는 과정에서 인간이 가진 사회, 문화 그리고 개인의 환경을 재해석하는 힘을 갖게 되고, 이는 우리가 하나님 앞에 더 자연스럽게 인생을 살아갈 수 있는 동력이 될 것이다.

융이 기독상담에 제시하는 또 하나의 매력은 유럽인들을 대상으로 한 설문조사 분석과 그의 반응이다. 융은 중년기에 있는 내담자들이 자신을 많이 찾아오는 것을 보고 중년기 문제는 신앙과 밀접한 관련이 있는데 왜 성직자를 찾아가지 않고 자신을 찾아올까 하는 의문을 가졌다. 설문조사를 통해 밝힌 것은 유럽인 대부분이 성직자 대신 상담사를 찾아가는 이유는 성직자와의 상담이 대부분 빤한 결론으로 이어지기 때문이었다. 상담이 너무 교리적이고 교회적이어서 자신의 마음을 알아주지 못한다는 점이었다. 개신교 성직자를 찾아가는 비율은 최하위였다. 이런 사실은 융으로 하여금 사람의 문제는 교회나 교리에 의해서 해결이 되는 것이 아니라, 찾아온 사람들의 마음을 바르게 알아주는 것을 통해 가능하다고 생각하게 하였다. 그리고 이런 관점에서 개신교 목사들에게 인간이해를 위한 심리학 연구를 부탁하기도 했다.

융의 심리학적 이론이 기독상담에 주는 통찰은 교조주의 신앙의 비합리성과 균형론에 관한 것이다. 기독상담사로서 우리는 학습되고 전수된 교리주의의 습관화된 믿음은 현장과 인간 삶의 현실에서 사람과 개인의 문제를 잘 보지 못하는 것은 아닌지 자문해 본다. 현실에서 호소하는 사람들을 잘 보지 못할 때 우리는 교조주의에 빠져 진정한 생명을 가지고 있는 것처럼 생각하거나 그것을 주고 있다고 오판할 수 있다. 생명력이 없는 것은 우리인데 상담하는 우리가 오히려 우리를 찾아오는 사람들을 향해 생명력이 없다고 하지는 않는지 생각해 본다. 융의 균형론은 완벽을 의미하지 않는다. 완벽한 균형이란 없지만 인생의 대소사가 움직이는 것은 균형상실이며, 또 균형을 유지하려는 인간본능의 움직임이 있기 때문이다. 겉으로 드러난 과대한 자신을 겸허히 낮추고, 숨고 감추려는 우리의 콤플렉스를 자연스럽게 이야기할 수 있는 개인과 인간 사회에 하나님의 나라가 이미 가까이 도래했다고 말할 수 있지 않을까 생각해 본다.

4) 폴 틸리히의 신학과 기독상담학

기독상담을 전공하는 사람들은 끊임없이 심리학과 신학적 주제를 가지고 분투해야 한다. 내 생각으로는 이 중 어느 하나를 상실하고 기독상담을 이야기하는 것은 모순이라고 본다. 그렇게 되면 학문을 할 수 있는 지지기반이 너무 부실하기 때문이다. 현재 한국은 예술, 문화, 음식 분야에서 모든 것을 재해석하는 작업이 행해지고 있다. 60~70년대 서민음식이 재해석되어 일반인의 식단에 소개되고, 그때 듣고 보았던 음악과 영화들 역시 재해석되어 그 시대의 향수와 긍지를 자아내고 있다.

한국의 신학구조는 보수적인 교단일수록 한 곳만 바라보게 한다. 그 외의 것들은 차단하고 접근하는 것을 금기시한다. 부모가 자녀에게 외부세계에 대한 경험을 금지하는 것은 부모가 가진 불안 때문이다. 그 불안으로 아이들을 감금시키고, 내 소유이므로 자신이 함부로 할 수 있는 사유재산으로 생각한다.

이 구조는 언젠가는 망한다. 틸리히는 1950년대에 발행한 '프로테스탄트 사상사'에서 구소련의 멸망을 예언하고 있다. 가장 큰 이유는 구소련의 체제는 '수직적 차원(vertical dimension)'의 것을 인정하지 않고, 자신의 국가이념을 절대화시키고, 이것을 어느 누구도 넘볼 수 없는 영역으로 생각했기 때문이다. 그러나 결국 이 체제는 해체되었다.

틸리히는 우리에게 '하나님 위에 있는 하나님(God beyond God)'을 찾아야 한다는 명제를 주었다. 이것을 설명하기 위하여 프로이트가 정의하는 '종교는 환영(illusion)'이라는 명제를 설명할 필요가 있다. 종교는 환영이 분명히 아니다. 그러나 어떤 이에게는 종교가 환영일 수 있다. 왜냐하면 거의 모든 사람은 불안 가운데 불안을 없애기 위해서 종교를 가지게 되는 경우가 있기 때문이다. 그래서 상담을 하다보면 불안이 강한 사람일수록 종교에 대한 절대적 망상이 심하다는 것을 알 수 있다. 개인의 문제를 해결하기 위해서 시작하는 신앙생활은 자신의 불안이 해결되었다는 관점에서만 종교를 보는 관점을 가지게 되며 그것은 개인적 신앙일 수는 있지만 보편적인 신앙이 될 수 없다. 이 관점을 지속적으로 강조하고 추종하게 되면 그것은 신앙이기보다는 어떤 때는 자신의 불안을 달래는 환영이 될 수 있는 것이다.

이런 점에서 틸리히는 '하나님 위에 있는 하나님'에 대한 관점을 중요하게 생각했다. 상담에 틸리히의 이런 관점이 필요한 것은 우리의 성장과정에서 형성된 부모와 사회로부터 구조화된 애착의 틀 가운데서 신앙생활을 하기 쉽기 때문이다. 그 구조가 현재의 우리를 만들고, 사회성을 가지게 하는 데까지는 성공했지만, 그 구조가 지속되는 한 우리는 피터 버거가 지적한 '질서/생명'의 단계까지는 나가지 못한다. 기독상담사는 자신이 신앙하는 하나님과 그 위에 있는 하나님을 분별할 수 있어야 할 것이다. 그렇게 될 때 우리는 좀 더 객관적이고 중심이 서 있는 상담사로서 설 수 있을 것이다. 틸리히 신학에서의 사고방식, 사람의 질문에서 시작하고 기독교가 답을 주는 그의 신학방법론은 신학의 세계에서만 적용되는 것이 아니라, 기독상담신학을 하는 상담사들에게 끊임없이 도전이 되었으면 한다.

나가는 글

기독교는 기독교인만을 위한 것인가? 기독교에서 믿는 하나님은 기독교인만을 위한 하나님이신가? 아니면 모든 보편적 인류를 위한 종교요 하나님이신가? 이러한 질문에 대한 나의 답은 후자다. 하나님은, 복음은 '교회 안'(內)만을 위한 것이 아니라 '교회 밖' 사람들을 위한 복음이요 하나님이어야 한다. 거기에는 기독교를 적대시하는 사람들도 있을 것이고, 무관심하거나 동조하는 사람들도 있을 것이다. 따라서 우리가 가진 과거 '구조'의 틀로 접근하는 데 장애가 발생할 수 있다. 이 장애를 극복할 수 있는 새로운 패러다임은 어떤 것일까? 여기에 기독(목회)상담의 신학적 시각과 통찰이 기여할 수 있는 것이 있다고 생각한다.

철학과 신학 그리고 심리학은 한 뿌리에서 시작한다. 이것은 인간과 영적세계에 대한 인간의 진지한 고민이며, 상징적 자기(symbolic self)와 동물적 몸(animal body) 사이에 있는 모호성에 대한 번민이다. 이 학문들은 접근하는 방법은 다르지만 인간에 대한 공통적인 질문과 번민을 가지고 있는 가장 근본적인 학문 분야다. 그래서 이 분야에 대한 더 많은 연구가 필요하다. 적어도 이 세 분야에 대한 진지한 고민과 실험적 모험이 우리를 좀 더 진지한 기독(목회)상담의 세계로 이끌 것이다.

신학은 현재의 심리학이 범접할 수 없는 2천년 이상의 유산을 가지고 있다. 이 신학적 보고를 재해석하여 현대적 의미로 내 놓을 수 있는 사람은 신학과 심리학적인 해석의 도구를 갖춘 사람이다. 이렇게 될 때 2천년의 보고가 현대인들에게 기독상담을 통해 재해석의 빛을 보게 될 것이다. 마치 바흐(S. Bach)의 묻혀져 있던 무반주 첼로 악보가 파블로 카잘스(Pablo Casals)라는 명 연주가에 의해 발견되고 수년간의 노력 끝에 재해석되어 깊은 음악의 세계에 우리를 초대하듯이 말이다.

❁ 참고 문헌

Berger, P. (1970). *A rumor of angel*. New York: Doubleday Anchor Books.

Berger, P. (1974). *Homeless mind: Modernization and consciousness*. New York: Vintage Book.

Bowlby, J. (1961). *Child care and the growth of love*. London: Penguin Books.

Jung, C. (1933). *Modern man in search of soul*. New York. Harverst/HBJ Book.

Jung, C. (1989). *Memories dreams reflections*. New York. Vintage Books.

Tillich, P. (1988). *The spiritual situation in our technical society*. Macon: Mercer University Press.

Tillich, P. (1984). *The meaning of health: Essays in existentialism*. Chicago: Chicago Theological Seminary/Exploration Press.

제7장
기독(목회)상담은 해석이다

1. 해석은 수평적 관계에서 이루어진다
2. 기독(목회)상담에서 기독교와 상담은 수평적 관계다
3. 기독(목회)상담에서 이론과 실천은 병렬 관계다

반신환 교수
한남대학교

들어가는 글

내 기억 중 최초의 장면은 바닷가로 달려가는 '나' 자신이다. 화창한 날씨에 갯벌이 펼쳐진 바다로 향하는 길을 신나게 뛰어가는 꼬마의 모습이다. 탁 트인 논에 벼들이 익어 가고, 그 사이로 바짝 마른 넓은 황토 길이 뻗어 있다. 햇볕도 강한 한낮이다. 전체 색조는 누렇고 덥다. 친구들도 없고, 어른들도 없지만 즐겁기만 하다. 외롭지만 자유로운 느낌이다. '탈출'이 연상된다.

나는 목사다. 내 아버지도 목사였다. 결국 나는 목사의 아들이다. 그것도 첫째 아들이다. 그리고 1962년에 태어났다. 내가 기억을 자유롭게 떠올릴 수 있는 초등학교 입학 당시에 아버지는 경기도의 면사무소 소재지에서 목회를 했다.

1. 해석은 수평적 관계에서 이루어진다

기독(목회)상담에 대해 이야기를 하려면 나는 아버지를 벗어날 수 없다. 왜냐하면 내 기독교 신앙과 학문의 큰 부분이 부모, 특히 아버지와의 관계에서 형성되었기 때문이다. 기본 골격을 아버지와의 아동기 관계에서 형성했다고 볼 수 있다.

아동기에 나는 아버지를 무서워했다. 그래서 최대한 아버지와 얼굴을 마주치지 않으려고 했다. 그래서 아버지와 정서적 대화를 나눈 기억이 거의 없다. 아버지와 대화하는 장면을 떠올려 보면 아버지에게 객관적 사실을 보고했던 기억이 떠오른다. 그리고 아버지와 함께 있는 모습을 생각하면 입을 다물고 긴장하고 있는 개구쟁이의 모습이 나타난다.

나는 왜 아버지를 무서워했을까? 내가 성장한다는 것은 이 질문에 대한 대답을 발견하고 스스로 구성하는 과정이었다. 여러 대답을 생각해 본다. 우선, 내 동생들은 아버지와 관계가 좋았다. 그러므로 아버지의 성격적 특징을 배제할 수밖에 없다. 아버지는 경상도 남자다. 남의 평가에 관심이 높으셨다. 50년 전의 시골 목회자이기 때문에 이 특징은 더 많다. 아버지는 내가 첫 자녀이기 때문에 아버지 역할에 익숙하지 않으셨다. 내가 세 살 때까지 어머니와 아버지는 경제적 이유로 별거를 하셨다. 아버지는 섬에서 목회를 하고, 어머니는 인천에서 일을 하셨다. 그래서 아버지가 집에 오셨을 때 나는 갑자기 '아버지로 나타난 이방인'을 무서워했고, 아버지는 갑자기 활동성이 높아진 남아에게 당황하셨던 것 같다. 그래서 더 엄격하게 통제하려고 하셨던 것 같다.

아버지를 무서워했던 경험의 결과로 나는 수평적 관계를 선호한다. 수직적 인간관계를 싫어한다. 그것의 일시적 유용성을 부인하지 않지만 그것의 장기적 효과를 부정적으로 판단한다. 내 위에 올라가서 나를 부리려는 사람이 싫다. 그리고 내 밑으로 들어와서 내게 의지하려는 사람에게도 부담을 느낀다. 자신을 낮추면서 말로 타인을 조종하려는 사람에게 짜증이 난다.

이것은 인간관계에 국한되지 않고 기독교신학과 타학문에도 연결되었다. 아마 아버지를 기독교신학의 상징으로 내면화했기 때문일 것이다. 결국 나는 인간관계에서도, 기독(목회)상담에서도 관계 속에 포함되어 있는 권력의 속성에 대해 민감해졌다. 그리고 수직적 관계를 구성하는 요인을 발견하고 그것을 해소하는 과정에 관심이 많아졌다. 그러한 맥락에서 나는 평등한 지위에서 상호 대화를 추구하는 해석학을 기독(목회)상담의 모형으로 제시한다. '해석학적 순환'은 기독교와 상담의 관계뿐만 아니라 이론과 실천의 관계에서도 유효하기 때문이다.

해석은 수평적 관계에서 이루어진다. 수직적 관계에서 이루어지는 해석은 지시이거나 아부가 된다. 우월한 위치에 있는 사람이 구성하는 해석은 열등한 지위에 있는 사람에게 지시가 된다. 후자에게는 전자의 해석을 해석으로 인정하고 그것을 수정할 수 있는 힘이 없기 때문이다. 후자는 그것을 수용할 의무만 갖고 있다. 그리고 후자의 독특한 해석은 전자의 관심을 끌지 못한다. 사람은 자기가 보고 싶은 것만 보고, 듣고 싶은 것만 듣기 때문이다. 그러므로 후자의 해석이 전자의 관심을 끌기 위한 방법은 전자의 관심사를 표현하는 수밖에 없다. 결국 후자는 자신을 해석하는 것이 아니라 전자의 관심을 해석하는 것이다. 즉, 후자에게 해석은 없다. 그러므로 해석을 위하여 수평적 관계는 필요조건이다.

2. 기독(목회)상담에서 기독교와 상담은 수평적 관계다

1990년 나는 에모리 대학교(Emory University) 신학부에서 석사학위 (M. Div.)를 취득했다. 기독교와 상담의 관계에 대한 내 생각을 구성하는 데 영향을 받은 과목은 조직신학과 기독(목회)상담이었다. 조직신학 과목에서는 바르트(Barth)와 틸리히(Tillich)를 비교하며 대화하도록 했다. 이때 틸리히의 상관법(Method of Correlation)에 매료되었다. 그는 기독교신학을 인간실존에 내포되어 있는 질문에 기독교전통의 기반에서 해답을 구성하는 것으로 주장했다(Tillich, 1951). 기독교를 중심으로 타 학문과의 대화를 주장한 것이다. 이것을 수평적 관계로 발전시킨 신학자가 트레이시(Tracy)인데, 그는 기독교신학의 과제를 기독교전통의 해석과 현대 상황의 해석 사이의 '상호 비판적인 상관법(Mutually Critical Correlation)'으로 설명했다(Tracy, 1978).

에모리 대학교 신학부에는 파울러(Fowler), 걸킨(Gerkin), 그리고 헌터(Hunter) 교수가 심리학과 상담을 담당하고 있었다. 그중 파울러와 걸킨이 인상적이었다. 전자는 종교심리학적 특징이 강했고, 후자는 기독(목회)상담의 과정에 기독교전통을 회복하려고 했다. 그는 기독(목회)상담의 과정을 해석학으로 그리고 위기경험을 신앙체험으로 설명했다. 처음에는 그의 접근을 이해할 수 없었지만 결국 기독교전통을 회복해서 기독교와 상담의 수평적 관계를 구성하려는 그의 노력에 가슴이 뛰었던 기억이 있다.

기독(목회)상담에서 서로 만나는 기독교와 상담의 학문적 전통은 다르다. 기독교는 삶의 방법일 뿐만 아니라 학문이기도 하다. 기독교 신학은 기독교를 독자적 대상으로 연구한다. 이것을 더 세분하면, 기독교 경전에 대한 전문 영역인 성서학이나 성서신학이 있고, 교회와 사상을 역사적으로 연구하는 역사신학이 있고, 기독교의 사상을 현대의 용어로 표현하는 조직신학이나 기독교윤리가 있다. 상담의 경우, 상담에 대한 개념과 연구방법론으로 구성된 상담학이 있다. 기독교 신학과 상담은 모두 삶의 내용을 대상으로 하지만 방법론이 서로 다르다. 전자는 개념을 정의하고 분석하고 조직하지만, 후자는 사회과학적 방법이나 생리과학적 방법을 사용한다.

기독(목회)상담에서 기독교와 상담의 관계는 종교사회학이나 종교심리학과 다르다. 기독교는 종교이고, 상담은 기술이다. 종교는 삶의 방법이고, 기술은 과학이다. 삶의 방법과 과학 사이의 일반적 관계는 전자가 후자의 대상이 된다. 즉, 전자를 대상으로 삼아서 후자의 방법론에 따라 기술하고 설명하고 예측한다. 예를 들어, 종교사회학은 종교를 대상으로 사회학의 개념과 방법론을 사용해서 분석한다. 즉, 사회학적 관점으로 종교를 서술하고 설명하고 분석하고 예언한다. 이와 같은 관계는 종교심리학에서도 나타난다.

기독(목회)상담은 종교사회학이나 종교심리학과 다르다. 기독교적 삶의 방법을 대상으로 상담적 개념과 방법론을 적용하는 데 관심이 없다. 기독(목회)상담은 기독교에서 상담의 지혜와 기술을 도입한 것이다. 즉, 기독교적 삶의 방법을 증진하기 위하여 상담의 원리, 과정, 기술 등을 도입한 것으로 전자가 후자를 수용해서 사용한다. 이와 같은 관계에서 '목회'라는 단어를 사용하는 경우가 많다. 그리고 목회상담이라는 표현을 쓰기도 한다. 비슷하게 목회사회학이나 목회심리학이라는 용어를 사용하는 경우도 있다. 목회를 위하여 사회학적 혹은 심리학적 지식과 방법론을 사용하는 것을 말한다. 그러나 목회가 목회자에게 국한되지 않고 기독교 공동체의 활동이라고 이해하면 목회상담보다 기독(목회)상담이라는 용어가 더 포괄적이다.

기독교에서 상담의 지혜와 기술을 도입할 수 있는 것은 기독교와 상담의 영역이 중첩되는 부분이 있기 때문이다. 그것은 인간의 회복과 성장의 영역이다. 기독교 역사에서 기독교는 당시 최고의 방법론을 사용해서 인간의 회복과 성장을 추구했다. 상담도 현대 과학의 지식을 갖고 인간의 회복과 성장의 방법론을 구성한다. 양자의 공통점을 기반으로 기독(목회)상담이 구성되었다는 사실은 기독교와 상담이 수평적 관계를 지향한다는 것을 함축한다. 양자가 수평적 관계가 아니면 한쪽이 다른 쪽으로 흡수되어 사라지거나 서로 분리될 것이다.

기독(목회)상담에서 기독교와 상담은 서로 대화를 한다. 양자가 공통의 관심을 갖고 있다는 것은 상호 대화에서 얻는 이익이 적지 않다는 것이다. 인간의 회복과 성장의 정의, 구성요인 그리고 방법과 과정에 대한 양자의 축적된 지혜를 공유한다. 기독교와 상담은 실천 지향성, 변화 지향성, 전인적 관심 등에서 공통점을 찾을 수 있다. 이것을 구체적으로 살펴보면 다음과 같다.

1) 실천 지향성

기독교와 상담은 모두 실천에 초점을 둔다. 물론 양자 모두 이론을 배제하지 않는다. 이론의 가치를 인정한다. 하지만 핵심은 실천에 있다. 기독교를 비롯한 종교는 실천을 근거로 구성된다. 이것은 종교에 대한 리스브로트(Riesebrodt, 2010)의 정의에서 잘 나타난다. 종교사회학자인 그는 '종교'를 "인격적이거나 비인격적이지만 일반적으로 비가시적인 초인적 힘의 존재라는 전제에 근거한 실천의 복합체"(74-75)로 정의한다. 그의 정의에서 핵심은 종교적 행위 혹은 종교적 실천이다. 그러면서 그는 주관적 의미보다 객관적 의미, 즉 신을 향한 구체적 혹은 언어적 실천을 강조한다. 특히 "개입적 실천(interventionist practice)"(75)을 강조한다. 이것은 초인적 힘과의 접촉을 형성하려는 실천을 의미한다. 이 개입적 실천은 예배, 기도, 찬송과 같은 상징적 행위를 통한 상호작용, 입신과 같은 일시적 상호작용, 명상처럼 개인 속에 내재되어 있는 초인적 잠재성의 활성화 등을 포함한다.

그러나 그가 초점을 두는 개입적 실천은 담론적 실천과 행동조절 실천이다. 담론적 실천은 초인적 힘의 속성, 접근가능성, 그리고 접근 방법에 대한 대인 의사소통이다. 이것은 종교적 해석문화의 기초이기 때문에 신학은 여기에 포함된다. 행위조절 실천은 초인적 힘과 관련해서 일상생활을 종교적으로 재구조화하는 것이다. 이것은 체재의 회피 혹은 가치의 축적에 관심을 둔다.

상담의 핵심도 실천이다. 도움을 요청하는 사람을 돕는 기술과 과정은 상담에 참여하는 개인에 따라 양태가 다양하다. 상담사와 내담자의 특성과 상황에 따라 상담의 실제에서 다양한 역동과 사건이 발생한다. 그러므로 상담이론은 상담의 실천이나 현장을 충분히 설명하지 못한다. 항상 추상적이거나 단편적이다. 그래서 상담의 현실과 접촉점이 거의 없는 일종의 교리나 역사책으로 생각될 수도 있다.

노크로스(Norcross, 1990)는 상담의 정의를 "상담에 참여하는 사람들이 바람직하게 간주하는 방향으로 행동, 인지, 감정 그리고 기타 개인적 특성을 스스로 수정하도록 돕기 위하여 검증된 심리적 원리들로부터 도출한 임상적 방법과 대인관계적 태도의 의도적이고 공지된 적용"(218)이라고 제시한 바 있다. 이 정의는 상담의 다양하고 복잡한 양태를 전제한다. 해석을 강조하는 상담도 있고, 보상으로 인한 행동수정을 강조하는 상담도 있고, 상담사와 내담자의 관계를 강조하는 상담도 있고, 상담사의 태도를 강조하는 상담도 있다. 그리고 상담의 실제는 계속 변하고, 재구성되고, 창조된다. 그러므로 상담의 방법과 실제를 구체적으로 정의하는 것은 쉽지 않다. 그래서 노크로스도 '임상적 방법과 대인관계적 태도'로 요약할 뿐이다. 결국 상담의 핵심은 다양하고 복잡한 실천이며 방법이다.

2) 변화 지향성

기독교와 상담은 개인의 변화를 지향한다. 그것은 양자가 모두 개인이 호소하는 문제를 해결하기 때문이다. 문제의 해결을 위하여 양자는 모두 문제의 원인을 찾는 작업을 하고 그것을 해결하는 방법을 제시한다. 이것들은 서로 분리되어 있지 않다. 문제의 원인 속에 이미 그것을 해결하는 방법을 포함하는 경우가 많기 때문이다.

기독교는 문제해결의 방법과 문제의 원인에 대한 이해를 제공한다. 우선, 문제해결의 방법을 살펴본다. 기독교에는 개인의 행복을 증진시키는 요소들이 있다(Diener & Biswas-Diener, 2008). 첫째, 위로와 평안을 제공하는 믿음이다. 하나님의 사랑과 임재에 대한 믿음에서 위로나 평안을 얻을 수 있다. 둘째, 신앙공동체는 사회적 지지를 제공한다. 이 공동체는 정치적 범위를 벗어나 사회적 약자나 실패자를 보살핀다. 셋째, 신비와의 접촉을 통해 인생의 목적과 정체성을 제공한다. 특히 사회적 혼란기에 삶의 방향과 정체성을 제공하는 경우가 적지 않다. 넷째, 개인이 성장하는 동안 가치와 도덕에 대한 양육과 훈련을 제공한다. 주로 기독교교육이 제공하는 기능이다. 다섯째, 의식의 고양을 통해 공동체를 하나로 묶는다. 주로 예배가 제공하는 기능이다.

기독교는 문제의 원인을 죄로 설명한다. 개인이 겪는 문제의 근원적 원인을 분석한다. 물론 해결방법에 대한 시사점 또한 암시한다. 그러면 죄란 무엇인가? 기독교에선 일반적으로 불순종, 교만, 무책임, 무질서 등으로 설명한다. 불순종은 하나님의 말씀에 대한 탈선이거나 불신이다. 교만은 하나님처럼 되고 싶은 욕망이다. 무책임은 자신의 행동을 인정하지 않고 타인에게 책임을 전가하고 핑계를 대는 행동이다. 무질서는 사회적 질서를 파괴하는 행동을 의미한다.

상담도 문제해결의 방법에 관심이 있다. 현재 상담은 문제의 원인을 찾거나 구성하는 것보다 문제해결에 관심이 쏠려 있다. 그러므로 상담은 문제해결의 과정에 집중한다. 이 문제해결의 과정은 인간변화의 과정을 기반으로 이루어진다. 이 인간변화의 과정으로 10개의 과정이 제시된다(Prochaska & DiClemente, 1983). 그것은 의식 고양, 극적 안도감, 환경 재평가, 사회적 해방, 자기 재평가, 자극 통제, 조력 관계, 역조건화, 강화 관리, 그리고 자기 해방이다. 의식 고양은 주의력을 증가해서 주목하는 과정이다. 극적 안도감은 감정을 고조시킨 후에 해소하는 과정이다. 환경 재평가는 자신의 관계적 상황을 재평가하는 과정이다. 사회적 해방은 사회적 기회나 대안을 증가시키는 과정이다. 자기 재평가는 자기 이미지를 재평가하는 과정이다. 자극 통제는 특정 행동을 촉진하는 자극을 제거하거나 추가하는 과정이다. 조력 관계는 회복이나 성장을 위하여 사회적 지지를 제공하는 과정이다. 역조건화는 문제행동을 대체할 수 있는 더 건강한 행동을 학습하는 과정이다. 강화 관리는 회복이나 성장을 구성하는 특정 행동에 대해 보상을 제공하는 과정이다. 그리고 자기 해방은 자기 변화에 대한 자신감과 헌신을 촉진하는 과정이다. 이 과정들이 상담에서 발생하는 문제해결 과정에 포함되어 있다.

3) 전인적 관심

기독교와 상담은 인간을 총체적으로 본다. 개인의 전인성에 대한 관심을 공유한다. 기독교에서 인간은 하나님의 피조물이다. 즉, 하나님과의 관계를 중심으로 이루어진 영적 존재다. 그리고 동시에 육체적 존재다. 이것은 신체와 정신과 감정을 포함한다. 그러므로 기독교에서 인간은 신체와 정신과 감정을 모두 갖고 있으면서 그것을 초월하는 영적 존재다.

인간의 다양한 속성이 서로 연관되어 있고 서로 영향을 주고받기 때문에 기독교의 방법론은 다양하게 나타난다. 기독교 개혁주의 전통은 영적 속성의 향상을 위하여 인지적 측면을 강조하는 경향이 있다. 가톨릭에서는 신체적 감각이나 행동을 더 강조하는 경향이 있다. 오순절 전통에서는 감정적인 측면을 강조하는 경향이 있다. 이처럼 각 전통에서 강조되는 영역은 서로 다르지만 인간의 전체적 회복과 발달에 관심을 갖는 것은 동일하다.

상담의 역사를 보면 인간의 정서, 행동 그리고 인지로 관심이 다양하게 변해왔다. 정신분석 전통은 정서를, 행동주의 전통은 행동을, 인본주의 전통은 느낌과 영성을, 그리고 인지치료 전통은 인지를 강조했다. 각 전통에서 강조되는 영역이 다르기 때문에 인간을 부분적으로 이해하는 것처럼 보인다. 하지만 상담에서 지향하는 건강은 총체적인 것이기 때문에 전인적이다.

상담에서 영적 속성에 대한 관심이 높아지고 있다. 단순히 인지적 기능, 감정 조절, 행동 수행에서 손상이 없는 상태를 지향하는 것이 아니라 초월성에 대한 관심이 높아지고 있다. 초월성은 인간의 성격 강점으로 제시된다(Peterson & Seligman, 2004). 이것은 미와 수월에 대한 감상, 감사, 희망, 유머 그리고 영성 등을 포함한다. 미와 수월에 대한 감상은 아름다움과 탁월함에 대해 경탄하는 능력이다. 감사는 타인의 행동에서 자신이 혜택을 받았다는 감각이다. 희망은 바라는 것이 이루어진다는 미래에 대한 기대와 이것을 촉진하는 행동, 이것과 일관되는 기분 등을 포함한다. 유머는 긍정적 측면을 바라보면서

자기 자신과 타인에게 웃음을 주거나 부드럽게 장난칠 수 있는 능력
이다. 영성은 자신과 세계에 초월적 목표와 의미에 대한 일관성이 있
는 믿음이다. 이것은 개인의 삶에서 방향과 위로를 제공한다.

개인의 전인성에 대한 관심은 관계를 강조하는 방법론으로 나타난
다. 이것은 기독교에서 만남을 강조하는 신학, 예배, 목회 등으로 표
현된다. 이 만남은 타인의 독특성과 전인성을 허용하는 구조다. 그러
므로 이 만남에서 개인은 타인을 자신의 범주에 종속시키지 않고 타
인과 개방적이고 역동적인 과정에 참여한다. 상담에서도 관계의 중요
성을 강조한다. 상담에서 형성되는 치료관계는 상담사의 이론적 경향
과 상관없이 상담효과에 큰 영향을 주고 이 영향의 크기는 특정 기법
이상이다(Norcross & Wampold, 2011). 이 관계는 상담사와 내담자 사
이의 동맹, 내담자의 피드백, 공감, 협력, 목표에 대한 합의 그리고 긍
정적 존경을 포함한다.

3. 기독(목회)상담에서 이론과 실천은 병렬 관계다

미국 유학 중 석사과정에서 '임상목회교육(CPE)'을 이수했다. 그
교육과정에 집단분석이 포함되어 있었다. 어느 날 "나는 다른 사람에
게 듣기 싫은 소리를 하지 못한다."고 말을 했더니 슈퍼바이저가 "다
른 사람이 너를 공격하지 않도록 남을 공격하지 않는 것 아니냐?"라
고 해석했다. 나는 충격을 받았다. '타인이 나를 공격하지 않도록 타

인에게 공격하지 않는다.'는 것이다. 내가 선호하는 상담이론은 내 성격특성을 기반으로 이루어졌다는 신념이 흔들렸다. 내 심리적 만족과 이익을 위하여 내 상담이론을 선택한 것이라는 반론에 마주쳤다. 그리고 그것을 부인할 수 없었다. 그 이후 상담회기에서 내가 사용하는 기술이나 전략도 내 만족과 이익을 위한 것들이 될 수 있다는 생각이 자리 잡게 되었다. 그리고 최대한 내 만족과 이익보다 내담자의 이익을 확보할 수 있는 상담 실천에 관심을 갖게 되었다. 상담이론 자체가 아무리 정교하고 논리적이더라도 내담자의 이익을 위한 실천을 더 중요하게 생각하게 되었다. 그리고 내담자의 이익을 증진하기 위하여 상담이론과 대화하고 그것을 수정하고 보완하는 과정의 필요성은 포기될 수 없다.

기독(목회)상담에서 이론과 실천의 통합은 해석이다. 내담자의 특성과 호소문제, 상황을 이해하지 못하면 내담자의 이익을 위한 상담을 전개할 수 없다. 내담자를 이해하고 내담자의 문제에 개입하려면 내담자에 대한 이론과 상담방법에 대한 이론이 필요하다. 그리고 아무리 훌륭한 상담이라도 상담방법과 과정, 원리를 개념적으로 조직화하지 못하면 결국 그것은 제도화되지 못하고 함께 연구할 수 없다. 상담사가 내담자에게 상담방법과 과정을 설명하지 못하면 상담을 통한 내담자의 회복과 성장은 일시적이거나 비합리적이다. 그러면 내담자의 자발성과 독립성은 회복되거나 성장되지 않는다. 그것은 일시적 문제해결을 이룰 수는 있지만 궁극적으로 필요한 성장과 발달을 촉진하지 못한다.

기독(목회)상담에서 이론과 실천을 통합하는 과정에 대해 오스머

(Osmer)는 경험적 기술(description)과 해석, 규범 그리고 계획이라는 4개 과제로 제시한다(Osmer, 2008). 경험적 기술에서 상담사는 내담자의 문제와 상황의 특성과 역동을 파악할 수 있는 정보를 수집한다. 해석에서 그 특성과 역동이 발생한 원인을 보다 더 잘 이해하고 설명할 수 있는 과학적 이론들을 찾는다. 상담이론들도 포함된다. 규범에서 상담사는 내담자를 이해하고 개입하는 신학적 개념, 윤리적 기준, 그리고 상담원리를 사용한다. 계획에서 상담사는 내담자에게 효과적 개입을 위한 행동 전략을 결정하고 그것의 결과를 평가한다. 이 4개 과제를 오스머는 실천신학적 해석의 과제로 설명한다. 이런 접근은 기독(목회)상담에도 적용할 수 있다. 기독(목회)상담이 실천신학에 포함되어 있기 때문이다. 이 과제들은 서로 분리되어 독자적으로 존재하는 과제들이 아니다. 단계적으로 발생하는 것도 아니다. 상호적인 영향을 주는 해석학적 순환의 지점들이다.

오스머의 과제는 가다머(Gadamer)의 해석학적 경험을 현대적 용어와 관점을 사용해서 새롭게 해석한 것이다. 가다머의 해석학적 경험은 5개 지점으로 구성된다. 그것은 선이해, 계기, 대화적 상호작용, 지평의 융합, 그리고 적용이다. 선이해는 과거에 축적된 판단과 이해로서 해석을 시작할 때 포함되어 있다. 계기는 선이해에 거슬려서 탐색을 촉진하는 경험이다. 대화적 상호작용에서 대상은 자신을 새롭게 드러내고 해석자는 그것에 대해 자신을 개방하고 그것의 목소리를 듣는다. 이것은 한 번에 이루어지지 않고 일련의 상호작용으로 구성된다. 지평의 융합에서 해석자의 지평과 대상의 지평이 서로 연결되는데 이때 새로운 통찰이 발생한다. 양자가 모두 필요하다. 그리고 적용에서 해석자의 새로운 통찰이 해석자에게 국한되지 않고 세상의 사고와 행동의 새로운 방식으로 이어진다.

이제 오스머의 4개 과제를 중심으로 기독(목회)상담의 이론과 실천의 구체적 상호작용에 대해 좀 더 살펴보고자 한다. 그의 과제는 단순히 기독(목회)상담의 목표만을 제시하는 것이 아니다. 오히려 과정과 원리, 방법, 전략을 포함한다. 각 영역에서 이루어지는 이론과 실제의 공존과 상호작용, 즉 병렬관계에 대한 주관적 단상을 엮어서 제시한다.

1) 경험적 기술(記述)

기독(목회)상담은 상담사와 내담자의 만남에서 발생한다. 상담사와 내담자는 만남 혹은 접촉을 시작하는 순간부터 서로 상대방에 대한 이해를 시작한다. 물론 내담자가 먼저 시작하는 경우가 많다. 상담사에 대한 정보를 검색하고 상담사를 선택하고 상담사에게 접촉을 시작한다. 이 과정의 핵심은 정보수집이다. 그런데 중립적 정보의 수집은 쉽지 않다. 오히려 이 과정에 전이해가 발생한다. 그리고 이것은 정보내용에 대한 해석뿐만 아니라 정보내용에 영향을 준다. 특히 상담사나 내담자가 정보를 수집하는 영역과 방법에도 영향을 준다.

경험적 기술은 중립적 정보를 수집하는 것이다. 이것은 관찰이나 경청처럼 주의력을 집중하는 과정이다. 주로 관찰이나 면접의 형태로 이루어진다. 그리고 무의식적으로 이루어지는 과정과 의식적으로 이루어지는 과정을 포함한다. 이 과정에 해석과 규범, 계획이 영향을 줄 수 있다. 이때 이 영향이 무의식적으로 이루어지면 이 과정에서 획득하는 정보의 질을 저하시킨다. 그리고 그것은 상담과정에서 효과를 낮출 뿐만 아니라 내담자에게 부정적 효과를 미칠 수 있다.

우리는 관찰과 같은 경험적 기술보다 해석이나 규범에 더 익숙하다. 관찰을 훈련하기 위하여 얼굴의 표정을 기술하는 과제에 참여하면 '우울하다' '짜증스럽다' '환하다' '열심히 살았다' 등 개인적 판단과 해석을 기술로 생각하는 경우가 적지 않다. 심지어 '더 웃어야 한다.' '얼굴에 성실성이 부족하다.' 등 개인적 규범을 기술로 혼동하는 경우도 있다. 이것은 정보의 중립성이 낮은 경우들이다.

한 중년 여성에게 "자녀가 몇 명입니까?" 라고 질문했다. 그런데 그 여성은 얼굴을 붉히며 대답을 하지 못했다. 동료가 "미혼이다."라고 설명했다. '중년 여성'이라는 기술이 '중년의 여성이면 당연히 기혼이다.'라는 해석과 '기혼이면 당연히 자녀를 갖고 있다.'라는 해석에 압도당해 발생한 오류다. 이와 같은 종류의 오류가 상담과정에서 발생하면 상담관계와 상담의 효과는 훼손된다.

경험적 기술에서 상담사는 무엇에 대한 정보를 찾을까? 나는 내담자의 환경보다 기능에 초점을 둔다. 내담자는 자신의 문제 때문에 상담사를 찾는다. 그래서 주로 문제, 특히 대인관계의 문제나 환경적 문제를 호소하는 경우가 많다. 그 호소문제의 내용에 초점을 두면, 환경이 원인이고 그것의 변화가 해결방법이라고 생각하는 경우가 있다. 이 태도를 나는 좋아하지 않는다. 상담은 내담자의 기능에 초점이 있다고 믿는다.

그렇다면 내담자의 기능에서 무엇을 찾을까? 첫째, 외모와 행동이다. 옷차림, 외적 행동, 표정, 자세 등은 많은 정보를 제공한다. 나는 특히 내담자의 회기별 옷차림의 변화에 관심을 둔다. 그것은 상담관계와 상담효과에 대한 내담자의 평가와 관련된 정보를 제공하는 것 같다. 둘째, 사고 과정이다. 이것은 말의 속도, 지속성, 내용 등에서 찾을 수 있다. 셋째, 인지 기능이다. 이것은 어휘와 추상적 사고의 수준 등에서 나타난다. 나는 상담할 때 내담자가 사용하는 어휘들을 사용하며 대화한다. 이렇게 할 때, 내담자의 어휘에 대한 주의력도 높아지고, 사고 과정에 대한 이해도 증가한다. 넷째, 정서 기능이다. 나는 이것을 관찰하기 위하여 내담자의 기분과 감정을 주목한다. 기분은 내담자가 전반적으로 느끼는 상태다. 내담자의 보고 내용이나 외모와 행동에서 알 수 있다. 감정은 내담자가 말할 때 동반되는 느낌이다. 나는 상담할 때 느낌과 언어내용과의 일치 여부에 대해 신경을 쓴다. 다섯째, 감각 기능이다. 주변 환경에 대한 주의력이다. 특히 고령자 내담자의 경우, 지금 현재 상황에서의 주변 사람들, 시간, 그리고 장소에 대한 지각 수준에 관심을 가져야 한다(Barlow & Durand, 2015).

종교에 대한 정보 수집도 필요하다. 종교에 대한 공식적 탐색은 내담자의 요청이 있을 경우에 이루어진다. 그리고 그 요청의 동기부터 탐색하기 시작해서 천천히 진행한다. 그 이유는 우리나라에서 종교가 집단정체성을 포함하는 경우가 많기 때문이다. 그리고 종교집단 사이에서 경쟁과 갈등이 높기 때문이다. 즉, 종교가 다를 때 종교에 대한 대화는 상대방에 대한 이해와 지지가 아니라 비난이나 차별을 포함할 위험성이 높기 때문이다.

경험적 기술은 해석, 규범, 그리고 전략도 포함한다. 이 과정이 무의식적으로 이루어지면서 각 과제가 모호한 경우 상담관계나 상담효과에서 훼손이 발생한다. 그러나 유능한 기독(목회)상담사는 경험적 기술의 과정에 이미 해석, 규범, 그리고 전략을 의식적으로 포함한다. 경험적 기술에서 수집하는 내담자에 대한 중립적 정보는 내담자의 특성과 문제에 대한 이론을 구성하는 자료가 됨과 동시에 내담자에게 개입하는 전략적 판단과 계획의 자료가 된다. 즉, 상담사의 경험적 기술, 해석, 규범, 그리고 전략은 동시에 발생하는 병렬 과제들이다.

2) 해석

기독(목회)상담에서 해석은 내담자의 특성, 문제, 그리고 상황에 관련된 이론들을 파악하고 그들 중에서 최선의 판단을 구성하는 것이다. 이것은 학문성과 의사결정능력으로 구성된다.

당신이 주로 사용하는 상담이론은 무엇인가? 이 질문에 대한 당신의 대답은 무엇인가? 상담 관련 자격증취득 구술시험에 면접관으로 참여했던 내 경험에 비추어볼 때, 우리나라 기독(목회)상담사들은 '로저스의 인간중심상담이론'이라고 말하는 경우가 많다. 그런데 이 이론을 선택한 이유에 대해 구체적으로 질문하면 '공감'이라고 대답한 이후 우물쭈물하는 경우가 적지 않다. 내담자의 문제와 특징을 이해하고 자신의 상담 방법과 원리를 설명하기 위하여 자신이 소화한 상담이론이 명확하게 나타나지 않는 경우다.

왜 우리나라 기독교상담사는 자신의 의견을 잘 표현하지 않을까? 침묵과 겸손을 높이 평가하는 우리나라 전통문화를 원인으로 생각할 수 있다. 이것은 사회문화적 관점의 이론에 속한다. 특정 상담사의 내향성이나 낮은 자기효능감을 원인으로 볼 수도 있다. 사회적 발달이나 가족체계의 손상이 원인일 수도 있다. 이들은 모두 심리적 관점의 이론에 속한다. 특정 상담사의 발성 기관의 이상이나 전두엽의 손상 때문이라고 판단하면 이것은 생물학적 관점의 이론이다.

그렇다면 우리는 이런 다양한 이론을 어떻게 평가할 수 있을까? 내담자의 특징과 문제에 대한 각 이론의 효과에 대한 연구결과들을 체계적으로 분석할 수 있어야 한다. 여기에는 학문성과 의사결정능력이 요구된다. 각 이론의 효과에 대한 연구결과를 분석하는 과정에 학문성이 필요하다. 연구논문을 이해하고 그 연구결과를 분석하는 능력이 필요하다. 그리고 서로 경쟁하는 이론들 사이에서 의사결정을 이루기 위하여 전문가들의 집단지능에 참여한다. 내담자의 문제에 대한 전문가 공동체 혹은 기독(목회)상담 전문가 공동체와 의사소통을 하면서 집단지능을 사용할 수도 있다.

3) 규범

내 경험에 비추어 보면, 우리나라 기독(목회)상담사들은 대체로 윤리적 원리에 대한 관심이 그리 높지 않은 것 같다. 미국 상담사들의 경우보다 법이나 윤리강령에 더 무관심한 것처럼 보인다. 법이나 윤리강령을 '상담사를 규제하는 제도'로 이해하는 경향이 높아서 그럴 수 있다. 하지만 미국 기독(목회)상담사들은 대개 '상담이론과 실제에서 기초가 되는 핵심 원리'로 인식하는 것 같다.

우리나라 기독(목회)상담사는 대체로 도덕적 자부심이 높다. 그래서 중독, 성, 패륜 등과 같은 문제를 가진 내담자와 상담할 때 내담자의 주도성이나 자발성을 촉발하는 데 어려움을 겪는 경우가 있다. 아울러 불우한 처지의 내담자들에게 기꺼이 무료 상담봉사를 하는 경우도 있다. 이런 경우, 상담사가 내담자와 수평적 관계를 형성하려고 노력하더라도 내담자 스스로가 자신을 열등하게 위치하는 수직적 관계를 구성할 위험성이 높다. 그러면 내담자의 자발성이 아니라 의존성을 촉진하는 결과를 초래할 수도 있다.

기독(목회)상담사는 상담료를 받아야 할까? 이 질문에 대한 대답은 윤리적 원리와 관련이 있다. 내담자의 이익을 위한 상담관계는 상담사와 내담자의 수평적 관계다. 이것은 내담자가 상담사를 '스승님'이나 '선생님'으로 지각하는 관계가 아니다. 오히려 상담사의 정보를 검색한 후 자신에게 적합한 상담사를 고용하는 관계다. 그리고 상담사에 대해 충분하지 않다고 판단하면 쉽게 상담을 중단하는 관계다. 그리고 상담을 종료한 후 상담사와의 관계도 쉽게 해지하는 관계이다. 이와 같은 수평적 상담관계를 경험하기 위한 전제조건이 기독(목회)상담사가 내담자에게 고용이 되어 상담을 수행하는 경험이다. 상담료를 받기 때문에 내담자의 요구에 대해 책임을 느끼는 경험이다. 그러므로 기독(목회)상담사가 자신의 전문성을 높이는 과정에 내담자에게 상담료를 받고 상담하는 경험이 필요하다.

우리나라에서 기독(목회)상담사와 내담자 사이의 이중관계는 주로 어떠한 영역에서 나타날까? 상담 외적인 관계 때문에 상담사가 내담자의 이익을 최우선으로 추구하지 못하는 관계를 이중관계라 한다.

대표적인 경우의 하나가 담임목회자에게 상담을 받는 것이다. 이 경우 상담사와 내담자 모두에게 부정적 효과가 나타날 위험성이 적지 않다. 그리고 내담자들이 서로 친족관계일 때도 이중관계가 발생한다. 특히 두 명 이상의 가족원을 같은 시기에 개인 상담을 진행하는 경우 기독(목회)상담사는 열등한 가족원에게 느끼는 역전이 때문에 다른 가족원과의 상담관계가 오염될 수 있다. 그리고 상담을 공부하면서 지도교수에게 슈퍼비전을 받거나 인턴과정을 이수하는 것도 이중관계다. 지도교수가 아닌 지도감독자에게 슈퍼비전을 받을 때 교육생이 안전감을 느끼고 자발성과 독립성을 키우고 전문성을 성장시킬 수 있다.

4) 계획

기독(목회)상담에서 훌륭한 계획은 무엇일까? 좋은 상담방법의 특징은 무엇인가? 대략 4가지로 제시할 수 있는데, 증거기반, 개별화, 관계지향, 그리고 강점기반이다(Kress & Paylo, 2015). 나는 이 특징들에 동의한다. 이 특징들에 대한 내 생각은 다음과 같다.

증거기반 상담방법은 효과가 입증된 방법이다. 내담자의 문제를 분류하고, 주요 문제별로 과학적 연구를 통해 효과가 입증된 상담방법이 제시되어 있다(Kress & Paylo, 2015). 예를 들어, 강박증에 대한 증거기반 상담방법으로 '노출 및 반응억제법' '인지치료' '마음챙김 기반 인지치료' 그리고 '수용전념치료'가 간단한 설명과 함께 제시되어 있다(167-169). 그리고 최신 증거기반 상담방법을 미국 심리학회의 홈

페이지(www.apa.org) 혹은 미국 정신의학원 홈페이지(www.nimh.nih.gov)에서 찾을 수 있다.

개별화된 상담방법은 내담자의 특성, 가치, 그리고 상황에 적합한 전략과 기술이다. 효과가 입증된 상담방법이라도 그것을 실제로 수행하는 데 비용, 상담사, 시설 등이 필요하다. 그러므로 현실적 실현가능성에 대한 고려가 필요하다. 그리고 내담자의 가치와 문화에 대한 적합성을 고려하는 전략이나 기술이 필요하다. 특히 독실한 내담자인 경우 내담자의 종교적 가치와 문화를 경청하고 존중하는 전략이 필요하다. 그리고 내담자의 성격특성을 고려한 전략의 사용이 중요하다. 예를 들어, 내향적 내담자에게 높은 수준의 활동성을 요구하는 전략은 성공가능성이 낮아진다. 그리고 내담자의 상황에 적합한 기술, 전략과 방법이 필요하다. 이 적합도를 높이기 위하여 기독상담사는 내담자의 피드백을 촉진하고, 경청하고, 수용한다.

기독(목회)상담사는 내담자의 화해를 촉진해야 할까? 관계지향 상담방법은 내담자의 긍정적 관계경험을 촉진하는 전략과 기술이다. 우선, 상담사는 상담관계에서 내담자가 공감, 격려, 온정, 수용, 안전, 자유 등을 경험할 수 있도록 태도와 기술을 사용한다. 그리고 내담자가 일상에서도 긍정적 관계 경험을 갖도록 촉진한다. 우리나라에서는 '모든 사람과 긍정적 관계를 형성하라.'는 문화적 기대가 높다. 그래서 사람을 싫어하는 권리를 인정하지 않고, 싫어도 교류를 해야 한다는 의무감에 시달리는 경우가 있다.

인간관계는 양자의 합의로 이루어지는 것이다. 그러므로 내담자가 자신이나 상대방에게 그 인간관계를 거절할 수 있는 권리가 있다는 것을 인정하는 것이 필요하다. 그리고 양방의 호의가 존재하지 않는 인간관계 유지에 필요한 비용에 대한 자각이 필요하다. 그러므로 내담자가 좋아하고 상대방도 좋아하는 인간관계를 중심으로 활동을 증진하도록 전략과 방법을 구성한다. 내담자의 화해는 좋은 것이다. 그러나 항상 좋은 것은 아니다.

기독(목회)상담사는 죄에 대한 내담자의 자각을 강조해야 할까? 상담사는 내담자와 일주일에 1~2회를 만난다. 즉, 절대적으로 많은 시간 동안 내담자는 상담사의 도움이 없이 생활한다. 바쁜 현대 생활에서 자신에게 관심을 갖고 대화할 수 있는 사람이 있는 경우는 거의 없다. 오히려 내비게이션이나 스마트폰의 인공지능과 대화하는 시간이 늘어나고 있다. 결국 일상의 대부분을 내담자는 혼자 생활한다. 내담자의 문제와 문제해결에 대해 충분한 관심과 시간을 사용할 수 있는 사람은 내담자 자신뿐이다.

그러므로 내담자가 스스로 자신을 격려하고 목표를 달성하고 성장하는 과정을 지속할 수 있는 능력을 키우는 것이 가장 중요한 상담계획의 요소다. 이 능력을 키우기 위하여 내담자의 자원을 확인하고 그것을 사용하는 주도성을 촉진하는 전략, 방법, 그리고 기술이 필요하다. 상담의 시작부터 내담자의 자원을 확인하는 기술이 필요하다. 특히 내담자의 긍정적 경험, 주도적 경험, 자발적 경험, 관계적 경험 등을 탐색하고 확인한다. 내담자는 자신의 문제에 시야가 빨려든다. 그러나 상담사는 내담자의 부정적 관심을 경청하지만, 그것에 매몰되지 않는다. 내담자의 긍정성이 나타난 경험을 내담자와 함께 확인하고 탐색한다. 그리고 구체적이고 작은 목표를 설정하고 그것을 성취하는 경험을 이루도록 전략, 방법, 그리고 기술을 사용한다. 결국 하나님의 은혜에 대한 내담자의 자각이 더 중요하다. 과거의 문제 중에서도 긍정적 경험을 하면서, 지금까지 견딜 수 있게 한 하나님의 은혜를 자각한다. 과거는 과거일 뿐, 지금 이 순간부터 새롭게 시작할 수 있도록 새로운 피조물로 만드신 하나님의 은혜에 대해 자각하도록 한다. Sola gratia!

나가는 글

기독(목회)상담에 대한 관점을 개인적 경험으로 해석을 했다. 나의 경험은 기독(목회)상담의 이론과 실제의 영역과 방향을 선택하는 데 큰 영향을 주었다. 그러나 학문적 결과를 모두 경험으로 설명할 수 없다. 나는 기독(목회)상담의 전통과 논리에서 영향을 받기도 했기 때문이다. 어느 것이 더 중요한가를 규정하는 것보다 더 소중한 것은, 이 과정에 포함되어 있는 해석이다. 수평적 관계나 병렬적 관계에서 해석은 대화이기 때문이다. 자신에 대해 솔직하게 개방하고, 타인을 가르치거나 비난하지 않는다.

대화는 '듣기'보다 '말하기'이다. 경청보다 자기주장이다. 상담사는 경청하는 직업이다. 그러나 상담사의 가치는 자기표현이다. 내담자와 상담사를 비롯한 구성원들이 자신의 마음을 느끼고 표현하는 문화이다.

상담사와 내담자가 스스로 자신을 표현할 때, '지평의 융합'이 가능

하다. 이것은 상담관계에만 국한되지 않는다. 상담사가 남의 이론이
나 실천을 듣고 배우기보다 자신의 이론과 실천을 서로 표현하는 과
정에서 나타난다. 점점 더 분명하게 표현하는 기독(목회)상담사가 되
고 싶다.

❋ 참고 문헌

Barlow, D. H., & Durand, V. M. (2015). *Abnormal psychology: An
    integrative approach* (7th ed.). Stamford, CT: Cengage.

Diener, E., & Biswas-Diener, R. (2008). *Happiness: Unlocking the mysteries
    of psychological wealth.* Oxford: Blackwell.

Gadamer, H. (1975). *Truth and method.* New York: Continuum. (원전 출판,
    1960)

Kress, V. E., & Paylo, M. J. (2015). *Treating those with mental disorders: A
    comprehensive approach to case conceptualization and treatment.*
    Upper Saddle River, NJ: Pearson.

Norcross, J. C. (1990). An eclectic definition of psychotherapy. In J. K. Zeig
    & W. M. Munion (Eds.), *What is psychotherapy? Contemporary
    perspectives* (218-220). San Francisco, CA: Jossey-Bass.

Norcross, J. C., & Wampold, B. E. (2011). Evidence-based therapy
    relationships: Research conclusions and clinical practices.
    Psychotherapy, 48, 98-102.

Osmer, R. R. (2008). *Practical theology: An introduction.* Grand Rapids,
    MI: Wm. B. Eerdmans.

Peterson, C., & Seligman, M. E. P. (2004). *Character strengths and virtues.*

Oxford: Oxford University Press.

Prochaska, J. & DiClemente, C. (1983) Stages and processes of self-change in smoking: Toward an integrative model of change. *Journal of Consulting and Clinical Psychology, 5,* 390-395.

Riesebrodt, M. (2010). *The promise of salvation: A theory of religion* (S. Rendall, Trans.). Chicago: University of Chicago Press. (원전 출판, 2007)

Tillich, P. (1951). *Systematic theology I.* Chicago: University of Chicago Press.

Tracy, D. (1978). *Blessed rage for order: The new pluralism in theology.* New York: Seabury Press.

제8장

교회 공동체의 성서심리학적 통합상담 7단계(REFLECT)

1단계: 문제 이슈 혹은 경험 선택(R)

2단계: 이슈 · 경험에 대한 이성적 탐색(E)

3단계: 이슈 · 경험에 대한 성서적 통합(F)

4단계: 라이프웨이 목표 스토리 구축(L)

5단계: 라이프웨이 자원 탐색(E)

6단계: 공동체적 실천전략 및 피드백(C)

7단계: 교회 공동체 갱신(T)

유재성 교수
침례신학대학교

들어가는 글

우리는 살아가면서 많은 사건들 혹은 이슈들에 직면한다. 그리고 긍정적 혹은 부정적인 다양한 경험을 한다. 이웃이나 원수와의 관계, 동성애나 이혼과 같은 어떤 이슈들은 성경에서 분명히 언급하지만, 인터넷 게임이나 다이어트와 같은 것들은 그렇지 않기 때문에 우리의 신앙과 아무 상관없는 것처럼 여기기 쉽다. 하지만 일상에서의 이런 경험이 표면적으로 신앙적인 것과 관계없는 것처럼 보일지라도 궁극적으로는 크리스천으로서의 우리의 정체성이나 소명, 하나님과의 관계와 직결된 이슈요, 영적인 차원에 속하는 문제일 수 있다.

그러나 오늘날 많은 그리스도인들은 갈등을 일으키는 어떤 문제에 직면할 때 건강한 성서적 이해나 자기 정체성에 근거한 성찰을 하기보다 사회문화적 · 심리학적 측면에서 혹은 자신의 개인적인 '소견에 옳은 대로' 결정하고 행동하는 경향이 있다(삿 21:25). 하나님의 말씀과 상관없이 주변의 세속적 가치관과 문화적 이해에 그대로 동조하거나 그 풍습을 따라가기도 한다(롬 12:2). 내가 상담 전공생들에게 심리학 서적을 탐독하는 것 이상으로 성경을 묵상하고 기도하며 상담 이슈들에 대해 성경과 심리학이 통합된 공동체적 성찰을 열심히 하라고 하는 이유다.

이 책은 하나님의 형상대로 창조된 인간의 아픔이나 문제를 치유하고 회복하기 위해서는 단순히 심리학적 상담을 하기보다 교회 공동체가 함께 성서적 성찰 및 교회의 자원이 통합된 접근을 할 때 성령님의 역동이 일어나고 온전한 치유와 문제해결이 가능하다는 확신을 나누기 위하여 기획되었다. 이것이 기독(목회)상담의 약속이고, 전인적 돌봄의 사명을 가진 교회와 상담이 동행해야 할 이유라는 믿음에서다. 그렇다면, 어떻게 이런 '성서심리학적' 성찰에 근거한 공동체적 크리스천 상담을 할 수 있을까? 이 글에서 나의 경험을 한 가지 구체적인 사례로 제시하면서, 통합적 상담 7단계 과정(REFLECT)을 살펴보고자 한다.[1)]

1단계: 문제 이슈 혹은 경험 선택
(Remembering an Experience/issue)

그리스도인의 신앙은 개인적일 수 있지만 동시에 그 자신만의 사적인 것 또한 아니다. 그것은 다른 사람들과 함께 공유되는 믿음이다.[2)] 이런 맥락에서 교회의 한 지체의 문제 또는 이슈는 단순히 그 사람만의 것이 아니다. 그것은 개인의 문제인 동시에 전체 신앙 공동체의 문제인 것이다. 전통적인 교회는 어떤 성도에게 문제가 생기면, 그 사람을 노골적으로 비난하지는 않더라도 무관심한 반응을 보이거나 은근히 비뚤어진 시선으로 판단 혹은 호기심을 갖고 수군거리는 것이 일반적이다.

그러나 성경이 말하는 교회는 그 문제와 아픔을 내 것으로 여기며 그의 회복을 위하여 함께 노력하는 사람들이다. 함께 아픔을 나누며, 성서적 성찰을 하고, 문제 속에서 하나님을 신뢰하며 한 걸음 한 걸음 변화와 성장을 향해 함께 나아가는 치유와 회복의 공동체다. 교회는 "주 안에서 서로 지체된 그리스도의 몸이요 하나되어 서로를 돌보고 세워 주는 실제적인 사랑이 실천되는 공동체"이기 때문이다.[3]

사람의 변화와 성장은 개인의 결단이나 의지, 노력에 의해 어느 정도 이루어질 수 있지만 궁극적인 변화란 그리 쉬운 것이 아니다. 예수 그리스도의 십자가 보혈과 부활을 통해 하나님의 자녀로서 그 나라의 삶을 믿음으로 살아갈 때 인생의 궁극적인 전환이 시작될 수 있다. 과거로부터 현재에 이르기까지 자신의 삶에 영향을 미친 사건이나 환경 및 경험들을 통해 형성된 습관이나 삶의 방식(lifeway), 즉 관계정서적 '준거 틀(frames of reference)'이 현재와 미래의 삶에 큰 영향을 줄 수 있는데 이것을 기억하고 나누는 것에서부터 치유와 회복, 변화와 성장이 시작될 수 있다.

우리의 현재는 과거의 영향을 받는다. 그러나 현재 우리가 경험하는 것 또한 어떻게 과거의 경험을 '회상'하는가에 영향을 미친다. 현재 자신의 상황을 문제가 가득한 것으로 본다면 과거의 사건도 그런 시각으로 보게 된다. 반대로 과거의 사건이나 경험을 어떻게 회상하는가에 따라 현재의 경험이 영향을 받을 수도 있다. 그런 면에서 현재의 상황에서 과거를 어떻게 기억하고, 이해하고, 평가하고, 재해석하는가는 대단히 중요한 작업이다.

따라서 교회의 돌봄 사역자나 기독(목회)상담사는 상처의 치유나 문제해결 혹은 변화와 성장을 위한 코칭이나 상담을 원하는 성도 혹은 내담자들로 하여금 예수 그리스도 안에서 새로운 피조물의 삶을 살도록 강조만 할 것이 아니라, 그 동안 자신이 어떻게 살아왔는지 그 삶의 경험들을 나누고 그 이야기들을 하나님 나라 맥락에서 전략적으로 재해석 및 재구성하고 새로운 의미를 부여할 수 있도록 도울 필요가 있다. 변화된 삶을 살고 싶어도 안 되는 경우가 너무 많기 때문이다. 이때, 우리의 연약함을 체휼하신 주님의 심정으로 내담자의 삶의 이야기들을 충분히 경청하고 수용하며 공감하는 것의 중요성은 아무리 강조해도 지나침이 없다.

이와 같은 이슈 성찰은 2가지 방식으로 진행될 수 있다. 즉, 자기이해와 성장을 위하여 과거부터 현재까지의 삶 전반에 대해 분석적 성찰을 하거나, 특정한 문제해결을 위하여 어떤 이슈나 경험을 선택하여 탐색하는 것이다.

자신의 과거로부터 현재에 이르는 삶의 여정을 돌아보며 특별히 성찰할 사건이나 경험을 선택할 때는 대개의 경우 각 개인의 내면이나 관계에 중요한 영향을 끼친 혹은 강렬한 감정적인 반응을 일으켰거나 많은 생각과 행동을 자아내게 한 것들을 선택하는 것이 좋다. 이런 경험은 우리가 신뢰하고 의지하였던 관계의 파괴나 희망을 절망으로 바꾸었던 고통스러운 것일 수 있고, 결코 회복될 수 없을 것 같은 상처를 남긴 사건일 수도 있다.

이런 순간을 되돌아본다는 것은 고통스러운 경험일 수 있다. 상처가 아직도 강하게 남아 있을 경우에 힘들 수 있다. 하지만 감정적으로 압도당하거나 감당할 수 없는 경우가 아니라면 시도할 수 있다. 우리는 이러한 탐색을 통하여 우리의 모든 경험과 고통 속에 임재하시는 하나님의 존재에 열린 마음으로 나아갈 수 있다. 나아가 그러한 경험을 주 안에서 구속적(redemptive)인 은혜의 사건으로 재구성할 수 있는 기회를 얻을 수 있다.

나는 이 글에서 오랫동안 잊혀진, 아니 기억하고 싶지 않았던, 그래서 의도적으로 기억을 억압하고 외면하며 살았던 나의 '안면신경마비' 경험을 사례로 제시하고자 한다. 그것은 결코 기억하고 싶지 않았던 고통스러운 사건이었지만, 사실 내 인생의 매 순간에 커다란 영향을 주어 온 것이었다. 나는 초등학교 5학년 말에 발생한 이 사건을 미국 유학시절 30대 초반이 되기까지 꼭꼭 숨겼었다. 그러다가 달라스에 있는 파클랜드 종합병원에서 인턴십을 하던 중 '임상적 이슈성찰' 시간에 처음으로 진지하게 성찰하고 나누는 시간을 가졌다. 그리고 이를 통해 개인적으로는 예측하지 못했던 자유함을, 사역의 측면에서는 이 사건이 많은 사람들의 영혼 깊이 들어갈 수 있는 구속적인 은혜의 사건으로 변화되는, 즉 내게 닥친 아픔과 상처마저도 '합력하여 선을 이루시는 예수 그리스도'를 경험하는 축복을 맛보게 되었다.

그러면 어떻게 이와 같은 구속적 이슈성찰을 할 수 있을까? 목회자나 크리스천 상담사는 먼저 내담자와 문제상황 혹은 상담할 이슈를 선택한 후, 과거에서 현재에 이르는 경험의 범주를 크게 5가지(REAPS)로 구분하여 탐색할 수 있다.[4] 이 글에서는 이 요소들이 순서대로 나열되지만 실제 상황에서는 거의 동시다발적으로 그리고 상호적인 영향을 주며 작동한다. 첫째, 과거 또는 자신의 현재에 영향을 주는 '관계(Relationship)' 영역에서 일어난 사건이나 상처 혹은 경험을 나누도록 한다. 둘째, 그러한 관계상황이나 경험으로 인해 발생한

'정서(Emotion)'적 감정 반응들을 탐색한다. 셋째, 자신의 관계나 감정에 영향을 주는 '언행(Action)'의 영역이다. 넷째, 머리에서 떠나지 않는 어떤 '생각이나 판단 등 의식(Perception)'의 영역이다. 다섯째, 영적인 요소들을 포함하는 '영성(Spirituality)'적 차원의 경험이다.

상담사는 '언제, 어떻게, 누가, 무엇을, 어떻게' 등의 질문을 통해 이런 영역들에 대한 경험을 기억하고 나누도록 도와주어야 한다. 이때 내담자가 단순히 과거의 문제 이슈를 회상하는 차원을 넘어 과거의 아픔과 고통 속에서도 하나님께서 그를 기억하시며, 나아가 거기에 함께 계시며 말씀하고 계셨다는 사실을 기억하도록 도와야 한다. 내담자에게 이런 요소들을 반영한 질문지를 미리 나누어 주고 작성하게 하여 그 내용을 갖고 대화하는 방법도 좋다.

다음은 내가 1996년 5월에 미국 달라스에 위치한 '파클랜드종합병원'에서 소그룹으로 모여 실시한 '자기경험성찰'의 앞부분이다.[5]

〈자기경험성찰 1단계(R)〉

이 사건은 1972년의 어느 아름다운 여름날 아침에 홀연히 발생했다. 내 어린 시절의 안정감과 균형감(the sense of security and homeostasis)을 근본부터 뒤흔들어 놓았던 사건이었다.

그 날 아침, 나는 눈을 뜨자마자 얼굴에 무언가 이상한 일이 생겼다는 것을 감지할 수 있었다. 전날 밤, 찬 곳에 얼굴을 대고 잔 까닭인지 얼굴 근육이 마비되어 입이 돌아가고 얼굴의 형체가 일그러져 있었던 것이다. 물을 마시는데 입 가장자리로 물이 흘러내렸다. 입 모양이 비틀어졌기 때문이었다. 웃을 때마다 입이 비뚤어져 보기에 아주 흉하였다. … (중략) …

　나는 그때 이 사건이 평생에 나 자신은 물론, 교회와 사역에 대해, 그리고 사람들과의 관계에서 어떤 영향을 줄지 상상도 못 했다. 그 사건으로 말미암아 나는 내면적으로 사람들과의 관계에서 예기치 못한 많은 어려움을 겪게 되었다. 나는 본래 사람들과 함께 있기를 좋아하고 잘 웃는 낙천적인 성격의 소유자였다. 하지만 이제는 창피함과 수치감, 우울함이 내 친구가 되었다. 낙심과 절망감 속에 점차 말을 잃어 갔다. 사람들을 피하며 사람들로부터 나 자신을 분리시켜 갔다. 내 인생 여정에 참으로 길고 긴 어두운 밤의 시작이었다."

1) 관계

　안면신경마비는 내게 너무 충격적이어서 나는 사람들 만나기가 싫었다. 일부러 만남을 피했다. 내 모습을 보여 주는 것이 창피하고 싫었다. 그렇게 나 자신을 고립시켰다. … (이하 생략) …

2) 정서

　이제 초등학교 고학년이 되고 막 사춘기에 들어서기 시작한 어린 소년에게는 너무나 큰 충격이었다. 견디기 힘든 어려운 현실이었다. 창피했다. 끔찍했다. 이 아침 후로 우울감 속에 살았다. 매 순간 내 얼굴에 대한 창피함, 사람들이 나를 좋아하지 않을 것이라는 느낌 속에서 온갖 부정적인 감정의 소용돌이 속에서 살았다. … (이하 생략) …

3) 언행

　그 날부터 나는 얼굴을 마스크로 가리고 다녔다. 그리고 거울을 보는 습관이 생겼다. 거울을 볼 때마다 "너는 이상해. 사람들이, 특히 여자 애들은, 너를 좋아하지 않을 거야. 누가 너 같은 애를 좋아하겠니?"와 같은 혼잣말(self-talk)이 녹음기 돌아가듯 자동으로 작동되었다. … (이하 생략) …

4) 사고

그 날 아침 내게 든 첫 번째 생각은 '아, 나는 이제 밖에 나갈 수 없다.'는 것이었다. 나는 '끝났다'는 생각이 들었다. 그런 모습으로 친구들을 만난다는 것은 상상할 수 없었다. 창피해서 학교에 갈 수도 없고, 교회는 더욱 갈 수 없었다. 막 사춘기에 접어들며 마음에 둔 여학생 앞에 설 용기가 나지 않았다. '이제는 누구도 나를 좋아하지 않을 거야.'라는 비합리적인, (인생을 살아보니) 전혀 사실이 아닌, 생각이 강렬하게 내 마음을 차지하였다. … (이하 생략) …

5) 영성

그 사건이 있은 후, 많은 사람들이 '괜찮다.' '그리 심각한 것이 아니다.'라고 말했지만 다 거짓말이라고 생각하며 나 자신을 부정하기 시작했다(나는 이 경험을 통해 타인에게 무조건 '괜찮다.'고 말하기보다는 상대의 마음이나 아픔을 일단 있는 그대로 경청하고 수용하는 것의 중요성을 알게 되었다). 나는 버려진, 사랑받지 못할 사람이라는 판단이 나를 짓눌렀다. 나는 살아 있는 것이 싫었다. 영적으로 깊은 혼란과 고통의 밤이 시작되었고, 자살이라는 것이 아주 가깝게 느껴지기 시작하였다. 그토록 교회에 열심히 다녔고, 또 날마다 기도했지만 침묵하시는 하나님 앞에서, 당시, '하나님이 정말 계신가?' '나를 버리셨나?' 혹시 '안 계신가?' 등을 고민하고 의심하며 영혼의 어두운 밤들을 지났다. … (이하 생략) …

그동안 현재의 '나'에게 가장 큰 영향을 끼친 사건들의 개요와 자신의 반응 및 그 결과를 마음에 떠오르는 대로 기록하라. 가능하면, 관계, 정서/감정, 언행, 사고, 영성의 영역으로 나누어 핵심내용을 정리하라. 행복했던 긍정경험(상황)과 어려웠던 부정경험을 선택하라. 그것은 지금도 마음을 따뜻하게 하는 어떤 사건 혹은 너무 힘들어 가슴에 묻어 두고 잊으려 했던 경험일 수도 있다.

2단계: 이슈 · 경험에 대한 이성적 탐색
(Engaging in the Rational Exploration)

역사 속에서 교회는 언제나 어떤 경험을 단순하게 하나님에게서 온 것으로 판단하는 것을 경계해 왔다. 성경적 해석과 교회의 전통적 이해, 이성적 판단이 결핍된 '경험 우선 논리'는 건전한 판단과 행동을 저해할 수 있기 때문이었다. 하나님은 인간에게 이성적인 판단 능력과 이를 통해, 비록 제한적이지만, 진리를 발견해 갈 수 있게 하셨다. 이성적인 논리와 연구 자료들은 성찰 대상이 되는 이슈나 경험에 대해 적절한 이해와 판단의 근거를 제공해 줄 수 있다. 현대인에게 사회과학적인 사유와 탐색은 어떤 현상이나 문제를 파악하고 대화하는 공통적인 기반을 제공한다는 측면에서 중요하게 여겨진다. 그러나 모든 것을 과학적인 용어나 접근만으로 알 수 있는 것은 아니라는 사실 또한 분명하다. 우리 삶에는 눈에 보이거나 손에 잡히지는 않아도 결정적인 영향을 주는 것이 많이 있고, 하나님에 대한 믿음으로 성찰하고 받아들여야 할 것들이 많기 때문이다.

그럼에도 불구하고 문제가 되는 이슈와 그 경험에 대한 다각적인 연구 혹은 이성적 사유는 보다 합리적이고 상호적인 이해와 성찰에 중요한 요소가 아닐 수 없다. 성서적 혹은 목회신학적 성찰이 한 개인에게만 속한 것이 아니라 공동체적이고 공동체적 맥락에서 되어야 하는 것이라면, 어떤 이슈에 대한 개인의 심리내적 감정이나 주관적 경험에 대해 다른 사람들은 그것에 대해 뭐라고 하는지 함께 살펴보고 사유하는 과정 또한 필요하다.

성찰 혹은 상담할 이슈에 대한 전문가들의 연구결과는 무엇인지, 사회문화적 인식 혹은 심리학적 관점은 어떤 것인지, 역사와 철학 또는 문학에서는 어떠한 입장을 견지해 왔는지 등에 대해 탐색하고 비교하는 것은 중요하다. 예를 들면, 이혼위기에 처한 사람을 상담하거나 이 이슈를 성찰할 때 이혼이 부부에게 주는 영향은 무엇인가, 자녀에게는 어떤 영향을 주는가, 이혼과 관련된 법적인 조건과 과정은 무엇인가 등을 살펴보아야 한다. 이런 다양한 정보나 연구들을 충분히 인지하고 판단할 때 비교적 합리적이고 타당한 이해와 선택 혹은 결정(informed decision)에 도달할 수 있게 된다.

일반적인 맥락에서 교회 공동체의 지체들이 평소에 서로 존중하고 돌보는 가운데 함께 다양한 연구 자료들을 수집 및 검토하고 의견을 교환하는 것은 교회의 생명력과 건강을 위하여 중요하다. 어떤 문제나 위기에 처한 사람이 생긴다면 비밀보장을 전제로 교회의 '성찰위원회'와 같은 곳에서 함께 이 작업을 할 수 있다. 공동체는 단순히 사람들이 모인 것이 아니라 서로에 대해 책임을 지겠다는 자세로 하나가 되는 그리스도의 몸이기 때문이다. 따라서 성서적 성찰과 회복을 위한 돌봄은 개인적인 것인 동시에 상호적인 것이고 공동체적인 것이다.

개인의 경험에 대한 이성적 탐색을 당사자 혼자 할 수도 있다. 그리고, 대개의 경우, 각자가 알아서 외로운 결정을 하는 것이 일반적이다. 하지만 교회가 그리스도의 몸 된 지체들의 연합이고 '서로 돌아보며 서로의 짐을 나누어지라.'는 사명을 받은 공동체라면, 두세 사람이 혹은 교회 공동체적 맥락에서 함께 실시할 필요가 있다.

〈자기 경험성찰 2단계(E)〉

안면에 문제가 생긴 직후 나는 부모님을 따라 병원을 찾아갔다. 의사는 안면신경이 마비되었다고 진단하면서 많은 사람들에게 흔히 생기는 것이며 사나흘이 지나면 저절로 사라질 것이라고 하였다. 나는 얼굴 기능이 마비된 것을 발견한 첫 날의 충격과 놀랐던 마음을 진정시키고 정상적인 생활을 하려고 노력하였다. 그러나 음식이나 물을 먹을 때마다 한쪽으로 흘러내리고 그것을 감추기 위하여 마스크를 쓰고 다니던 나를 친구들이나 교회의 지인들은 그냥 놔두지 않았다. 어떤 이들은 손가락질을 하며 놀렸고, 입이 돌아가고 한쪽 눈이 감기는 흉내를 내며 그렇잖아도 충격 속에 있던 내 심정을 더 아프게 하였다. 어른들은 '어쩌다 그렇게 되었느냐.'며 한 번씩 혀를 차며 지나쳐 갔다.

그렇게 사나흘이 지나고 1주일이 흘렀다. 하지만 저절로 없어질 것이라는 진단과 달리 안면신경마비 증세는 전혀 나아지지 않았다. 그때부터 부모님은 내 손을 잡고 전국의 이름난 병원과 한의원, 기도원 등을 다니며 치료와 기도를 받게 하셨다. 내 증상에 대해 여기저기 물어보며 어떻게, 무엇을 해야 할지 알아보려고 노력하였다.

그러나 상황은 여전히 나아지지 않았다. 지인을 통해 미국 병원에 의뢰하여 치료할 수 있는 방안이 있는지 알아보기까지 했지만 들려온 이야기는 '달리 뾰족한 방법이 없다.'는 것이었다. 그렇게 시간이 흘러가며 상황이 나아지지 않자 나는 정서적으로 안정을 이루지 못하고 사람들을 회피하며 나 자신을 단절시키는 자폐적인 증상을 보이기 시작하였다." … (이하 생략) …

적용 자신의 이슈와 관련된 책이나 관련 연구자료, 정보들을 탐색한다.

3단계: 이슈 · 경험에 대한 성서적 통합
(Facilitating Biblical Integration)

우리는 다양한 정보 탐색과 합리적인 이성적 성찰을 통해 일상생활에서 직면하는 다양한 이슈에 대해 보다 균형 있고 적절한 이해를 할 수 있다. 그리고 어떤 결정을 내리는 데 필요한 도움을 받을 수 있다. 그러나 모든 그리스도인들은 이러한 인간적 이해를 넘어 하나님의 말씀과 뜻에 비추어 매사를 통합적으로 살펴보고 판단할 수 있어야 한다. 신앙인의 입장에서 자신과 하나님과의 관계를 반영하는 판단을 내리고 교회 공동체의 지체로서 살아가야 한다. 우리는 이 땅에 발을 딛고 사는 동시에 하나님 나라에 속하여 하나님 말씀과 인도하심 속에서 살아가는 하나님의 사람들이기 때문이다.

따라서 이성적 성찰은 궁극적으로 성경적이고 공동체적인 이해와 성찰을 필요로 한다. 우리는 이런 접근을 통해 어떤 상황이나 이슈에 대한 균형된 시각을 갖고 그리스도인으로서 합당한 이해와 결정에 도달하게 된다. 그리고 그것을 믿음의 행동으로 옮겨야 한다.

그러나 때로는 이런 성찰을 통해서도 여전히 해결되지 않거나 받아들이기 어려운 상황이 있을 수 있다. 예를 들어, 어떤 여 성도가 가정폭력을 당하며 불행하게 살고 있고, 그 남편은 전혀 변화될 기미가 보이지 않는다면 이들은 이혼해야 할 것인가 하는 문제가 있을 수 있다. 이것은 그리 쉽게 결정할 수 있는 성질의 것이 아니다. 어쩌면 '기독교의 기적'을 이루었다는 한국이 세계적으로 가장 이혼율이 높은 수준에 있음에도, 많은 경우, 교회에서 이 이슈에 대해 침묵 내지는 뚜렷한 대안을 마련하지 못하고 있는 것이 그 반증이 될 수 있다.

한편, 이성적이며 성서적인 성찰을 하지만 주어진 현실을 받아들이기가 어려워 갈등과 고통이 지속되는 경우도 있다. 나는 갑작스럽게 위암 말기 판정을 받아 죽을 날을 기다리는 환자, 아침에 멀쩡하게 학교에 간 아들이 학교에서 총기사고로 숨진 것을 보며 오열하는 여성 등 달라스와 시애틀에 있는 종합병원에서 채플린으로 훈련받고 일하면서 기가 막힌 현실에 처한 수많은 사람을 만나 사역한 때가 있었다. 이들은 그 어떤 이성적·성서적 설명과 정보로도 현실을 받아들이기가 어려웠다. 틀에 박힌 "기도하십시오." "하나님은 당신을 사랑하십니다." "그래도 믿음을 가져야죠." 또는 "말씀을 읽으세요." 등과 같은 말로는 그러한 상황을 받아들일 수 없었다.[6] 지속적으로 하나님의 뜻을 기도하고 찾으며 함께 고통의 자리에 머물 때 성령께서 깨달게 하시고 역사하시는 것을 경험할 수 있었다.

어떤 이슈를 통합적으로 성찰한다는 것은 다른 사람들 또는 다른 다양한 자료와 지속적으로 대화하는 것을 의미한다. 이런 성찰은 우리 이전에도 있었고, 우리 이후에도 지속될 것이다. 우리의 성찰이 최후의 궁극적인 성찰이 아니고 지속될 것이라는 사실을 아는 것은 우리에게 안도감과 위안을 준다.

특히 예민한 이슈에 대한 성서심리학적 성찰을 할 때는 더욱 그러하다. 각 개인의 상황과 경험을 고려하면서 당면한 이슈나 경험에 대한 통합적인 성찰을 하고 보다 온전한 이해에 도달하는 것은 어느 한 순간에 한두 사람의 성찰로 완성되는 것이 아니다. 또 한두 사람의 성찰이 전체를 좌우할 수도 없다. 우리는 다만 우리를 부르신 하나님의 부르심의 사명에 충실한 가운데 '있는 모습 그대로' 최선을 다해 우리가 할 수 있는 것을 할 뿐이다. 어떤 이슈나 문제 상황에 대한 궁극적인 이해와 말씀은 오직 하나님에게서만 가능한 것이기 때문이다.[7]

〈자기 경험성찰 3단계(F)〉

나는 초등학교, 중학교, 고등학교, 대학교를 거치면서 다음과 같은 종류의 질문을 끝없이 하였던 것으로 기억한다. "왜 이런 일이 내게 일어났는가? 다른 사람들은 다 쉽게 고치거나 심지어는 가만히 있어도 일주일 정도 지나면 저절로 나아지는데 나는 넉넉하지 않은 형편에 여러 병원과 한의원을 찾아다니며 몸부림치는데 왜 나아지지 않는 것인가? 치유의 은사가 있다는 사역자들에게 가서 그렇게 많이 기도 받고, 또 나뿐만 아니라 온 가족이 수시로 교회 기도실에 들어가 고쳐 달라고 울며 부르짖는데 왜 하나님은 안 고쳐 주시는가? 하나님이 '사랑의 하나님' 이시라면 왜 내게 이런 일이 일어났는가?"

이런 '왜?'와 관련된 질문이 계속되는 동안 하나님은 침묵으로 일관하셨다. 적어도 내게는 그렇게 보였다. 지금 생각해 보면, 내 어린 시절의 내적 안정감과 신뢰, 균형의 파괴로 인한 상실감과 그 상처의 기억과 아픔이 크다 보니 하나님의 세밀한 소리를 들을 수 없었던 것 같다. 그처럼 침묵하는 하나님이 멀게만 느껴졌고 나중에는 그분의 존재가 의심스러워지기도 하였다.

내가 내면적으로 많은 의구심을 가지고 씨름하고 있을 때, 어느 날 한 전도사님이 내게 조심스럽게 다가와 말씀하셨다. "네게 무슨 문제가 있어서 그런 일이 있는 모양이다. 그러니 네 죄를 회개해라. 그러면 네 문제가 해결될 거야." 당시 교회의 목사님이나 전도사님들은 대체로 '문제=죄=하나님의 벌'과 같은 맥락에서 말씀하시곤 하였다. 그 이후로 나는 생각나는 모든 죄들을 회개하면서도 '내 죄가 많아서 벌을 받는 것인가?' '하나님께서 왜 나를 벌하시는가?' '나보다 더 많은 죄를 짓는 친구들은 그냥 놔두시고 왜 나만 벌주시나?' 등의 생각과 씨름하곤 하였다.

이런 입장은 욥의 세 친구에게서도 잘 나타나고 있다. "생각하여 보라. 죄 없이 망한 자가 누구인가 정직한 자의 끊어짐이 어디 있는가"(욥 4:7). 예수님의 제자들도 날 때부터 소경된 사람을 지목하여 고통의 이슈에 대한 유사한 견해를 드러내었다. "랍비여 이 사람이 소경으로 난 것이 뉘 죄로 인함이오니이까 자기오니이까 그 부모오니이까"(요 9:2). 고통을 죄에 대한 하나님의 벌이나 심판으로 생각하는 것은 일견 상당히 설득력이 있어 보인다. 그러나 이때 예수님은 누구의 죄도 아닌 "그에게서 하나님의 하시는 일을 나타내고자 하심이니라."고 명료하게 말씀하신다(요 9:3).

나는 고통이 우리로 하여금 하나님 앞에서 바로잡아야 할 부분은 없는지 살펴보게 함과 동시에 하나님 안에서 자기정체감을 새롭게 하고 성장하게 하는 은혜의 사건이 될 수 있다고 본다. 안면신경마비로 인한 나의 행동과 반응은 내가 얼마나 빠르게 하나님을 향한 믿음과 신뢰에서 벗어나 수치와 실망, 우울, 분노와 절망의 상태로 빠져들 수 있는가를 잘 보여 준다. 이것은 나의 자기정체감과 신뢰, 삶의 균형감이 능력의 주요 "온전케 하시는 이인 예수"께 견고히 뿌리를 내린 것이 아니고 쉽게 "뒤로 물러가 침륜"에 빠지는, 즉 깊이가 없고 피상적인 자기중심적인 것이었음을 보여 주는 단초가 된다(히 10:39; 12:2).

예수님은 그 자신이 "고운 모양도 없고 풍채도 없은즉 우리의 보기에 흠모할 만한 아름다운 것"이 없었고, "멸시를 받아서 사람에게 싫어 버린 바 되었으며 간고를 많이 겪었으며 질고를 아는" 분이셨다(사 53:2-3). 그러나 그분의 초점은 자신에게 일어난 어려운 상황 자체에 있는 것이 아니었다. 자신이 얼마나 잘생겼는가, 남보다 키나 눈이 크고 능력이 있는가 또는 얼마나 자신이 멋지게 웃을 수 있는 가에 있지 않았다(벧전 3:3). 그분은 자신의 상황을 있는 그대로 받아들이셨고, 그러한 과정을 통하여 다른 사람들의 아름답지 못한 것과 문제에 따른 슬픔과 아픔을 이해하고 공감하실 수 있었다.

이런 면에서 우리에게 어떤 원치 않는 상황이 생길 때 중요한 것은 그 상황 자체이기보다는 그 상황에 대한 우리의 이해와 해석이라고 할 수 있다. 정말 우리에게 중요한 영향을 끼치는 것은 많은 경우 그 상황 자체보다는 상황을 어떻게 받아들이고 반응하는가에 있기 때문이다. 이에 따라 어떤 어려움과 고통의 사건은 고통 자체로 끝날 수도 있고, 주 안에서 새로운 깨달음과 회복 및 성장을 경험하는 은혜의 사건이 될 수도 있다.

우리는 이런 일에 있어서 혼자가 아니다. 우리 각자는 "그리스도의 몸이요 지체의 각 부분"으로서 교회로 부르심을 받았다(고전 12:27). 목회신학자 웨인 오우츠는 이 몸의 각 부분으로의 부르심의 '언약을 도외시하고 개인주의적으로 사는 것을 현대인이 범할 수 있는 가장 심각한 죄의 하나로 보았다. 여기에서 언약이란 하나님 뿐만 아니라 서로에 대해 공동체적인 삶을 살아갈 영적인 책임이며 관계적인 비전이다.[8] 우리는 이 언약 안에서 삶 속의 고통과 상실의 아픔을 함께 포용하고 뛰어넘는 가운데 진정한 연합을 맛보고, 사랑과 희망의 공동체적 관심과 돌봄을 통한 치유와 성장을 경험하게 된다.

나는 어린 시절부터 늘 교회를 사랑하였고, 교회에 있는 것을 즐거워하였다. 하나님의 침묵에도 불구하고 하나님을 향한 믿음과 사랑, 그리고 기도를 통해 나는 수치감과 분노, 혼란, 절망감 등을 직면하는 데 많은 도움을 받았다. 그렇지만 얼굴을 보이지 않기 위하여 한동안 마스크를 쓰고 다녀야 했고, 사람들 앞에서 웃는 모습을 안보이기 위하여 수없이 얼굴을 돌리거나 손으로 입을 가려야 하는 현실을 극복하기는 쉬운 일이 아니었다. 손쉬운, 그러나 고통스러운 기나긴 이 '얼굴 돌리기'와 '입 가리기'의 방어기제를 발전시킴으로써 나는 그 아픈 현실을 직면하기보다는 그것을 억누르고 회피하는 방법을 통해 의식의 저편 너머로 숨기려 하였다.

나를 정말 힘들게 하였던 것은 얼굴의 기능장애와 하나님의 침묵 뿐만이 아니었다. 후일 유학기간에 학교와 달라스 및 시애틀의 병원에서 받은 성서적 묵상 훈련을 통해 발견한 '교회의 침묵'이 나를 더욱 아쉽고 쓸쓸하게 하였다. 내가 그렇게 사랑하며 생명까지도 내주고 싶었던 교회, 늘 사랑과 돌봄, 치유를 강조하였던 교회가 정작 그 도움과 격려, 사랑을 필요로 할 때는 침묵과 무정함으로 일관했음을 발견하면서 나는 더 상처를 받았고 아파하였다.

그토록 가슴앓이를 하고 우울해 하며 절망 가운데 있을 때 교회에서 문제 회복과 치유를 위하여 손을 내밀어 준 사람은 없었다. 다만 시장에서 몇 가지 물건을 펴놓고 장사하던 이웃집의 한 평신도가 자신은 '배운 것도 아는 것도 별로 없다.'며 다가와 그저 손을 잡고 눈물을 글썽이며 기도해 주신 것이 지금도 잊혀지지 않는다. 교회 활동으로 자주 뵈었던 목사님이나 전도사님, 교회의 지도자들은 나 같은 어린아이를 돌보기에는 할 일이 너무 많고 바빠서였는지 어느 한 사람 내게 와서 기도하거나 위로해 준 기억이 없다.

박사과정 지도교수였던 브리스터 교수는 교회가 구성원들에게 성경 내용을 가르치기만 할 것이 아니라 사랑과 희망의 공동체를 경험하고 그 안에서 치유와 성장을 하도록 사랑과 관심을 가져야 할 것을 강조하곤 하셨다. 이런 면에서, 내가 경험한 그 교회는 내게 사랑과 돌봄에 대한 성경 내용은 가르쳐 주었는지 모르지만, 교회의 사랑과 관심 및 돌봄을 경험하도록 해 주지는 않았다.

나는 목회자가 되기까지 비교적 평탄한 생활을 하였고, 많은 인간관계에서 "인복이 있다."는 말을 들으며 살아 왔다. 하지만 목회자가 되고 나서, 그리고 상담사가 되기로 하면서, 이상하게 다양한 인간관계의 어려움과 아픔을 겪게 되었다. 최초로 관계의 거절감을 느끼고, 인간관계의 무정함과 상처를 경험했던 것도 교회에서였다. 상처를 싸매 주고 사랑으로 감싸 주고 치유를 제공해야 할 교회가 도리어 상처와 갈등의 근원지가 되었던 것이다.

이럴 때 내게 와 닿았던 것이 한때 남침례교 총회장을 역임하였던 지미 알렌(Jimmy Allen) 목사님의 경험이었다. 그는 아들 스콧(Scott) 목사의 아내와 자녀가 에이즈에 감염된 피를 잘못 수혈 받아 에이즈에 걸려 교회에서 나와야 했고 또 그들을 받아 주려는 교회가 없어 방황해야 했던 경험을 책으로 기록하였다. 지미 알렌은 그의 책에서 자기 아들과 가족이 직면해야 했던 진짜 어려움은 교회에 대한 실망감이었다고 토로하였다. 그들이 정말 도움을 필요로 할 때 그들이 그토록 사랑하고 헌신했던 교회는 그들 앞에서 냉정하게 문을 닫아 걸었다. 알렌 목사는 자신이 그토록 사랑했던 교회가 그처럼 견디기 어려운 고통의 근원이 될 줄은 꿈에도 몰랐다고 기술하였다."[9] … (이하 생략) …

적용 자기 이슈에 대한 이성적 탐색을 통합하여 성서적 이해와 해석을 실시한다.

4단계: 라이프웨이 목표 스토리 구축 (LifeWay Story Formation)

이성적 · 성서적 성찰은 사람들로 하여금 과거로부터 현재에 이르기까지 각자의 이슈 혹은 경험에 대한 새로운 인식과 의미를 부여하도록 도움을 줄 수 있다. 실제로 나는 안면신경마비와 그로 인한 경험을 성서심리학적으로 성찰하면서 이전에 알지 못했던 많은 것을 새롭게 알 수 있었다. 나의 이슈와 경험에 대한 보다 종합적이고도 균형된, 그러면서도 보다 성서적인 관점과 이해를 할 수 있었다. 하나님께서는 내가 "사망의 음침한 골짜기"를 다닐 때에도 결코 나를 혼자 두지 않으셨으며 침묵하지 않으셨다는 것을 깨닫게 하셨다. 어느 이름

없는 성도와 가족을 통하여, 나아가 달라스에 있는 파클랜드 병원의 작은 치유 공동체와의 성찰을 통하여 그러한 사실을 깨닫고, 또 하나님께서 늘 내게 말씀하시고 동행하시며 인도해 오셨다는 것을 고백하게 하셨다.

그렇지만 이런 성찰이 과거를 성찰하고 어떤 의미를 발견하는 것에 그친다면 이제 현재와 미래를 어떻게 희망차게 살아가야 할지에 대해서는 별로 도움이 되지 않을 수 있다. 이럴 때 기독(목회)상담사는 미래의 목표와 비전을 세우고 구조화할 수 있도록 돕는 것이 필요하다. 기독(목회)상담에서의 기초이자 핵심적인 요소는 변화된 미래, 곧 새 생활에의 '희망'을 회복하는 것이기 때문이다. 그리고 하나님께서 우리를 '이 땅에 보내신 목적을 알 때 우리의 삶은 소망과 기쁨과 힘으로 넘치게' 될 것이기 때문이다.

따라서 기독(목회)상담사는 내담자로 하여금 자신에게 있는 지나온 날의 실재를 인식하게 하고 현재의 자유를 사용하여 미래를 향한 걸음을 내딛게 함으로써 하나님 나라 맥락에서의 새 생활의 희망을 불러일으키도록 촉진할 책임이 있다. 이렇게 하기 위해서 미래를 생각하고 그 소망스런 변화의 비전을 보게 할 구체적인 돌봄과 상담 방법 내지는 접근을 시도할 수 있어야 한다. 상담전문가는 이런 과정을 촉진하기 위하여 다음과 같은 다양한 질문을 할 수 있다.

(앞에서 성찰한 내용과 당신이 하나님 나라에 있다는 사실에 비추어 볼 때)
- 당신의 미래 모습은 지금과 무엇이 어떻게 다르겠습니까?
- 앞으로 어떤 일이 일어나면 좋겠습니까?

- 오늘 상담을 통해 당신이 얻고 싶은 것은 무엇입니까?
- 당신이 이 문제에서 자유로워지면 앞으로 어떤 변화가 일어나겠습니까?
- 부모님(혹은 배우자, 친구, 목회자, 교회 성도 등)은 당신의 무엇을 보고 변화가 일어났다는 사실을 알 수 있을까요?
- 그분들이 당신의 이런 변화를 위하여 도울 수 있는 방안은 무엇입니까?
- 1년 후에 있을 당신의 삶의 모습을 오늘 비디오로 본다면 어떤 것을 볼 수 있겠습니까?
- 당신이 훗날 천국에서 지금의 당신에게 해 주고 싶은 말이 있다면 무엇이겠습니까?

 사람들의 문제는 대개 관계(Relationship)를 중심으로 시작되고 전개되며 내면에 상한 정서(Damaged Emotion) 혹은 감정들을 불러 일으킨다. 이런 경험은 그들의 행동(Action)과 사고(Perception)에 부정적인 영향을 주고 이는 다시 관계와 상한 감정에 부정적인 영향을 끼친다. 이런 과정에서 영적인 생활(Spirituality)을 통해 상황이 개선되기도 하지만 많은 경우 관계와 감정, 그리고 행동과 사고의 영역에서 순환되는 부정적 영향의 사이클 속에서 영성의 영역도 그 영향을 받게 된다. 그래서 전통적인 상담 접근은 대개 내담자의 문제 이슈에 집중하여 그것이 언제부터 시작되었고, 그때 어떤 감정 상태를 겪었으며, 그 이슈가 일어나게 된 근본 원인이 무엇인지를 알아내려고 한다. 그리고 억압된 감정과 억눌린 자아를 자유하게 하면 회복이 일어난다고 본다.

이런 자기중심적인 접근은 21세기를 살아가는 현대인에게 그대로 적용되어 자신의 감정과 본능에 충실한 삶을 살라고 강조한다. 그러나 성경은 생명 있는 삶이 예수 그리스도에게 있고(요 14:6) '위엣 것'을 생각하며 지식에까지 새롭게 하심을 입어 변화된 행동으로 사랑과 평강, 감사함이 넘치는 '새로운 생활을 하라.'고 권한다(골 3:1-17). 다시 말하면, 그리스도인의 인생 기차의 엔진에 '나' 중심의 감정이 아닌 '위엣 것'에 속한 영적인 원리를 굳게 세우고, 그것을 생각하며 그것에 근거하여 행동함으로써 그리스도의 사랑과 평강이 각자의 마음을 주장하여 새로운 관계, 새로운 삶을 살아야 한다는 것이다.

그래서 내가 개발하여 사용하고 있는 '라이프웨이 코칭상담'은 부정적인 문제에 집중되어 있는 내담자의 습관 혹은 준거틀(REAPS)을 영적인 진리에 근거하여 문제가 해결된 상태에 초점을 맞추게 하고, 그러한 상황에서 내담자와 주변의 공동체(가족이나 친구, 교회 멤버 등)는 무엇을 할지, 어떤 반응을 보일지 과거와는 다른 변화된 새로운 이야기(SPAER)를 만들게 한다. 우리는 아직 온전하지 않지만 이미 이 땅에 임한 하나님 나라에 있기 때문에 예수 그리스도를 믿는 믿음으로 그 나라의 삶을 살아가는 사람들이기 때문이다(갈 2:20).[10]

때로 문제에 너무 압도되어 자신이 변화될 수 있다는 가능성을 보지 못하는 내담자에게는 다음과 같이 기적비전 질문을 할 수 있다. "오늘 밤 주무실 때 하나님의 기적이 일어나 모든 문제가 해결된다면, 내일 아침 당신에게 어떤 변화가 있겠습니까?" 이런 과정을 통해 형성된 새 생활 스토리는 내담자로 하여금 과거의 부정적 경험에 머물러 있기보다는 미래의 변화된 새 생활로 현재를 이끌어 가는 기능을 하게 된다.

〈자기 경험성찰 4단계(ㄴ)〉

안면신경마비의 문제를 안고 살아가는 내게 "앞으로 어떤 일이 일어나면 좋겠는가?" 라는 질문에 대한 대답은 한 가지였다. 남들처럼 입을 크게 벌리고 활짝 웃는 것이었다. 이것은 이 사건이 생기고 난 이후로 내게 생긴 단 한 가지 소원과도 같은 것이었다. 파클랜드 병원의 성찰 그룹은 이런 나의 이야기에 크게 놀라며 내 증상이 전혀 심각하지 않다고 이구동성으로 말하였다. 어떤 이는 지금까지 내게 그런 이슈가 있었는지조차 의식하지 못했다며 놀라워했다. 그러나 나는 늘 이 문제의식에서 벗어날 수 없었고, 사람 앞에서 웃지 않으려고 노력하였다.

그때 성찰 그룹의 한 사람이 이렇게 말하였다. "당신의 경험 스토리를 듣는 동안 제 마음 속에 당신이 마치 어두운 동굴에 들어가 벽을 마주보고 앉아 있는 것 같은 느낌을 받았습니다. 그런데 동굴 밖에는 따사로운 햇살이 내리쬐고 있습니다. 사람들은 대개 현실과 변화를 직면하기가 두려워 동굴에서 나오려 하지 않지요. 당신도 스스로 파 놓은 마음의 동굴에서 나오려 하지 않는 것 같습니다. 그러나 당신이 있는 모습 그대로 동굴 밖으로 나오면 주님의 은혜가 당신의 온 몸에 쏟아 부어질 것입니다. 일단 하나님의 은혜의 비에 젖어 보면 당신은 그것을 즐거워하게 될 겁니다. 그리고 다른 사람들에게도 와서 함께 은혜의 비에 젖어 들자고 초청하게 될 것입니다." 그러고는 내 몸의 한 배 반은 족히 될 에이즈 환자 담당 여자 채플린이 한동안 나를 덥석 안아 주었다.

이 '동굴 밖 은혜의 비' 이미지는 이후 내 마음에 천상의 예언과 도 같이 깊이 자리 잡게 되었다. 그리고 앞으로 하나님과의 관계에 서 내가 어떻게 변화되어야 할지, 어떻게 다르게 생각하고 행동해 야 할지를 깊이 그려 볼 수 있게 해 주었다. 진정한 치유는 육신의 치유를 넘어 나의 영혼과 마음의 치유로부터 시작되는 것이었다." … (이하 생략) …

적용 자기 이슈에 대한 성서적 해석과 통찰을 바탕으로 자신이 원하는 미래의 모습을 탐색하고 기록한다.

5단계: 라이프웨이 자원 탐색
(Eliciting LifeWay Resources)

상담목표 혹은 변화된 라이프웨이 스토리를 구축하는 것이 미래적 인 측면이었다면 새 생활을 위한 자원탐색은 그동안 하나님께서 내담 자 안에 역사하신 흔적을 찾는 것이다. 하나님은 우리를 무기력하게 그리고 홀로 내버려 두지 않으신다. 예수님은 이 땅을 떠나시면서 항 상 우리와 함께하실 것이라고 약속하셨다(마 28:20). 우리는 과거의 문 제에 대한 예외 상황 등을 탐색하여 내담자의 강점이나 자원들을 추 적하고, 그것을 해결전략으로 활용할 수 있다. 전통적인 문제중심의 접근은 내담자의 과거에 나타난 문제나 결핍에 초점을 맞추어 그것들 을 추적해 간다. 그러나 라이프웨이 상담에서는 그러한 와중에서도 내담자가 주 안에서 어떻게 어려움을 극복 내지는 자신을 지탱하고 버틸 수 있었는지에 초점을 맞추어 과거의 문제 스토리를 은혜사건으로 재구성하는 것에 관심을 둔다.

다윗은 어떻게 보면 아버지로부터 인정받기는커녕 무시 받는 역기능적인 가족 환경에서 성장하였다. 선지자 사무엘이 방문하여 아들들을 만나는 중요한 자리에서도 그는 잊혀진 존재였다. 그리고 냄새나고 지저분한 양들이나 치며 살아가는 목동에 불과하였다. 그렇지만 하나님은 그를 기억하셨고, 그와 함께 계셨고, 블레셋의 장군인 골리앗을 비롯하여 인생의 수많은 위기와 고난을 만났을 때 그의 상황을 은혜의 사건으로, 은혜 스토리로 바꾸시고 물맷돌과 같은 과거의 자원을 활용하여 문제를 해결하도록 인도하셨다.

〈자기 경험성찰 5단계(E)〉

나 역시 문제중심의 시각으로 보면, 결코 순기능적인 가정이었다고 할 수 없는 환경에서 자랐다. 내 기억의 끝을 아무리 더듬어 보아도 부모님께서 나를 안아 주셨던 기억이 내게는 없다. 길거리를 손잡고 걸어 보았던 기억도 없다. "아들아, 사랑한다."고 하는 말은 생각도 못 하고 지냈다. 아주 어렸을 때 그런 순간들이 있었을 것이라고 생각하지만 기억하지는 못했다. 아버지는 가족 외식이나 소풍은커녕 초등학교 졸업식에서 대학교 졸업식에 이르기까지 한 번도 참석하신 적이 없다. 가방끈이 짧고 늘 먹고사는 것이 힘겨우셨던 부모님에게 오늘날의 가족에 대한 이해와 기준으로 그분들이 내게 해 주지 않으셨던 것을 가지고 역기능 가정이니 내게 상처를 남겼다

느니 하는 것은 적절하지 않다.

하지만 내가 안면신경마비로 고통 가운데 자살을 생각하며 힘겹게 살아가고 있을 때, 그리고 교회를 비롯하여 누구도 관심 가져 주지 않을 때 나의 가정은 내게 있어서 작은 천국이자, 하나님의 은혜가 넘쳐나는 현장이었다. 아버지는 한 번도 다른 일로 집을 비우신 적이 없었고, 항상 아버지의 자리를 지키셨다. 저녁이면 늘 과일이나 과자 봉투를 들고 귀가하는 아버지를 즐겁게 기다렸던 기억이 있다. 어머니는 내가 학교 갔다 오면 늘 집에서 맞아 주시고 간식 등을 준비해 주셨다. 이렇게 나의 가정은 위기 상황이 지속되는 중에도 신앙적인 분위기 안에서 어려움을 감당할 만한 정서적인 에너지와 심리적인 여유, 그리고 영적인 자양분을 공급해 주는 버팀목이요 토양이 되어 주었다.

이런 경험은 내게 가정이 한 사람의 건강한 인격 형성과 성장만 아니라 어려움과 위기를 극복하는 치유 자원과 강점이 배어 있는 공동체가 될 수 있음을 깨닫게 해 주었다. 아울러 깨어져 가는 가정들을 보며 보다 많은 사람이 이와 같은 좋은 가족 경험을 할 수 있게 하고 싶었다. 그리고 결국에는 건강한 가정건축을 위하여 생명을 걸고 사역하겠다는 다짐을 하기에 이르렀다. … (이하 생략) …

적용 과거 좋을 때, 힘들었을 때 혹은 이슈·경험과 관련된 하나님의 흔적을 찾는다. 그동안 내담자에게서 나타난 강점이나 공동체적 자원들을 탐색한다.

6단계: 공동체적 실천전략 및 피드백
(Communal Strategy & Feedback)

오랫동안 문제를 안고 살아오거나 문제 안에서 아픔과 상처를 깊게 경험한 사람들이 하루아침에 변화된 생활을 한다는 것은 결코 쉬운 일이 아니다. 상담사는 내담자가 어떤 반응을 보이든 그를 존중하고 받아 주어야 한다. 그리고 구체적이고 다양한 질문을 통해 긍정적인 측면을 탐색하고 내담자가 한 행동이나 노력을 칭찬 및 지원할 필요가 있다. 아울러 변화를 위하여 노력한 것 중에서 효과가 있었던 것에 초점을 두고 그것을 강화하거나 지속할 방안을 찾도록 해야 한다. 때로는 내담자가 못 볼 수도 있는 여러 가지 변화 상황을 탐색하고 추적하여 그것을 더 확대하도록 대화를 이끌어 가는 것이 필요하다.

이를 통해 내담자의 삶에 하나님께서 이루어 오신 흔적들과 주신 자원들, 지금 현재 믿음으로 실천할 수 있는 조그만 변화를 위한 전략들을 언제, 어떻게 실천할 수 있을지 구체적인 계획을 함께 수립하도록 한다. 상담사 혹은 돌봄자는 이후에도 내담자가 이것을 매일의 삶에서 실천할 수 있도록 적절한 지원체계를 구축하고 기도로 지원하는 것이 중요하다.

개인의 갈등과 문제는 많은 경우 주위 사람들과의 관계에서 온다. 그리고 그 해결도 대개 개인만의 변화보다는 공동체의 수용과 변화가 따를 때 보다 효과적인 변화와 성장이 일어나게 된다. 이런 차원에서 공동체가 내담자의 문제해결에 함께 동참하고, 그 결과에 대한 공동체적 견해와 피드백을 나누는 것은 대단히 중요하다. 상담사는 내담자와의 합의를 통해 내담자의 문제해결에 관련이 있고 도움이 될 수 있는 사람들과 공동체적 그룹모임을 가지는 것이 좋다. 그리고 공동체는 이런 과정을 통해 그동안 문제 이슈에 대해 자신들이 가져 왔던 성서적 이해나 관점을 재점검하고, 내담자 개인의 문제나 허물을 지적하기 이전에 자신들은 그에게 과연 어떠한 존재요 공동체였는지를 점검하고 변화될 수 있는 기회를 가질 수 있다. 개인의 변화만 아니라 공동체도 사랑 안에서 함께 변화되고 성장할 수 있게 되는 것이다.

〈자기 경험성찰 6단계(C)〉

내 경우, 신체적인 문제로 인한 고통과 어려움은 뿌리 깊고 장기적인 것이었다. 이런 상황은 자주 자신을 다른 사람으로부터 분리시키고 보이지 않는 정서적 장벽을 쌓도록 하였다. 그러면서도 한편으로는 다른 사람들과 연결되기를 원하는 역설의 상황을 경험하게 하였다. 이때 비록 지역 교회의 맥락은 아니었지만 새롭게 형성되기 시작한 신앙 공동체와 각자의 아픔 경험, 그리고 그 의미를 나누면서 서서히 억눌렸던 감정이 용납되었고 회복과 성장의 은혜를 체험하기 시작하였다.

짐 샤프라는 친구는 의도적인 관심을 가지고 내 삶 속으로 들어왔고, 그와 그의 가족과의 정기적인 만남과 관계를 통해 가슴 속에 억눌러온 갈등과 아픔을 함께 나누기 시작하였다. 그리고 학교와 병원에서의 성서적 묵상을 통해 예수 그리스도 안에서 소중하고 가치 있는 존재로서 자신을 있는 그대로 받아들이고, 과거의 고통이나 원망, 실망과 실수보다는 새로운 피조물로서의 변화와 가능성을 향해 초점을 기울이는 것을 배우고 조금씩 실천할 수 있게 되었다 (롬 7:24-8:2; 고후 5:17; 엡 2:20-22).

나는 아직도 오래전에 되묻곤 했던 각종 "왜?"라는 질문에 다 구체적인 답변을 얻지 못하였다. 그러나 하나님의 은혜는 나로 하여금 "왜?"라는 질문에서 "나는 누구인가?" "내 삶의 주인은 누구인가?" "나는 어떻게 나의 현실을 해석하고 그것에 반응할 것인가?" "어떻게 사망의 음침한 골짜기에서라도 하나님의 은혜와 그로 인한 궁극적인 소망의 빛을 볼 것인가? 어떻게 다른 사람들에게도 이런 일이 있도록 도울 수 있겠는가?" 등의 질문을 하도록 바꾸었다. 고난 중에도 하나님을 신뢰하고 주변의 신앙 공동체와의 연합과 나눔을 통해 우리는 이미 세상을 이기신 그리스도 안에서 소망의 빛을 보고 회복과 성장을 경험할 수 있기 때문이다." … (이하 생략) …

적용 구체적인 믿음의 실천 계획을 수립 및 진행하고, 그 결과에 대해 목회자나 상담사, 멘토 등과 함께 공동체적 피드백을 나눈다. 이 과정을 통해 조그만 변화와 성장을 지속적으로 전개한다.

7단계: 교회 공동체 갱신 (Transforming LifeWay Community)

나는 자신의 아픔과 문제 상황을 통해 자신이 어떤 사람인지에 대한 새로운 이해를 넘어 "교회가 무엇인가?" "오늘날 교회에서 어떤 일이 일어나고 있는가?" "교회에서 어떤 일이 일어나야 하는가?"에 대한 끊임없는 질문을 하게 되었다. 그것은 나 개인의 정체성 형성과 문제회복을 통한 치유는 물론 그 과정이 결코 교회 공동체와 분리되어 생각할 수 없다는 사실에서 비롯된 것이었다.

존 패튼은 교회를 '사람이 함께 살아가는 공동의 관계 속에서 하나님을 알아가는 공동체'로 정의하고 있다. 도널드 캡스는 건강한 교회 공동체의 모습을 교회의 성도들이 함께 그 삶의 각 단계에서 겪는 경험과 의미를 나누는 돌봄 공동체에서 찾았다. 기독교상담학자 래리 크랩은 교회를 성도들이 자기 안에 계신 그리스도를 통해 서로 연결되어 회복과 성장을 경험하게 하는 공동체적 관계에서 보았다. 교회에 대한 이와 같은 이해는 오늘날 나의 성서심리학적 성찰과 상담접근의 핵심 근간을 이루도록 결정적인 영향을 끼쳤다.

교회의 목회자나 기독(목회)상담사 혹은 성찰위원회에서는 내담자의 이슈에 대한 교회 공동체적 입장을 정리하고 나누며 공동체적 스토리를 구축할 수 있다. 그것은 교회 주일학교나 신학교의 교실에서 이루어진 고전적 학문 연구에 의한 것이 아니다. 교회가 성도들의 곤경에 함께 동참하고 같이 아파하며 대안을 마련하고 그 치유와 성장을 경험하면서 형성되는, 즉 '생명이 살아 숨 쉬는 공동체의 현장'이다. 그리고 이와 같은 새로운 이해에 근거하여 문제 이슈에 대한 공동체적 언약을 재구성하고 새롭게 갱신할 수 있다. 이런 과정을 통해 교회는 '하나님을 경험하는 삶'이 실제로 증거되는 치유와 회복의 생명 공동체가 될 것이다.[11]

〈자기경험성찰 7단계(T)〉

나는 한 번도 고통을 원하거나 환영하지 않았다. 그리고 앞으로도 그럴 것이다. 그러나 이미 일어난 상실과 아픔의 경험에 대해서는 감사한다. 그것을 통해 고통이 없이는 경험하지 못할 주님의 은혜와 회복을 통한 치유와 성장을 경험했기 때문이다. 달라스에 있는 파클랜드 병원에서 만난 한 환자는 '고통'이 주 안에서 어떻게 아름답고도 구속적인 의미와 경험으로 나타날 수 있는지를 잘 보여 주었다. 그는 내 이야기를 듣고는 눈물을 글썽이며 그것이 절망의 수렁에 빠진 자신의 상황을 이해하고 수용하는 데 어떻게 도전과 도움이 되었는지 토로하였다. 그리고 뜻밖에도 그토록 기나긴 세월을 보기 싫게만 생각했던 내 미소가 어떻게 소용돌이치던 자기의 영혼을 차분하게 해 주는 아름다운 미소로 다가왔는지 설명해 주었다. 안면신경마비 사건은 고통스럽게 시작되었지만 그 구속적 은총의 샘은 오늘도 나의 삶 속에서 그리고 교회공동체 안에서 지속적으로 넘쳐나고 있다. 나의 구속적 회복과 치유의 간증이 교회공동체의 변화와 성장을 자극하는 작은 밑거름이 되고, 교회의 변화가 나의 추가적 성장을 추동하는 '공동체적 순환역동'이 은혜롭게 진행되고 있다.

사람들은 저마다 나름의 아픔과 상처를 안고 가슴앓이를 하며 살아간다. 나 역시 신체적으로는 여전히 완치되지 않은 안면신경마비의 고통을 안고 있고, 그것이 늘 의식이 된다. 내가 여기에 옮겨 놓은 크리스천으로서의 성찰은 내가 이미 회복되었거나 완전해졌다는 것을 의미하지 않는다. 그것은 도리어 우리가 믿음의 공동체 안에서 서로의 아픔을 함께 지며, 우리의 궁극적 고향인 하나님의 나라에 온전히 귀향하는 그날까지 우리의 회복과 성장의 여정은 계속

되어야 한다는 것을 새롭게 다짐하는 것이다. 그리고 그것은 이 은혜의 여정에 함께 동참하여 하늘에서 오는 은혜의 단비에 함께 젖어들기를 바라는 나의 작은 초청이기도 하다. … (이하 생략) …

적용 이슈 · 경험을 통한 자신 및 공동체적 변화와 성장에 대해 기록하고 나눈다.

나가는 글

나는, 이 글을 통해 그리고 나의 경험 사례를 통해, 어떤 문제나 아픔을 가진 사람이 치유와 회복, 변화와 성장을 위한 상담을 추구할 때 단순히 '심리학적 관점이나 방법' 혹은 '자기 소견이나 감정에 옳은 대로' 세상의 사회문화적 분위기를 따라 상담하기보다 합리적이고 성서적인 성찰에 기반한 그리고 하나님 나라의 맥락에서 공동체적인 상담을 실행할 것을 강조하였다. 이런 라이프웨이 성찰상담 7단계 접근(REFLECT)은 지난 20세기 말에 들어서면서 활발하게 제기되기 시작한 바, 개인 중심의 임상적 치료 접근보다는 개인을 둘러싼 공동체적 전통과 상황을 고려하고, 한두 사람의 전문가보다는 공동체의 다양한 자원과 강점을 연합하는 접근과 맥을 같이 하고 있다고 볼 수 있다. 21세기 상담은 개인중심(self-centered)도, 일방적 집단주의(group-obsessed)도 아닌 '교회의 성서적 전통과 공동체적 상황'에서 '개인을 강화하고 치유'하는 통합된 공동체적 돌봄사역의 방안을 발전시킬 필요가 있다. 이런 접근은 전문적인 상담사나 조직이 없을 때에도 구역이나 목장으로 모여 '서로 돌아보아 사랑과 선행을 격려'하는 헌신된 그리스도인들이 많이 있는 한국 교회에서 유용하게 사용될 수 있을 것이다(히 10:24).

나는 이미 한국 실정에 맞는 공동체적이면서도 단기적인 상담접근과 그것을 위한 훈련과 활용에 대한 기본적인 연구와 시도를 소개한 적이 있다. 이 글에서는 그러한 시도에 성서심리학적 성찰을 통합한 보다 보완된 형태의 상담모델을 제시하고자 하였다. 그리고 그 한 사례로서 내가 경험한 이슈를 그 모델에 적용하였다. 단순히 서구 모델을 수입하여 적용하기보다는 한국인의 의식과 체질에 맞는 상담접근을 위한 다양한 연구와 시도가 앞으로 계속 되어야 할 것이다.

❈ 미주

1) 이 글은 다음의 자료를 수정 및 보완한 것이며, 실제 참고자료의 상당 부분을 생략했음을 밝힌다. 유재성, "한국인의 공동체적 의식과 목회상담적 자기성찰", 「성경과 상담」(2004): 93-136.
유학시절, 나의 기독(목회)상담 학습과 훈련의 여정에 도움을 준 분들이 많지만 두 사람만 꼽으라면 단연 브리스터(C. W. Brister) 교수와 하워드 스톤(Howard Stone) 교수다. 브리스터 박사는 내게 한결같이 진정한 상담과 치유는 교회 공동체적 맥락에서 이루어질 수 있음을 강조하였다. 스톤 박사는 "하나님의 부르심에 충실한 상담사가 되려면 성경적 혹은 신학적 틀을 갖고 삶에서 부딪치는 이슈들을 성찰 및 이에 근거한 돌봄상담을 실천하는 것이 자기중심적이고 혼란과 상처가 많은 이 시대에 꼭 필요하다."고 역설하곤 하였다. 내가 그동안 발전시킨 '해결중심 라이프웨이(LifeWay) 코칭 상담' 접근의 기초가 이분들과 연구실에서, 아름다운 교정에서, 혹은 학교 밖 허름한 가게에서 함께 햄버거를 먹으며 나눈 대화와 자료들을 통해 이루어졌다.

스톤 교수는 성경적 혹은 목회신학적 성찰을 구성하는 요소들로 크게 성경과 교회 전통, 이성, 그리고 개인적 · 교회적 경험 등이 있다고 보았다. 우리는 여기에 사회문화적 · 심리학적 요소들을 추가하여 '성서심리학' 적 성찰을 할 것이다.

이 글은 그의 제안을 기초로 한 개인 혹은 집단의 경험(R)과 사회문화 · 심리학적 요소들을 포함한 이성적 측면을 다루고(E) 성경과 교회적 전통을 통한 공동체적 성찰접근을 한다(F). 그리고 하나님 나라 맥락에서 통합된 성서적 성찰에 근거하여 실제적인 돌봄 혹은 상담의 목표를 설정하고(L), 과거에 함께하신 하나님의 흔적을 찾아(E) 변화될 미래 삶을 현재에 믿음으로 살아가는 공동체적 변화와 성장의 여정을 실천하는(CT) '라이프웨이 코칭상담 7단계 과정(REFLECT)'을 소개한다. 이것은 '일방향(linear process)'이 아닌 '순환적 과정'(circular process)으로 진행되며 상호적 영향을 준다.

어떤 사람에게 어려움이 닥칠 때 혼자 알아서 해결하거나 교회 밖 상담소 등에서 치유받고 오도록 방치하는 것은 교회 공동체의 모습이 아니다(고전 12장). 교회는 '성찰상담위원회' 같은 조직을 통해 내담자의 비밀을 유지하며 공동체적으로 이슈를 성찰하고 전략적으로 교회 지체들을 지원하며, 지역사회의 치유와 성장에 기여할 필요가 있다. 이에 대해서는 이 책의 1장 부분을 참고하라. 내담자가 변화 또는 강화되면 스스로 간증이나 섬김을 통해 공동체의 변화와 성장을 자극하고, 교회의 변화는 다시 개인들의 회복과 치유를 심화하는 '순환적 강화 역동'이 일어날 수 있다.

2) Howard Stone and James Duke, *How to Think Theologically* (Minneapolis: Fortress Press, 1996).

3) 기독교(목회)상담과 돌봄은 한두 전문가나 개인의 노력이 아닌 교회로 부름받은 공동체 전체의 사명이다. Howard Stone, *Theological Context for Pastoral Caregiving* (New York: The Haworth Press, 1996), 12.

4) 성찰 대상으로서의 경험 선택은 내담자가 미리 선택하거나 결정하여 찾아 올 수도 있고, 상담사와 함께 혹은 교회에서 구성한 '상담위원회'와 함께 구체적인 내용을 결정할 수도 있다.

5) 나는 그동안 많은 학생들 및 지역사회 주민들과 상담을 해 왔다. 그중 대다수는 인간관계의 상처와 아픔으로 인한 가슴앓이와 자기정체감의 불안에서 오는 문제들을 갖고 찾아왔다. 이런 고통과 상실의 경험은 내게도 몇 차례에 걸쳐 아프게 찾아왔었기에 내가 그러한 경험들을 어떻게 구속적 자기 성찰과 상담접근을 통해 회복과 성장을 가져다 주는 '은혜의 사건(grace event)'들로 바꿀 수 있었는지를 나누고자 한다. 나는 이를 통해 개인의 회복은 물론 교회가 서로의 아픔과 짐을 나누는 치유와 회복 및 변화와 성장의 돌봄 공동체(고전 12:25-27; 갈 6:2)가 되어야 할 것을 주장하고 있다.

6) 다음의 책들을 참고하라. Harold Kushner, *When Bad Things Happen to Good People* (New York: HarperCollins Publishing, 1983); Stanley Hauerwas, *God-Medicine-and Suffering* (Grand Rapids: Eerdmans Publishing Co., 1990).

7) Stone and Duke, 4.

8) Wayne E. Oates, "The Power of Spiritual Language in Self-understanding," in *Spiritual Dimensions of Pastoral Care*, ed. Gerald L. Borchert and Andrew D. Lester (Philadelphia: Westminster Press, 1985), 58.

9) Jimmy Allen, *Burden of Secret: A Story of Truth and Mercy in the Face of AIDS* (Nashville: Moorings, 1995). 90, 215-16.

10) '해결중심 라이프웨이 코칭상담' 접근에 대해 다음의 자료를 참고하라. 유재성, 『현대 크리스천상담의 이해와 실제』(대전: 하기서원, 2015).

11) 나는 이런 모습이야말로 2천여 년 전 예수 공동체의 모습이었으며, 주께서 이 땅에서 찾기를 원하시는 모습의 하나라고 확신한다. 나는 이런 공동체 교회를 찾고 맛보고 싶다. 그리고 그 변화된 예수 공동체 스토리들을 나누며 축하하고 싶다.

저자 소개

유재성... 침례신학대학교 교수
한국기독교상담심리학회 슈퍼바이저/(현) 대전충청지회장

강은영... (전) 여의도침례교회 가정사역위원회
(현) 행복한우리교회
여성가족부 국립중앙청소년 디딤센터 패밀리 멘토 상담사
두란노 어머니학교 강사

권수영... 연세대학교 교수
한국기독교상담심리학회 슈퍼바이저/(현) 학회장

박노권... (현) 목원대학교 총장
한국기독교상담심리학회 슈퍼바이저/(전) 학회장

반신환... 한남대학교 교수
한국기독교상담심리학회 슈퍼바이저

임경수... 계명대학교 교수
한국기독교상담심리학회 슈퍼바이저/(현) 대구경북지회장

장성기... 서로섬기는교회 담임목사(Ph. D, 목회상담)
대전가정법원 조정위원

21세기 교회와 상담의 동행: 기독(목회)상담의 약속
Walking Together of the Church and the Counseling in the 21st Century:
The Promise of Christian(Pastoral) Counseling

2016년 6월 20일 1판 1쇄 발행
2019년 6월 20일 1판 2쇄 발행

지은이 • 유재성 · 강은영 · 권수영 · 박노권 · 반신환 · 임경수 · 장성기
펴낸이 • 김진환
펴낸곳 • (주)**학지사**

　　　　04031 서울특별시 마포구 양화로 15길 20 마인드월드빌딩
대표전화 • 02)330-5114　　　팩스 • 02)324-2345
등록번호 • 제313-2006-000265호

홈페이지 • http://www.hakjisa.co.kr
페이스북 • https://www.facebook.com/hakjisabook

ISBN 978-89-997-0956-2 93180

정가 13,000원

이 도서의 국립중앙도서관 출판시도서목록(CIP)은 서지정보유통지
원시스템 홈페이지(http://seoji.nl.go.kr)와 국가자료공동목록시스템
(http://www.nl.go.kr/kolisnet)에서 이용하실 수 있습니다.
(CIP제어번호: CIP2016011630)

출판 · 교육 · 미디어기업 **학지사**

간호보건의학출판 **학지사메디컬** www.hakjisamd.co.kr
심리검사연구소 **인싸이트** www.inpsyt.co.kr
학술논문서비스 **뉴논문** www.newnonmun.com
원격교육연수원 **카운피아** www.counpia.com